NAL
宁波学术文库

JD29.201204

Shehui Zhuanxingqi Jichu Jiaoyu
de Biange yu fazhan Yanjiu

社会转型期基础教育的变革与发展研究

邵光华　胡建勇　张光陆 等著

ZHEJIANG UNIVERSITY PRESS
浙江大学出版社

图书在版编目(CIP)数据

社会转型期基础教育的变革与发展研究 / 邵光华等著.
—杭州:浙江大学出版社,2014.4
ISBN 978-7-308-12987-9

Ⅰ.①社… Ⅱ.①邵… Ⅲ.①社会转型期—基础教育—
教育改革—研究—中国 Ⅳ.①G639.21

中国版本图书馆 CIP 数据核字(2014)第 043635 号

社会转型期基础教育的变革与发展研究

邵光华　胡建勇　张光陆　等著

丛书策划 责任编辑	吴伟伟 *weiweiwu@zju.edu.cn*
封面设计	春天书装
出版发行	浙江大学出版社 (杭州市天目山路 148 号　邮政编码 310007) (网址:http://www.zjupress.com)
排　　版	浙江时代出版服务有限公司
印　　刷	杭州日报报业集团盛元印务有限公司
开　　本	710mm×1000mm　1/16
印　　张	21.25
字　　数	337 千
版 印 次	2014 年 4 月第 1 版　2014 年 4 月第 1 次印刷
书　　号	ISBN 978-7-308-12987-9
定　　价	59.00 元

序

　　社会转型通常指人类社会由一种存在类型向另一种存在类型的转变,这种转变会带来社会系统内在结构及社会形态的改变,使人们的生产方式、生活方式、心理结构、价值观念等发生深刻的革命性变革。由于社会、经济、文化、政治之间的内在相互联系与影响,社会转型同时会带来人与自然、人与社会、人与人之间关系的变化,带来个人价值观念的震荡和社会制度方面的变迁,包括同一社会形态中社会制度内部的转型、量变,也包括社会制度的更替、质变。教育是社会系统中的一个子系统,教育必然与社会转型有着密切的关系,由社会转型带来的个人价值观念的废黜、树立或更替所引起的各种矛盾和冲突,都会体现在教育中,引发教育变革。社会转型能够引起教育变革,教育变革也能促进社会转型,或者说教育变革是社会转型的一种具体体现。社会转型背景下基础教育的变革是每一个关心基础教育发展的人都应面对的,这既是一个重要的理论问题,又是一个不可回避的实践问题,同时还是一个理论与实践不可分割的问题。

　　关于社会转型对教育的影响和改变已有许多研究。有学者从历史的视角对 20 世纪上半叶美国社会转型背景下的教育变革进行过梳理与分析。这个时期美国在取得社会、经济、文化等方面丰硕的发展成果的同时,面临着空前未有的社会危机和文化失调,正是在美国社会这种充满矛盾的巨大社会转型过程中,产生了旨在改造美国社会的进步主义运动,这一运动推动了美国教育的变革。工业化和城市化、新的移民浪潮、本土文化意识的成熟、进步主义的全面变革,构成了 19 世纪八九十年代至 20 世纪初波澜壮阔的美国社会变迁的历史画卷。著名教育家杜威看到了当时的"社会生活正在经历着一个彻底的和根本的变化",指出"如果我们的教育必须对于生活具有任何意义的话,那么它就必须经历一个相应的完全的改革"。社会转型要求学校成为凝聚人民思想感情、推进社会变革、建立社会新秩序的积极手段和服务性机构,要求学校教育促进个人生存状况和社会理智与道德状况的改善,要求教师成为理解儿童、帮助儿童发展能力的引路人。这些要求无疑成为欧美学校变革无可回避的价值选择。也有人对俄罗斯社会转型背景下教育的变革与发展进行了研究,从多个视角考察了每一次社会转型给俄罗斯教育政策、教育体制、教育形式、教育内容、教育功能、教育结果等方面带来的变化与革新,并从宏观到微观分析了俄罗斯教育活动的本质和发展的动力源泉。这些关于他国转型期教育变革的研究对理解当前我国转型期基础教育变革都有一定的借鉴意义。

当前,我国社会正在向着工业化、信息化、城市化和市场化社会转型,这是一种特殊的复杂的整体性转型。从中外历史看,每一次重大的社会转型都会导致教育在内的社会各个领域、各个方面的剧烈的几乎是脱胎换骨式的变化。在近代以来的教育变革中,最基本的和归根结底意义上的变革就是学校变革。学校变革是学校作为一种社会机构和教育组织,在受到外力(如社会转型)或内力(如学校员工自主发展的强烈愿望)的推动下发生的组织形态、运行机制上的更新与改造。在社会转型的推动下,学校或迟或早、或主动或被动地要做出自己的反应:考虑来自社会的和个人的新需求,反思现实学校理念、制度和教育行为等的合理性,重新做出价值选择,调整或更新学校的教育目标、确定学校变革的基本任务。

对当代中国教育而言,从 20 世纪 80 年代开始的经济体制改革,一直到现在的深化经济体制和政治体制改革,无疑是一个具有深刻意义的重大变革,带来了中国真正意义上的社会转型,①它凝聚着一系列社会、经

---

① 郑杭生:《中国和西方社会转型显著的不同点》,《人民论坛》2009 年第 5 期。

济、政治和文化因素。社会主义市场经济与公平和自由竞争、注重效率、法治规范、个人责任等一系列原则和价值是相联系的,因此,教育要适应市场经济转型的需要,不仅意味着教育要尊重效率原则和价值规律(即所谓教育"商品化""市场化"),更为重要的是,教育应当努力揭示市场经济所蕴含的现代文化精神,并据此重新确立教育的目标、内容和方法。只有这样,才有可能建立真正反映市场经济本质需要的教育制度。

教育处于变革之中,任何教育问题的产生都是与社会变革相伴而生的。今天人们用了许多概念,如"教育危机""教育失败""思想颓废"等来描述教育问题的严峻性。确实,现代社会中儿童的行为失常、校园暴力、学习压力、考试竞争、心理疾病、道德失范、信誉缺失等现象,已经成为世界范围内的共同教育问题。处于社会转型期的中国,教育问题的表现既有其普遍性,又有其特殊性。

我国社会转型是以"改革开放"和"高速发展"为特点的。由于我国的现代化基本上属于赶超型,其发展进程与早期现代化国家那种自然的演进关系完全不同,结果是现代化因素与传统因素以及新旧体制与规范,通常是以既相耦合、又相冲突的形式暂时共存。这就导致在整个社会转型期,传统与现代之间的冲突几乎是全方位的,其中"体制转型"与"观念转型"对教育系统的影响最大,并构成了教育问题发生的最重要的社会背景。

社会转型使中国在政治、经济、文化、意识形态等领域都发生了深刻的变革,基本实现了以下转变:(1)实现了由相对封闭的社会向开发性社会的转变;(2)实现了由贫困型社会向温饱型社会的转变;(3)由以政治斗争为中心的社会转变成为以经济建设为中心、追求经济增长的社会;(4)实现了以计划经济为主向市场调整为主的转变;(5)正在由以农业为主向信息化社会为主转变;(6)由集权型向民主型社会过渡;(7)文化价值由一元向多元转变;(8)正在实现着由城乡二元分离向城乡一体化转变;(9)由以公为主的社会转变为公私兼顾的社会。① 在这种社会转型背景下,怎样建立与世界接轨、又能促进中国社会全面发展的现代教育机

---

① 郑贤俊:《论社会转型期的教育问题与综合治理》,《杭州师范学院学报》(社会科学版)2003 年第 1 期。

制,发挥教育的驱动力,是中国教育最现实、最紧迫的研究课题。社会转型使基础教育发展迅速,成绩明显,但同时也出现许多问题,存在一系列失落和理想主义的褪色。如基础教育在发展过程中存在着价值偏离:(1)效率主义;(2)精英主义;(3)社会本位的价值取向(强调社会需要培养什么样的人,没有把儿童、家庭的需要放在首位);(4)主知主义(以知识传授为主);(5)工具主义(孩子成了家长、校长、老师实现价值的工具);(6)功利主义。在日益复杂的转型社会中,由于社会的诸多不确定性、社会变化的复杂性,以及学校教育自身具有的天然保守性,使得学校教育难以适应社会变革需要,表现为:(1)简单性、直线性思维不能应对复杂性的环境;(2)学校教育所具备的保守性不能应对外部变革要求;(3)学校教育管理的官僚主义不能应对民主主义的要求,等等。社会转型期从国外移植许多教育理论,教育改革中存在一种去国情论,表现为:(1)简单移植现代西方国家的后现代主义,去国情倾向明显;(2)存在着将中国教育传统虚无主义(甚至妖魔化)的倾向;(3)存在着在改革出现诸多现实问题时非此即彼的(二选一)简单化思维倾向,等等。转型期的诸多变化使得教育变得非常复杂,常使人感叹当今社会"学生越来越难教、学校越来越难办、校长越来越难当"。面对社会转型期的这一切,我们需要认真反思,展望未来基础教育的改革路向。那么研究中国社会转型时期教育变革与发展也就有了其重要意义和价值。

在思考未来中国基础教育变革之路时,我们必须坚持:(1)以科学发展观(尤其要以和谐思想)来引领未来教育变革;(2)在价值多元化的背景(这是不可逆转的)下去寻求共识;(3)在公平与效率之间寻求平衡;(4)从综合治理出发协调推进。党的十八大报告明确提出,教育改革发展的总目标是要努力办好人民满意的教育,必须"深化教育领域综合改革",这为未来教育改革发展指明了方向。深化教育领域综合改革"重点在深化,关键在综合",要用系统思维、全局意识和全球视野认识改革,用普遍联系观点设计改革,用统筹兼顾办法推进改革,进一步增强改革的系统性、整体性、协同性,以及"顶层设计、统一部署、试点先行、有序推进"的科学实施原则。作为综合改革重要领域的基础教育应该如何积极参与这场综合改革?如何在教育综合改革的大潮中行使自己的使命?我们必须做出回答。

同时,必须考虑到中国的教育变革是中国众多利益主体的相互博弈,驱动变革的因素除传统的学生、教师、家长、管理者、学者外,还有许多新的力量不可忽视,如教育媒体从业者、教育产业投资人,以及教育人才的消费者,他们参与教育变革,可能会直接影响教育政策制定与教育资源配置等,要注意这三种力量对教育变革的影响。

本研究从八个方面对社会转型期基础教育的变革与发展进行考察和分析:社会转型与基础教育变革发展关系研究,社会转型期现代学校制度建设研究,社会转型期基础教育课程变革与发展研究,社会转型期基础教育教学变革与发展研究,社会转型期基础教育德育变革与发展研究,社会转型期教师教育变革与发展研究,社会转型期基础教育学生权益问题研究,社会转型期学业评价与课业负担问题研究,揭示了社会转型期基础教育变革与发展的基本规律或特征,提出了一些适应社会转型期基础教育变革与发展需要的策略与建议,希望对促进基础教育变革与发展、提高基础教育质量有所帮助。

目　　录

第一章　社会转型及其对教育的影响研究

社会转型使整个社会的政治、经济、文化、教育诸领域都处于一种新旧更替的状态，各种矛盾、冲突随之相继产生。而这些领域的矛盾和冲突都会在学校教育过程中有所显现，因此，社会转型期教育变革与发展的问题是无法回避的，需要高度关注与认真研究。

第一节　社会转型分析

"转型"一词并非一个严格的科学术语，它最初来源于化学界的"构型""构象"和生物学界的"进化"等概念，用来指称由于分子结构的空间排列组合方法的变化而具有的新结构和新功能，或指称"某一基因型的细胞，从周围介质中吸收来自另一基因型的细胞的脱氧核糖核酸（DNA），而使基因型和表现型发生根本的变化"。事物内部分子或细胞与周围环境的各种互换关系形成了该分子相对稳定的存在方式（型），而当事物内部要素与周围环境关系发生变化时，事物原先相对稳定的存在方式（型）就会发生变化，这一过程称之为"转型"。[①] 后来这一概念被移植到社会科学研究领域，也就具有了社会学和哲学的性质。

---

① 《简明不列颠百科全书》，中国大百科全书出版社 1985 年版。

一、社会转型的本质与特征

学术界的众多学者对"社会转型"这一概念进行了理论探讨和深入剖析,给出了各具特点的不同阐释。

西方社会学家借用这个概念来描述社会结构具有进化意义的转换,说明传统社会向现代社会的转换。① 由传统社会发展为现代社会是学者们普遍认可的观点,具体的阐述包括:(1)社会转型是指社会"从农业的、乡村的、封闭的半封闭的传统型社会,向工业的、城镇的、开放的现代型社会的转型"②;(2)"由传统的社会发展模式向现代的社会发展模式转变的历史图景"称之为社会转型,③是近代以来发生在世界上的一系列创造性变革的总称;(3)社会转型是"生产力与生产关系矛盾运动的表现,通常是指由传统农业社会向现代工业社会的历史变迁过程,这种历史变迁就是现代生产力与生产关系的整体建构"④。在社会转型的本质上,还存在认为社会转型具有进化意义的观点,具体阐释包括:(1)"这种转型既是社会有机体(结构)各个子系统相互互动的、整体的发展过程,也是一个复杂的、长期的、呈现阶段性的变革过程"⑤,主要是指社会文明形态由低层次向高层次的转变;(2)"在哲学的意义上,社会转型具有社会进化的意义,可以理解为是人类社会从一种存在类型(形态)向另一种更高的存在类型(形态)的转变,它意味着社会系统内在结构的整体性变迁,意味着社会的生产方式、生活方式、交往方式、价值观念等全面而深刻的变革。"⑥

综观对"社会转型"的多种理解,可以概括出以下意旨:社会转型就是社会性质或秩序由一种类型转向另一种类型。既往学者对社会转型问题的研究表明,社会转型多指一种宏伟的社会变革,就其性质、追求目

---

① 郭德宏:《中国现代社会转型研究述评》,《安徽史学》2003 年第 1 期。

② 郑杭生:《改革开放三十年:社会发展理论和社会转型理论》,《中国社会科学》2009 年第 2 期。

③ 李钢:《论社会转型的本质与意义》,《求实》2001 年第 1 期。

④ 商红日:《马克思主义政治学的当代中国主题——社会转型及和谐社会的基本问题》,《探索》2004 年第 6 期。

⑤ 李云峰:《20 世纪中国社会转型的制约因素》,《史学月刊》2003 年第 11 期。

⑥ 林默彪:《论当代中国社会转型的分析框架》,《马克思主义与现实》2005 年第 5 期。

标和实际成果看,实质上是人类社会根本的制度性变革,主要包含两个层面的含义:一是社会结构的转型;二是经济体制的转型。这两种转型是一个过程的两个方面,往往体现为转型过程中社会经济、政治、文化三者之间内在联系和相互影响,改变着人与自然、人与社会、人与人之间的关系,带来社会制度的变化和个人价值观念的震荡。①

　　一方面,社会转型不是社会某些局部的变化,而是社会结构的全方位、多层次、多角度的变迁,它的表现和影响涉及人们社会生活和精神观念的方方面面。社会结构转型是一种社会结构状态逐步向另一种社会结构状态转变的一个渐进过程。② 就像是社会现代化一样,社会结构的转型不可能一下子完成,而是其各个方面逐渐转变的过程。在转变的过程中,非均衡发展态势既存在不同利益主体的矛盾与冲突,也直接影响着社会结构的平衡过渡和顺利转型。它是历史发展过程中的一种连续性中断,是历史发展两个前后相续阶段之间的过渡、转折和跃迁。这种历史性转折和连续性中断并不是对历史、传统的虚无化和完全否定,而是历史发展过程辩证否定的一个环节,它遵循"扬弃"法则,是历史进程中连续性与非连续性的统一。③

　　另一方面,社会结构是社会诸要素稳定的关系及构成方式,即相互关系按照一定秩序所构成相对稳定的网络,主要包括经济结构、群体结构、组织结构、社区结构、制度结构、意识形态结构等。在社会结构的体系中,由于经济结构构成了其中最具决定性影响的一个层面,从而也就决定了由生产力与生产关系的矛盾关系所形成的经济结构的变动,必然带来社会整体结构的变动。因此,在经济快速发展的背景下,随着生产力、生产关系和市场交换关系的急剧变动与塑造,也必然随之带来社会结构的不同层面如财产结构、社会分层结构、权力结构和社会组织管理

　　① 糜海燕、符惠明、李佳敏:《我国社会转型的内涵把握及特征解析》,《江南大学学报》2009 年第 1 期。
　　② 袁方等:《社会学家的眼光:中国社会结构转型》,社会科学文献出版社 1998 年版,第 34 页。
　　③ 林默彪:《论当代中国社会转型的分析框架》,《马克思主义与现实》2005 年第 5 期。

结构等的相应变迁与转换。①

既然社会转型主要体现为一种结构性的变化,那么在社会转型过程中就应该有一些共同的特征,这些特征主要有:②

第一,整体性。任何国家的社会转型都是指社会结构的整体性、根本性的变迁,它不仅是指社会某个领域、某个空间的变化,更不是指社会某项制度的变化,而是指社会生活具体结构形式和发展形态的整体性变迁,即经济、物质、政治、社会和文化,以及人们的思维方式、生活方式和行为方式等各个层面,是涉及整个社会方方面面的变革和发展运动。正如科尔奈所言:"转型并不仅仅只包括经济的转型,还包括了生活方式、文化的转型,政治、法律制度的转型等多个方面。"③

第二,渐进性。社会结构转型是一种社会结构状态逐步向另一种社会结构状态转变的过程,具有渐进性特征。④ 由于各个结构要素的特点及内涵不同,不可能各个要素在同一时间内同时完成所有的转变,总有一些结构要素分化或转变稍快或稍慢,这就使得社会结构的转型在整体上表现为非均衡的、渐进的过程。渐进性在一定程度上也保持了结构转型中的稳定性,不至于因为快速的社会转型而导致结构整体的破坏或解体。

第三,异质性。在社会转型过程中,必然会出现传统因素与现代因素复杂并存的现象,各种传统因素逐步被代替,而现代因素需要一定的时间才能取代所有的传统因素。因此,社会转型过程中,会有一个时期出现大量传统因素和现代因素并存的局面,各种具有差异的事物不可避免地存在着,从而社会的异质化增强。

---

① 冯鹏志:《论知识经济背景中社会结构转型的新趋向》,《桂海论丛》2003 年第 1 期,第 62 页。

② 杜玉华:《社会转型的结构性特征及其在当代中国的表现》,《华东师范大学学报(哲学社会科学版)》2012 年第 5 期。

③ 〔匈〕亚诺什·科尔奈:《大转型》,载于《比较》第 17 辑,中信出版社 2005 年版,第 2 页。

④ 袁方等:《社会学家的眼光:中国社会结构转型》,社会科学文献出版社 1998 版,第 34 页。

二、社会转型是当代中国发展的主题

改革开放 30 多年来,中国人民在中国共产党的领导下,建设中国特色社会主义,逐步形成了中国特色的发展道路和发展模式,引发了中国社会结构的整体性变革,使得社会基本特征发生了巨大变化,主要体现在:经济上从自然经济和计划经济逐步向市场经济转变;政治上从崇尚权威和实行人治逐步向崇尚民主和实行法治转变;文化上实现由传统文化向现代公民文化转变,开创了一条在现实的结构性制约条件下具有自己特色的转型道路,出现了"中国模式"之说。正是在这样的现实基础上,随着和平与发展时代主题的来临,我们迎来了开创中国发展道路和发展模式的黄金机遇期。

社会转型是当代中国社会发展的主题,也是当代中国教育发展面临的宏观背景。21 世纪以来,以保障每个学生的学习权利为核心,我国基础教育政策和实践正经历着一个不断变革的过程。今后一个时期我国教育事业改革发展的工作方针是:优先发展,育人为本,改革创新,促进公平,提高质量。坚持把教育摆在优先发展的战略地位,把育人为本作为教育工作的根本要求,把改革创新作为教育发展的强大动力,把促进公平作为国家基本教育政策,把提高质量作为教育改革发展的核心任务。到 2020 年我国教育事业改革发展的战略目标是"两基本、一进入",即基本实现教育现代化,基本建成学习型社会,进入人力资源强国行列,实现更高水平的普及教育、形成惠及全民的公平教育、提供更加丰富的优质教育、构建体系完备的终身教育、健全充满活力的教育体制。其中,"基本实现教育现代化"是党的十七大关于优先发展教育、提高教育现代化水平的重要体现,"基本形成学习型社会"是党的十六大、十七大提出的重要目标,"进入人力资源强国行列"是实现全面建设小康社会目标、进入创新型国家和人才强国行列的重要基础。[①] 十八大报告指出,"全面贯彻党的教育方针,坚持教育为社会主义现代化建设服务、为人民服务,把立德树人作为教育的根本任务,培养德智体美全面发展的社会主义建设者和接班人"。处于社会转型期的中国,人民对于教育的期盼和要求

---

① 引自《国家中长期教育改革和发展教育规划纲要(2010—2020 年)》。

愈来愈高,人民日益增长的精神需求和当前教育改革的现状之间还存在很大差距。十八大报告将"办好人民满意的教育"调整为"努力办好人民满意的教育",增加"努力"二字,不是降低要求,而是更加务实。在十七大报告中,教育改革的关注点在于"优化教育结构,促进义务教育均衡发展,加快普及高中阶段教育,大力发展职业教育,提高高等教育质量。更新教育观念,深化教学内容方式、考试招生制度、质量评价制度等改革,减轻中小学生课业负担,提高学生综合素质"。然而在十八大报告中,视线则转移到了"深化教育领域综合改革,着力提高教育质量,培养学生创新精神。办好学前教育,均衡发展九年义务教育,基本普及高中阶段教育,加快发展现代职业教育,推动高等教育内涵式发展,积极发展继续教育,完善终身教育体系"。通过种种调整,可以发现在不同的社会时期,对教育改革的要求亦越来越综合宏观,对学段的要求也体现了递进性。九年义务教育从原来的"促进均衡"到新五年的"均衡发展";高中教育从原来的"加快普及"到新五年的"基本普及";职业教育从原来的"大力发展"到新五年的"加快发展现代职业教育";高等教育从"提高质量"到注重"内涵式发展"。在十八大报告中,还对学前教育、继续教育和终身教育有了新的要求,这些都是十七大报告中尚未提及的,也是处于不同社会时期的教育措施,充分反映了转型期中国教育改革与发展的方向和速度。

中国的社会转型是政治驱动型,党和政府在"自上而下"的社会转型过程中起着支配作用。中国正是在自己独特的体制与文化之上,通过政府权力和市场作用相互影响之后,产生了一种新的独立经济形态,为自己开创了一条具有"中国模式"特色的渐进式发展道路。"渐进式"作为中国转型的基本方略,也是中国转型过程中的一大亮点,其优点在于:广大人民群众易于接受,引起的社会动荡小,有利于社会的稳定,有利于在不断积累和总结经验的基础上探索和开辟新道路。由于转型具有"渐进性",社会转型相应出现稳定型与梯度发展的结合,大致的发展格局为:先易后难、先农村后城市、先沿海后内地、先经济后政治。[①]"中国模式"

---

① 刘燕、薛蓉、付春光:《中国社会的转型路径与转型风险——兼论"中国模式"》,《财经问题研究》2011年第12期。

的提出无可厚非,它并不仅局限于经济层面,更是一套包含政道和治术的治理模式。我们不赞成一味吹捧该模式的优越性而忽视其严峻的挑战和缺陷,但也反对狭隘地认为现有的"中国模式"即是中国未来之路,忽略或者全盘否定其他模式。正如经济学家高尚全教授所说,如果因为"中国模式"而将政府主导、市场受控作为定型的东西,就会影响我国社会主义市场经济改革的方向。未来的"中国模式"应该是一个不断开放和普世化的模式,能够借鉴和融合任何先进的人类经验和其他模式的成功之处。只有这样,才能得到世界的认同和推广,成为真正意义上的中国模式。①

中国社会今天的转型,本质上是在近代工业化还远没有完全实现的历史前提下,超越阶段、合二为一地走向现代社会。这一历史条件规定了中国社会在当代的发展必然包含着完成工业化和实现现代化的双重目标。从这种意义上说,中国的现代化仍处在起步阶段。转型期既是经济增长的黄金时期,也是社会矛盾的高发时期。伴随着经济的快速增长、利益的日益分化和社会的急剧变迁,社会矛盾越来越尖锐,解决社会矛盾就成为政府的当务之急,也是衡量政府执政能力的关键因素。中国社会在转型的旋律中的确存在很多不和谐的杂音,我们应当针对社会转型期制度不完善的一面,为制度创新做出贡献。建设有中国特色的社会主义是对中国社会向现代化转型所做出的正确的战略选择,它必然保证中国社会转型的顺利推进。②

三、中国社会转型的现实分析

在中国场景下,社会转型主要指社会从传统型向现代型转变的过渡过程。③ 社会转型在经济层面上,表现为从农业社会向工业社会和信息社会的转变、从计划经济社会向市场经济社会的转变;在政治层面上,表现为从强人社会向民主社会的转变、从人治社会向法治社会的转变;在文化层面上,表现为从伦理社会向世俗社会的转变、从人情社会向理性

---

① 夏东:《中国社会的转型路径及对"中国模式"的评价》,《经济视角》2012 年第 12 期。

② 刘玲玲:《社会转型的类型和当代中国社会转型的实质》,《教学与研究》1997 年第 4 期。

③ 刘祖云:《社会转型解读》,武汉大学出版社 2005 年版,第 1 页。

社会的转变;在社会层面上,表现为从农村社会向城市社会的转变、从封闭社会向开放社会的转变等。①

(一)对中国社会转型的认识和梳理

1. 中国社会转型的起始点

目前,学术界对中国正处于社会转型期的认识是一致的,但对社会转型的起始时间点则存在争议,主要有两种观点:一种观点认为,中国社会转型是从 1840 年的鸦片战争正式开始的。到目前为止,这一转型过程大致经历 1840 年至 1949 年的启动和慢速发展阶段,1949 年至 1978 年的中速发展阶段和 1978 年至今的快速和加速发展阶段。② 另一种观点则认为,中国社会转型起始于 1978 年的改革开放,理由是在此之前虽然现代因素渐渐显现在社会生活的各个方面,但传统因素仍占主导地位。例如,1978 年,乡村人口占总人口比重的 82.1%;人均国民总收入仅 190 美元,位居全世界最不发达的低收入国家行列;对外则处于封闭半封闭状态等。因此,中国社会真正开始转型应该是始于改革开放之后。③

随着时间的推移和研究向纵深发展,对社会转型起始点的争议开始出现缓和与趋同迹象,主要表现为:一是坚持不同起始点的学者研究的重点是一致的,都是"改革开放之后的社会转型",只不过前者将其称为"快速转型期",后者直接将该阶段统称为"转型期"。二是坚持 1840 年为起始点的大多是较早开始研究社会转型的学者(大约 20 世纪 80 年代末),而即使是在这部分学者之中,他们在其后续的研究中也承认"1978年至今,中国才开始了真正意义上的社会转型"④。三是进入 21 世纪后,越来越多的学者开始倾向于直接用"社会转型"探讨"改革开放之后的社会转型"问题。我们倾向于第二种观点,是因为在 20 世纪 80 年代末,中国尚处于改革开放的初期,现代因素在社会生活中渐渐显现但仍不明

---

① 严振书:《转型期社会建设基本概念解读》,《理论与现代化》2010 年第 2 期。

② 郑杭生:《中国人民大学社会发展报告(1994—1995)——从传统向现代快速转型期过程中的中国社会》,中国人民大学出版社 1996 年版。

③ 中华人民共和国国家统计局:《2009 中国发展报告》,中国统计出版社 2009 年版,第 211、214、218 页。

④ 郑杭生:《中国和西方社会转型显著的不同点》,《人民论坛》2009 年第 5 期。

朗,此时提出社会转型的概念并探讨社会转型的起始点,通过划分历史阶段进行比较,将社会转型的起始点上溯到 1840 年,是有一定道理的。从中国本土社会转型看,1840 年之后,在很长时间内中国仍处于典型的传统社会,社会转型只是处于"萌芽"状态,而非有效地"开始"及"展开"。鉴于此,我们认为,社会转型的起始点应界定为社会整体"开始"从"传统型"向"现代型"转变的时候。相较而言,始于 1978 年的改革开放较为合适,故社会转型期的时间跨度则应界定为从 1978 年至中国进入现代型社会。至于 1840 年到改革开放之前,可以统一概括为"社会转型准备期"或"社会转型预热期"。

2."何时"进入现代型社会及其"量化指标"

首先,关于"何时"进入现代型社会的时间点的选择相对比较明朗。因为无论是邓小平同志设计的"三步走"战略构想:到 21 世纪中叶社会总体达到中等发达国家水平,还是十五大提出的新"三步走"发展战略:到新中国成立一百年时基本实现现代化,建成富强、民主、文明的社会主义国家,乃至到十八大回首近代以来中国波澜壮阔的历史,展望中华民族充满希望的未来,都表明我们党对"何时"进入现代型社会的认识是成熟的、明确的、科学的和坚定的。其次,关于现代型社会的"量化指标",国内外学者研究已经颇为深入,虽然评测方法、内容、标准存在一定差异,但在人均国民生产总值、三大产业所占比重、城市化程度、中产阶层规模、基尼系数、平均预期寿命等方面,已经达成一些基本共识。令人遗憾的是,官方目前尚未对此进行明确的定义和统一。因此,从中国基本国情出发,对"现代型中国"的"量化指标"进行研究和论证是很有必要的。[①]

3. 中国社会转型的趋势

中国社会转型有以下四种主要趋势:(1)从计划社会向市场社会转变;(2)从农村社会向城市社会转变;(3)从工业社会向信息社会转变;(4)从贫困社会向富裕社会转变。其中,第一种趋势是社会体制转型的主要向度;第二种趋势是社会结构转型的主要向度;第三、四种趋势是社会发展转型的主要向度。其变化表现在:(1)经济体制改革:改革的目标

---

① 严振书、宁向阳:《关于中国社会转型期及其阶段特征》,《中共石家庄市委党校学报》2011 年第 3 期。

（直接目的）是建立社会主义市场经济体制，改革的根本目的是解放和发展生产力，改革的实质是社会主义制度的自我完善和发展，改革的性质是一场广泛而深刻的革命。改革的内容从生产资料所有制看，由单一的社会主义公有制转向以公有制为主体多种经济成分并存；从经济体制的演变看，由计划经济体制转向社会主义市场经济体制；从管理方式看，由直接计划管理转向间接宏观调控。（2）政治体制改革：目标是建立中国特色的社会主义政治文明（以人为本，构建社会主义和谐社会）。（3）对外开放政策：目的是利用外国资金和先进技术，加快社会主义现代化建设，提高综合国力；格局是逐步形成"经济特区—沿海开放城市—沿海经济开放区—内地（从沿海到内地）"这样一个多层次有重点，点、线、面结合的全方位对外开放的格局。

（二）当代中国社会转型的指向

当代中国社会转型是在深刻总结国家建设经验教训基础上由政府主导的理性社会变革，以"经济体制改革"这一具体制度转变为标志。社会转型本身即是社会制度的创新、变迁过程，具有中国特色市场经济体制改革的发展促使社会整体相关方面发生了重要变化，转型前后的社会基本结构与基本特征可做如下对比分析。

1. 社会基本结构的对比

转型前中国社会基本结构可以用两个词表达："领域合一"与"中心限定"。所谓"领域合一"，就是指计划经济时期里社会各领域以政治为中心被直接地统合为一体，而以政治为中心形成对经济、文化、思想诸领域间的协调限定被称为"中心限定"。整个社会是以政治为中心，所有的活动也是以政治为纲，政治的标准、价值、身份、手段、改造、运动等所有与政治有关的因素在各领域起着决定性的影响，政治成为一种"超经济"的力量，国家治理缺少以市场关系、经济活动为调节手段，仅依靠政治强力去维持社会秩序，整合分散的个体。每个人体通过单位制度被纳入行政框架，成为"单位人"或"组织人"，社会成为"国家—单位—个人"社会结构，单位之外没有任何社会组织，国家只需纵向地通过单位实现对个人的控制,单位内部则通过身份实现对其成员的控制。①

转型期中国社会基本结构也可以用两个词来表达:"领域分离"与"网状限定"。随着社会主义市场经济体制的建设,以政治为中心的社会基本结构发生根本性变化,政治、经济、文化思想三大领域由"大一统"向各自独立承担的功能分化,相互联系地独立运作,政治活动的垄断性地位发生完全改变,此即"领域分离"。领域间的关系不再是"中心—依附"的等级结构系统,而是一种网状结构系统,其间的协调方式是一种交互控制,即为"网状限定"。社会个体具有相对的经济自主性,政府在总体上发挥作用。社会结构向"国家—社会(包括社区、职业团体、中介组织等)—个人"的社会结构转变、由身份社会向契约社会转变。这种社会结构需要各种社会组织的发育和发达,这些社会组织不是原来无所不包的单位组织,而是实行契约化管理的市场主体。②

2. 社会基本特征的对比

社会转型必将导致社会基本特征发生变化。转型前的社会基本特征由"领域合一"的社会基本结构及其内部特有的"中心限定"的协调方式决定。首先,表现为国家(政府)与社会的合一状态,社会与国家高度一体化,社会对政府具有依附性,丧失了应有的独立地位,经济成了政治的附庸,社会个体没有经济自主性。政府行政力量无所不在地控制着整个社会各领域,社会生活高度单位化、政治化。户籍制度、干部制度、劳动制度等被锁定,城乡"隔绝",农民、工人、干部等基本社会角色身份固化,从而形成凝固的城乡结构、区域结构与阶层结构。其次,表现为人治代替法治的社会治理状态。一个时期中国仅有婚姻法、宪法两部法律,许多重要的国家治理法律如行政法、刑法、民法都是空白。至于全国人大,从 1964 年连续 10 年没有召开会议。"以法治国""法律面前人人平等"在被视为资产阶级的法学观点,提出"打倒公检法",呈现出法律虚无主义、专制主义和对公民权利的践踏。这一方面反映了政治参与水平的低下,另一方面反映的是社会权力的萎缩,其结果是国家行政权力与某些个人权力膨胀变形影响到民主政治的进程,人民难以实质性地、成熟

①　王南提:《从领域合一到领域分离》,山西教育出版社 1998 年版。

②　廖小平:《论改革开放以来中国社会转型的四大表现》,《浙江社会科学》2013 年第4 期。

地、充分地参与国家管理。①

转型期的社会基本特征首先表现为新型的社会主义公民社会正在兴起,政府控制幅度减少,控制方式从强制性的行政指令和计划为主转向了以法律和经济手段为主,社会呈现出一种经济诱导型流动。其次,社会生活由"人治"向"法治"转变,政治生活趋于民主化,由政治权力直接支配的生活日益萎缩。社会观念、价值取向由单一趋于多元。民主与法制得到加强,"依法治国"已成为一项基本国策。第三,社会分化也越来越严重,异质化增强,个性化得到张扬,生活水平普遍得到提高,人们需求不断膨胀,如对优质教育的需求越来越强,对民主的呼声越来越高,越来越追求公平社会。第四,价值理念逐步从以物为本向以人为本转变,坚持以人为本,促进人的全面发展。

（三）中国社会转型的目的、目标和任务

中国正经由传统农业社会向现代工业社会急剧转变的现代化转型,这一转型是极为复杂的系统变迁过程,涉及政治、经济、文化和社会等多方面的变革。在这样一个"关系万千重"的转型期,中国社会需要确立合理的目标,并有效应对政府治理所面临的种种挑战,以确保社会的和谐与可持续发展。中国社会转型还涉及对目的、目标与任务问题的探讨。有学者指出,促进人的全面发展和社会的全面进步是社会转型的目的;有学者提出,从现实国情和现代化发展的需要出发,在此发展趋势下,中国社会转型的核心目标应是效能化与民主化,人口多、经济水平不好、权益冲突增多等造成的效率压力是巨大且持久的,而"民主化主要指涉公共生活由传统向现代的转变,政府权力的理性化和职能配置的科学化,以及这种变迁对整个社会发展的总体影响"②;有学者认为,"从根本上说,以信息技术为支持的现代生产力和以市场为媒介的现代生产关系在中国的总体建构,这是中国社会转型的最终任务,也是中国特色社会主

---

① 刘燕、万欣荣:《中国社会转型的表现、特点与缺陷》,《社会主义研究》2011 年第 4 期。

② 黄建洪:《当代中国社会转型的目标和挑战》,《江西社会科学》2009 年第 7 期。

义发展的必由之路"①。

（四）中国社会转型的分析框架

社会转型总体而言是传统社会向现代社会的转型，这一观点学术界基本没有异议，但对于社会转型的理论分析还是存在差异。有学者就曾概括："对于当代中国社会转型主要有两种分析框架：一是马克思主义社会历史哲学的社会形态理论；二是社会学现代化理论的'传统—现代'转换的结构分析和比较分析。"②在探讨社会转型的研究成果中，主要是以这两种理论为分析框架的。

社会形态理论的分析框架是根据马克思对三大社会形态的区分形成的，人的依赖关系是最初的社会形态；以物的依赖性为基础的人的独立性是第二大形态；建立在个人全面发展基础上的自由个性是第三形态。而从经济形态来说则依次对应以自然经济为基础的社会，以商品经济为基础的社会和以产品经济为基础的社会。在这一视野下审视，主要的观点认为中国社会转型正经历由第一阶段的社会形态向第二阶段的社会形态的更替。现代化理论的分析框架下的观点主要认为社会转型是指传统社会向现代社会的转换和变迁，以"现代化"为核心内容，"包含着社会各方面，即政治、经济、文化、思想、社会结构等方面整体、全面的发展与变迁"。③

国内著名社会学家陆学艺等对这两种分析框架的关系有过深刻论述，认为"社会转型是社会的结构性变化"，"马克思的社会形态理论研究的是社会发展的一般规律，它属于历史唯物主义，即马克思主义的社会哲学；中国社会结构的转型研究则属于具体科学的研究层次"。因此，"社会形态理论是社会结构的转型研究的必要前提和指导原则"。④

---

① 韦岚：《何为"社会转型"——基于关键词搜索的中国社会转型问题研究综述》，《南方论刊》2012 年第 5 期。

② 林默彪：《论当代中国社会转型的分析框架》，《马克思主义与现实》2005 年第 5 期。

③ 张宪文：《论 20 世纪中国的社会转型》，《史学月刊》2003 年第 11 期。

④ 陆学艺、景天魁：《转型中的中国社会》，黑龙江人民出版社 1994 年版。

(五)当前中国社会转型深化中面临的问题

较为一致的意见是,当前中国社会转型的主流趋势是好的。也有学者指出,中国当今的社会转型不仅转型速度快、覆盖面广、深度史无前例,而且难度也是前所未有的。这不仅表现为中国社会人口多、底子薄、经济落后,中国处在不平等的国际经济格局之中,而最主要的是表现在中国社会转型的每一步都涉及利益关系的调整,社会转型期比之常态社会的惯性运行有更多的矛盾、风险。必须指出,中国长期形成的结构性矛盾尚未得到根本改变,影响发展的体制机制障碍仍然存在,中国的社会转型包含着转型风险与制度缺陷。

第一,经济与政治改革的不同步,社会转型的系统性与配套性有待提高。相比于经济的快速发展和推进,中国民主政治制度还很不完善,表现为"权力经济""以权谋私""以权代法""贪污腐败"等现象的"人治"因素还有广泛影响。执政机构在处理公民共同事务方面文明性能力贫乏,缺乏一系列综合的规则、规范和价值。

第二,不均衡发展产生的社会层级分化现象有蔓延趋势。中国人的"身份"固化现象已随着社会转型发生了深刻变化,人口流动改变着传统的城乡二元结构。但是,由于社会性保障体系尚不健全,在工人、农民阶层中形成了一个贫困阶层或底层社会,住房、养老、医疗、子女入学、农民工子女上学、农村"留守儿童"等问题也出现了。区域、阶层、城乡间的不平衡发展趋势,日益成为当今中国社会转型所面临的一个突出问题,也加剧了不同利益群体间的矛盾与冲突,直接影响着社会的平衡发展和平稳转型。

第三,不对等的社会权利引发社会焦虑与对抗情绪。中国阶层、地区的收入差距的马太效应及与此产生的社会愤懑与蔓延的"怨恨"情绪有不断升级的趋势,政府与群众的各种冲突事件不断增多,各种腐败现象不断出现,甚至出现了"腐败了的特权阶层",不断失衡的社会权利将失去民众的信心和支持,社会凝聚力将大大下降,社会稳定将面临危机。①

正是由于转型过程中有着太多的不确定性,中国的改革选择了渐进的转型方式。在转型期的政府决策中,转型目标的选择和确定一般来说并不是一开始就明确,而往往是动态有弹性的,存在着随转型的发展逐步更迭和递进的过程。② 政府推出的改革措施往往是一些过渡性制度安排。总之,我国在一个经济不发达、城乡和地区差异大、计划经济体制几乎控制社会生活的各个方面的环境下启动改革,通过先易后难、由浅入深、循序渐进的方式来推动社会经济的转型,不仅保持了经济的持续快速发展,而且避免了大的社会动荡。中国转型的特点和轨迹正显现于此,这种被称为"渐进式改革"的成功转型经验值得分析总结。③

第二节 社会转型对教育变革影响的历史考察

社会是由各种组织、人及其相互关系组成的。教育首先是作为政治组织(不包括中世纪的大学)存在于社会组织这个整体之中,其主要标志是:教育是政治的工具;政府完全为教育提供资金;以社会为中心的社会教育价值观占主导地位,教育只考虑政府和社会的需要,而无需考虑受教育者个人的需要;发展教育是政府的责任,教育与政府保持紧密关系;资源配置方式主要是计划(政府)配置,教育产品的属性更多体现的是垄断性公共物品。但教育作为政治组织又有其特殊性,它不同于一般的政府(组织)机构。"它是受社会委托,按照一定的目的和计划进行活动的组织";它又不是强制性组织,对于学生而言,它是规范性组织;对于教职工而言,它既是规范性组织,又是功利性组织。④ 教育组织的最大特性是

---

① 刘燕、万欣荣:《中国社会转型的表现、特点与缺陷》,《社会主义研究》2011 年第4 期。

② 周振华:《体制变革与经济增长》,上海三联书店、上海人民出版社 1999 年版,第107 页。

③ 贾国雄:《中国转型的内涵及相关问题的经济学分析》,《上海社会科学》2006 年第1 期。

④ 鲁浩:《教育社会学》,人民教育出版社 1990 年版,第 359—365 页。

其目标的多重性,这主要表现在两个方面:一是因为作为政治制度一部分的教育组织,其目标追求主要受到两种势力的影响,即直接的公众压力和间接的社会价值。直接的公众压力主要是学生家长对学校的要求,间接的社会价值主要是政治的和职业的教育家关于学生表现方面的期望。而学生家长的压力、教育家的期望以及政府的需要往往并不一致,学生家长更多地会从学生未来就业的角度提出要求,教育家往往会从某种教育理想出发来要求学校,政府则更多地从社会政治经济发展需要的角度提出要求,这些要求在现实中显然是不一致的,导致学校在目标追求中的内在矛盾。二是体现在教育目标本身,即学历保障和成长保障的双重目标,一方面是要求从当前学力形成的角度来把握学生;另一方面则是要用成长发展的长远观点来把握学生。一方面要加强教师的指导,努力使学生能循序渐进、踏踏实实地学习;另一方面又要努力培养学生尽可能地进行自由探讨与学习的精神。[①] 因此,教育组织目标的多重性矛盾决定了教育组织必须不断进行变革。

另外,作为社会组织的一个整体,其中某一部分的改变同时也会引发其他部分的变化,从而打破原来的平衡,建立新的平衡。社会转型,必然会引起作为其一部分的教育的变革。正如著名教育学家潘懋元教授所讲的那样:"社会生产力的发展、科学技术的成就、政治经济制度的变革、文化观念的演变等等往往会直接迅速地反馈到高等学校的办学方向与课程教材之中。"[②]例如,国家政治体制的变化势必会带来教育制度的改变;大力发展经济势必要求教育为其培养更多的经济建设专门人才;当进入学习化社会时,教育势必要建立终身教育体系,以满足人们对教育越来越高的需求等等。教育组织的内外部矛盾性决定了教育组织的变迁,但内部矛盾性是其变迁的核心动力,外部矛盾力量要通过内部而产生作用。教育组织相对较强的独立性又要求教育在其发展变迁的过程中必须遵循其自身的规律,这一点是其他外部因素无法干扰的。社会发展是按照由低级到高级的规律,教育也不例外,而且教育由低级到高

---

① 杜育红:《论教育组织及其变革低效的制度根源》,《北京师范大学学报》(人文社科版)2002年第1期。

② 黄宇智:《潘懋元高等教育学文集》,汕头大学出版社1999年版,第165页。

级的发展过程正是社会进步的标志。①

一、20 世纪西方社会转型背景下教育的变革与发展

社会转型背景下学校变革的问题,对于每一个关心基础教育变革的人来说,既是一个重要的理论问题,又是一个必须面对的实践问题,同时还是一个理论与实践不可分割的问题。从中外历史看,每一次重大的社会转型都会导致教育在内的社会各个领域各个方面脱胎换骨式的变化。在近代以来的教育变革中,最基本的和归根结底意义上的变革就是学校变革。学校变革是学校作为一种社会机构和教育组织,在受到外力(如社会转型)或内力(如学校员工自主发展的强烈愿望)的推动下发生的组织形态、运行机制上的更新与改造。在社会转型的推动下,学校或迟或早、或主动或被动地要做出相应的反应,需要充分考虑来自社会和个人的新需求,反思现实学校理念、制度和教育行为等的合理性,重新做出价值方面的选择,调整或更新学校的教育目标,确定学校变革的基本任务。如在上一个世纪之交,美国在取得社会、经济、文化等方面丰硕发展成果的同时,也面临着前所未有的社会危机和文化失调。正是在这种充满矛盾的巨大社会转型过程中,产生了推动美国教育变革尤其是学校变革的进步主义运动。工业化和城市化、新移民浪潮、本土文化意识的成熟、进步主义的全面变革,构成了 19 世纪八九十年代至 20 世纪初波澜壮阔的美国社会变迁的历史画卷。著名哲学家、教育家约翰·杜威看到了当时的"社会生活正在经历着一个彻底的和根本的变化",也深深感受到了"科学中的实验方法""生物科学中的进化论观点"以及"工业的改组"这三种有意义的文化力量之间的联系,指出,"如果我们的教育必须对于生活具有任何意义的话,那么它就必须经历一个相应的完全的改革"。②

(一)20 世纪上半叶西方社会转型背景下的教育变革

1. 欧美社会转型期教育与社会的互动

19 世纪后期,欧美先进的资本主义国家先后完成了第二次工业革

---

① 赵庆年:《社会转型与教育变迁》,《学术交流》2003 年第 10 期。

② Dewey,J. The school and society. Chicago & London:The University of Chicago Press,1900.

命,工业化导致物质财富剧增和人口向城市高度集中,刺激了自由经济的发展。然而,工业化进程也带来了经济生活混乱、危机频发、贫富分化加剧、劳资对立尖锐、文化衰落等一系列的社会问题。在这种背景下,欧美国家积极地推行各方面的社会改革,教育变革也是其中之一。这时的教育变革,一方面要改造传统从而适应社会转型的新要求,另一方面也肩负起革除社会弊端的重任。① 在这样的背景下,西欧的"新教育运动"和美国的"进步教育运动"先声夺人,并汇聚成一场欧美教育革新运动,从多方面抨击传统教育的体制、内容、方法以及教育理论,致力于建立符合现代社会要求的新型教育,拉开了现代教育的序幕。②

转型背景下教育与社会的相互影响、相互作用突出表现在如下几个方面:(1)教育因社会发展而趋向政治化。社会发展先后产生的社会团结的需要、公正的需要和重建社会秩序的需要使学校先后成为凝聚人民思想情感的"说服教育机构"、寻求教育机会均等的"有效率的机构"和推进社会建设性变革、建立社会新秩序的"积极的手段"和服务性机构。也就是说,社会的变革促进了教育的政治化,使其担负起社会改造与重建的神圣职责。(2)个人和社会通过教育而得到改善。个人在社会中生存的位置、方式和质量与他所受的教育密切相关。随着受教育者的增多,人们对学生进行测量和分类的兴趣也越来越大。社会的改善也有赖于教育的发展。起于美国文学界的"黑幕揭发"运动,论证了社会环境对个人行为的影响,指出社会对个人生活条件应负的责任,揭露了学校中普遍存在的弊端,也预示了教育对社会改善的理智和道德方面的义务。(3)教育(学校)也在经历"一个从教学到教育的不断变化的过程",这是"一个越来越有人情味的过程。它把教学的中心从教材移向学生,教师的主要技能就在于理解儿童并懂得怎样帮助儿童发展他们的能力"。"教师不再是一个卖弄学问的人了",他越来越应该成为杜威所说的"天国的引路人"。③

总而言之,这一时期的欧美社会转型,要求学校成为凝聚人民思想感情、推进社会变革、建立社会新秩序的积极手段和服务性机构;要求学

① 吴式颖:《外国现代教育史》,人民教育出版社1997年版。
②③ 杨小微:《社会转型时期学校变革的方法论初探》,2002年华东师范大学博士论文。

校教育促进个人生存状况和社会理智与道德状况的改善；要求教师成为理解儿童、帮助儿童发展能力的引路人。这些要求无疑成为欧美学校变革无可回避的价值选择。

2. 美国社会转型期的教育变革

为了更具体地说明社会转型期教育、个人与社会的互动，下面以美国当时的社会转型与教育变革之间的互动为例做阐述。概括地说，工业化和城市化、新的移民潮、本土文化意识的成熟、进步主义改革的全面实施，是构成 19 世纪八九十年代至 20 世纪初美国社会变迁的基本要素，也是引发包括进步主义教育运动在内的各种教育变革努力的主要社会原因。①

美国的工业化在 1890 年前后基本完成，工业化吸引了成千上万的人离开乡村，带动了现代工业城市的形成和发展，这为教育提供了更多的物质资源，强化了学校的功能，改变了教育制度运行的社会基础，引发了从根本上改革教育宗旨、教育职能、教育内容以及教育方式的现实需要。美国社会的巨大变迁给人民带来福祉的同时，也带来一系列严重的社会问题，主要表现在：贫富差距的进一步扩大、经济秩序的混乱、政治制度的危机、道德水准的普遍下降等等，这些问题直接威胁着美国的社会秩序，不仅改变了美国公立学校的学生构成，而且促使学校在移民归化中开始承担重要的职责。如何有效地使移民子弟"美国化"，成为教育家关注的重要问题之一，严峻的事实引起美国有识之士的不安与关注。在平民党运动和黑幕揭发运动的推动下，一批改革家登上了社会舞台，掀起了一场广泛的社会改革运动——进步主义运动。这场运动为教育革新创造了有利的社会环境，同时，它所追求的文化重建的目的也需要借助于教育，而要真正做到通过教育变革社会，又必须对教育进行改造。教育变革与社会变革就是这样一种相辅相成、互为因果的关系。可以毫不夸张地说，进步主义运动把美国教育推向了世界历史舞台的中心，从而实现了教育由"欧洲中心"向"美国中心"转移。伴随着经济和社会的高速发展，美国的学术文化也取得了显著的进步，主要表现在：文学艺术和哲学社会科学的全面繁荣，以及在此基础上逐渐形成文化独立意识。其

---

① 张斌贤：《社会转型与教育变革》，湖南教育出版社 1998 版。

中尤其值得一提的是,这一时期教育革新与社会变革之间成功互动的关键,是对本土问题的高度关注。正是这种本土意识的觉醒,促使美国的教育革新由受欧洲影响转入真正具有美国特色的阶段。在经历了一些"序曲"之后,一场以帕克、杜威、约翰逊等一大批先驱者创办新型学校为标志的进步主义教育运动正式拉开了序幕。有人评价说,进步主义教育运动是一场源于美国社会的巨大变迁、依托民族文化的形成、受到教育本土化的推动、反映美国价值观念的教育革新运动。

对于正处在社会转型时期的当代中国教育来说,对进步主义教育运动有一个全面的重新认识,其实践意义在于能为解决当下教育问题提供一些重要的启示:

第一,任何形式的教育变革都必须最大限度地吸引教师和家长的支持、理解、参与,否则任何良好的变革愿望和策略,都会在实践中受到种种阻碍,其结果是花费过于高昂的代价去推行改革,或者是改革本身逐渐流于一种形式。任何一种教育变革,按其启动或进行的方向,可分为两种类型:一种是自下而上进行,另一种则是自上而下进行,二者各有长短。由于是自下而上进行,因此在改革的最初启动阶段,带有某种自发性,而且不易形成一种相对统一的策略。由于这些原因,自下而上进行的改革,存在着缺乏效率,容易产生内部冲突等局限。但从另一方面看,由于它的自发性,同时具有广泛的群众基础,因而更容易得到公众和教师的同情、理解与支持。而自上而下推动的教育变革,其优点在于,出于它发源于某个权威机构,更容易获得制度化的支持和必需的资源,因而具有较高的效率和统一性。它的不足在于,过多依赖于制度或体制的支持,而缺乏与教师和公众的"天然"联系。

由于我国教育管理体制的特点,通常情况下,教育变革总是自上而下进行的。鉴于以往的经验教训,以及我国不同地域之间教育发展水平的差异,注重对教师和家长的宣传和解释,激发教师和家长的创造力和想象力,建立制度化渠道的保障,以使教师和家长参与教育变革当中,应当成为制定教育变革策略时亟须认真对待的问题。

第二,在社会处于巨大转折时期,尤其是在社会形态的转变过程中,教育受到的冲击必定是全面而深刻的。在这种情况下,细微的局部调整虽然是必要的,但却难以真正促进教育在社会转型的过程中发生相应的转变。只有依据对现代社会本质的深刻认识,对教育进行全方位的、根本的革新,才有可能建立与现代社会相协调的现代教育制度。这也就是说,教育变革不能仅仅停留在技术和制度层面上,而应在对教育方式、方法、内容和教育制度的结构进行革新的同时,更新教育价值观。一种新的制度模式,只有当它被赋予相应的新的思想内涵时,才会有生命力,才会真正发挥其不同于旧模式的独特作用。相反,在继续保持或不从根本上改变原有的、已被证明是不适应现代社会需要的价值观的同时,一味注重或片面追求技术层面和制度层面上的革新,只能起到维护、巩固原有的制度模式的作用,而这恰恰是与改革的初衷相违背的。

第三,教育的变革与发展应当适应社会的需要,这是不言而喻的。但问题在于,教育应当适应社会的什么需要,或者说,社会的哪些需要是教育所应该适应的。由于现代社会的特点,这个问题往往是很复杂的,而这个问题又直接与教育变革的基本策略相关。进步主义教育运动的尝试表明,只有努力把握社会发展的根本趋势和本质要求,教育变革才不至于成为一种对时尚的趋附。

对当代中国教育而言,从计划经济体制向社会主义市场经济体制的转变,无疑是一个具有深刻意义的重大转型,也是教育应当努力适应的社会的本质需要。但市场经济并不等于商品和市场,也不仅仅意味着价值规律,经过几百年发展的市场经济事实上已是凝聚着一系列社会、经济、政治和文化因素的载体。因此,教育要适应市场经济的需要,不仅意味着教育要尊重效率原则和价值规律(即所谓教育"商品化""市场化"),更为重要的是,教育应当努力揭示市场经济所蕴含的现代文化精神,并据此重新确立教育的目标、内容、方法。只有这样,才有可能建立真正反映市场经济本质需要的教育制度。

第四,随着中国走向世界的步伐加快,世界的问题也逐渐会以某种方式成为中国的问题,这种情况同样出现在教育领域。近年来我国教育实践中所出现的各种新的现象和问题,在某种程度上已经表明,一系列世界性的矛盾已经出现,并产生不容忽视的重大影响。这些矛盾包括:社会价值与个人价值的矛盾、系统知识的传授与儿童人格发展的矛盾、学校教育与社会影响的矛盾、专业和职业训练与人文陶冶的矛盾、传统价值观与外来文化影响之间的矛盾等。这种种矛盾,只有当人们对现代社会的普遍发展趋势与中国社会历时性因素和共时性因素矛盾交织的特点获得深刻认识，才有可能得到真正解决。在这方面，无论是进步主义教育运动的经验，还是它的教训，都是有益的借鉴。[①]

(二)20 世纪下半叶西方社会转型背景下的教育变革

第二次世界大战结束，冷战开始，西方各国政府得以腾出手来管理国内的事务。与此同时，国家间的合作与交流逐渐加强，政治、经济和军事竞争日益加剧。政府开始格外关注教育的问题，试图按照新时期国家重建和发展的要求，对教育进行调整和变革。联合国教科文组织等国际教育机构也活跃和发展起来，教育研究和学校革新的成果得以在更大范围内交流和推广。如果说上半世纪的学校变革主要是个人和少数协会的行为，那么下半叶，学校变革有了更广泛的社会参与和政府干预，出现了自上而下的和上下结合的更大规模、更有力度的推行学校变革的战略和策略。这一时期西方社会的转型总体上表现出一种动荡不安的状态，正如法国学者阿兰·图雷纳所言：我们生活其间的社会是"生产或转型的社会，不停变化着的社会，由于制度化的社会秩序业已告毁而永远不可能稳定的社会"。

第二次世界大战后的 30 年，是国家重建的重要时期，也是教育重建与扩展的重要时期。"许多社会和国家发展新智慧、新技能、新劳动力、新行为方式这样一个复杂过程中，教育被认为是一个重要的成分。"不同的利益集团利用教育手段来调整各种情况的平衡，有关环境和社会学习在正规学校的课程中变得更为普遍。教育家们开始同旧的模式决裂，试图按照 20 世纪的条件和观念的要求，对教育进行调整和变革。其中一个重要的革新是国际教育机构如联合国教科文组织的发展，这些机构将全世界当代的教育问题提出公开讨论，建立训练中心与教育实验中心，鼓励、帮助和指导许多不发达国家在教育各个方面进行计划。在西欧，英才学校逐步让位于综合学校，60 年代补偿教育广泛开展，更突出的是课程问题引起高度重视，课程和教材的革新运动从 60 年代持续到 70 年代。

概言之，社会转型必然要求教育重建，而重建的内涵不仅仅是建立

---

① 张斌贤:《社会转型与教育变革》,湖南教育出版社 1998 年版。

训练中心与教育实验中心,更要致力于文化和人格的改造。而且由于时代的变化更为迅急,改革学校教育的任务也更加紧迫,方式和途径也更为多样。进步主义教育运动余音未了,由政府推进的课程改革又扑面而来,大多数国家以稳健的步伐,即以 PRDD(计划、研究、开发、普及)策略推进学校的变革。

20 世纪最后 20 年,科学技术以惊人的规模和速度发展,导致了知识的急剧增长和信息社会的加速到来,科技成果在实践中的广泛应用,也使就业条件发生深刻变化。因此,继续教育和在职培训成为教育的主要任务之一。科技进步加上人口的迅速增长,使学习的需求也迅速增长,满足这些需求无疑需要扩大学校规模、增加教育投入。全球性经济衰退伴随着失业问题恶化、通货膨胀并出现财政拮据,在经济不景气的情况下,学生毕业后的就业问题则备受关注,因为经济很可能使教育向就业倾斜,这意味着更加需要引进职业科目和加强职业指导。社会政治问题也向教育提出了挑战,以美国为例,当年冷战期间美苏两霸对峙,美国在航天竞赛中的失败引出了一部《国防教育法》和一场全国性课程改革。冷战结束后,失去了政治对手的美国又以日本作为经济竞争对手,不惜声称"日本要买下美国",以此作为加强基础教育的契机。这样,经济的需要又一次被突显出来。上述变化对教育最深层的冲击,莫过于对教育观念的冲击,这表现在两个方面:一是重新认识学校的地位;二是反思以往的学校改革。总之,适应未来变化的教育变革策略需要根据各个国家的实际情况来选择和相应调整,但也存在着一些共同特征,如:注意到所有人终身学习的需要;不把教育看作一个单独的"部门";利用所有学习方式;有足够的灵活性;征集所有愿意合作的公立和私立的组织共同参与变革活动等。有趣的是,这五项特征中有三项含有"所有的"这个形容词,可以看出,学者们期望在 20 世纪的最后 20 年,教育变革能够迈向"为了大众""在大众中""通过大众"的康庄大道。[①]

可以发现,欧美发达国家近年间所推进的课程发展中,其最大亮点在于对 21 世纪人才目标的规划。比如,美国的"21 世纪核心能力"、欧共体的"共同核心素养"等,对课程发展做出了顶层设计,其中都运用了学

---

① 杨小微:《社会转型时期学校变革的方法论初探》,2002 年华东师范大学学位论文。

习科学中关于知识与技能学习的新发现(如远迁移原理、深层学习原理等)将不同的能力或素养进行清晰的界定。各不同学科在共同的素养目标指引下,再进行纵深和分层设计,比如研制课程标准、课程开发与评价、教学策略指南、学习环境设计等等。学习科学研究所识别出的促进迁移和问题解决的教学原理,也直接体现在美国新近的"共同核心州立标准"(CCSS)和"K—12科学教育框架"(NRCF)之中,比如强调对领域及跨领域一般原理的学习,主张帮助学习者发展对问题范畴的结构及所用解决方法的深刻理解,为学龄早期的儿童提供适当的从事数学、科学及语言科目主题中深层的、良好整合的学习,重视事实性或程序性知识运用条件的教学等等。崛起的新技术革命证明了世纪之交基于标准的课程运动(有的称其为教育改革的第三次浪潮)的不利(比如可能导致了在数次国际大规模测试中成绩表现平平)。究其内在原因,就是这种改革的设计依然延续了大工业时代的范式,缺乏对学习的多样性和学习成效的关照。美国正在经历着教育改革的第四次浪潮,即提倡运用技术实现对学习环境的系统化设计,促进深层学习。

二、20世纪中国社会转型背景下教育的变革与发展

教育变革是社会转型的重要组成部分,更成为中国教育事业存在以及发展的根本特点。伴随着社会不断转型,中国20世纪教育变革也稳步推进、不断深化,取得了举世瞩目的成就。

(一)20世纪各时期中国的教育变革

20世纪中国社会转型背景下教育变革,是指从1901年清末新政以来持续百年的教育变革历史。这段教育改革历史大致可分上、下两段。上半叶为旧中国的教育变革,下半叶为新中国的教育变革。

1. 20世纪上半叶中国的教育变革

这一时期可细分为四个阶段:1901—1911年为第一阶段,主要包括清末为挽救危亡的命运所进行的学制改革、教育行政机构改革、选士制度改革等;1912—1927年为第二阶段,主要包括民国初期及北洋军阀时期进行的一系列教育变革,如学制改革、教育宗旨改革、机构改革、教学方法改革等;1927—1937年为第三阶段,主要包括抗战前南京国民党政

权对教育制度及管理的微调；1937—1949 年为第四阶段，包括国民政府在战争状态下应对性的教育变革，也包括革命根据地充满生机与活力的教育变革。[①]。

20 世纪前三四十年中，教育变革的主要内容是引进西方教育制度和思想，具体教育事务是兴办从西方引进的各级各类学校教育事业，于是，各种教育人才、新式教育学家应潮流而出现，中国 20 世纪一些著名教育改革实践家，譬如陶行知的生活教育、黄炎培的职业教育、梁漱溟的乡村教育、陈鹤琴的学前教育、晏阳初的平民教育等都活跃于此时期。他们秉持的这种除旧布新的变革精神，促使中国教育不断呈现崭新面貌，更使得这些新的教育思想和教育制度在大众中广为流传，并在中国的土地上深深扎根。

2.20 世纪下半叶中国的教育变革

1949 年中华人民共和国建立以后，我国社会进入了一个新的发展时期，自此开始的 20 世纪下半叶的 50 年里，中国社会和教育事业存在和发展又大体可分为前 30 年和后 20 年两个不同的阶段。在 20 世纪后半叶近前 30 年的时间里，总体而言，中国社会转型呈现出的是一种停滞不前、没有规则甚至是贫穷落后的畸形状况。一方面，中国的社会转型虽然在强化民族的自尊与尊严、初步建立现代工业体系、初步实现社会平等的目标以及在开展大规模的大众化教育等方面取得了重要进展[②]，并为中国社会的成功转型奠定了坚实的基础。但另一方面，在此期间，中国的时代中心任务曾被"以阶级斗争为纲"所代替，不遵循现代化建设基本规律，排斥市场经济，不重视现代知识，所以具体来讲，这一时期我国的社会转型主要呈现出以下几个特点：一是经济不规则地快速发展与城市化进程缓慢推进现象共存；二是对外开放低限度地进行并且摇摆度过大；三是"世俗化"进程停滞。[③] 这一时期的教育变革主要是学习苏联社会主义教育形态，引进苏联的学校课程体系以及教学方式等。教育一度得到

---

① 周洪宇、申国昌：《20 世纪中国教育改革的回顾与反思》，《华中师范大学学报》（人文社会科学版）2011 年第 3 期。

② 吴忠民：《毛泽东时代有价值的历史遗产》，《科学社会主义》2002 年第 2 期。

③ 杨世春、焦小英：《试析 20 世纪下半叶的中国社会转型》，《山西青年管理干部学院学报》2013 年第 1 期。

快速发展。但是,不久,随着社会的畸形发展,教育也走偏了轨道。如大家熟知的 1958 年所谓的"教育大革命",不仅无助于教育文化在中国的传播与健康发展,而且给中国文化教育事业带来致命的打击和破坏。

20 世纪下半叶的教育变革,真正值得肯定的是最后 20 多年。这一时期,中国社会转型主要体现在经济转型和现代化建设上。党的十一届三中全会后,经过拨乱反正,我国的教育事业开始步入了一个全新的发展阶段,发生了深刻而重大的变化。首先,社会主义市场经济理论的提出,为当代中国的经济转型指明了前进方向;其次,科教兴国战略的实施为现代化发展打下了基础。而在 20 世纪的最后 20 年,真正推动中国教育变革事业,推动中国教育事业的传播与健康发展的当推第二代政治领袖人物——邓小平,他的功绩在中国现当代教育发展史上具有非常重要的积极意义,对当代中国社会转型具有重要的理论和现实意义。

(1)社会转型扩大了社会对教育的有效需求

社会经济的转型,一方面促进了各行各业的发展,另一方面也加剧了行业之间的激烈竞争,激发了社会对知识与人才的需求。知识作为一种生产要素参与到社会分配中来,使人们越来越重视知识价值,从而刺激了知识的生产与供给。同时,全国范围内人才市场的建立,促进了人才在不同地区的流动,有利于人才价值的充分实现,这一切变化给教育的变革与发展注入了活力。

(2)社会转型打破了教育的封闭格局

改革开放前中国教育是与计划经济相适应的,是一种自上而下的带有指令计划的典型的封闭式教育。随着社会的转型,市场经济代替计划经济成为社会经济发展的主流趋势,相应地,与市场经济相对应的劳务市场自然形成,并且逐步发展为现代教育与经济的结合点。社会经济根据劳务市场的供求变化对教育提出要求,教育则通过满足劳务市场的需要来促进经济的发展,打破了国家垄断教育的格局。

(3)社会转型使人们的教育价值观念发生了巨大变化

在计划经济体制下,人们因循守旧,靠政府吃饭,一切听从政府指挥、计划,主体意识逐渐丧失,知识与人才不受重视。而社会主义市场经济的发展,促使人们抛弃那些陈旧的思想观念,树立起与社会主义市场经济相适应的新观念,比如开放的观念、自由发展的观念、竞争的观念等等。这些观念的树立,不但促进了社会经济的发展,而且这些新观念又渗透到教育及其他领域,促进了教育及其他观念的更新与发展。

（4）社会转型推进了教育变革的不断深化

在社会主义市场经济的发展过程中,其本身的开放性、多元性及竞争性等特征对传统的教育体制、管理体制、办学思想、办学形式等产生强烈冲击,加速教育自身各方面的改革,以适应社会经济发展的不同要求。中国社会的转型,改变了社会资源的配置方式,这就迫使教育的运行机制发生转变:从单纯按照政府指令计划培养学生向根据社会经济发展需求培养人才的机制转换;从负责学生毕业后的工作分配向学生自主择业、自主创业转换;从传统的"铁饭碗""大锅饭"式的利益分配机制向重效益和质量的机制转换。

（5）社会转型提高了教育的地位

20世纪四五十年代以后,随着科学技术的突飞猛进和国际竞争的加剧,世界各国掀起了风起云涌的教育变革浪潮。这一变革浪潮实际上是在全球化、知识化、信息化的社会发展背景下进行的。在这样不断发展的社会背景下,教育自然成为国际社会共同关注的重要问题。比较典型的是联合国教科文组织于20世纪70年代出版的《学会生存》和90年代出版的《教育——财富蕴藏其中》两份报告,都着重论述了教育不仅是社会发展的基础,而且已成为社会发展的"首要推动力",把教育的作用提到了"社会核心"地位。事实上,在这种时代交替的历史时刻,不仅是教育思想、观念的变革。在实践中,世界各国都在尽自己的努力发展教育,在教育目标、教育制度、教育管理、教育投入等方面进行积极的变革,以期通过教育的领先和超前发展达到在国家综合国力的竞争中居于优势地位的目标。中国在进入社会转型的新阶段以来,把教育摆在优先发展的战略地位,不仅为现代化建设提供人才和智力储备,而且直接参与各方面的建设事业,为推动各项建设事业做出贡献。①

社会转型给教育变革与发展带来许多契机。但是,在社会转型期,新旧观念的冲击与新旧体制的摩擦都异常激烈,旧的教育体制的存在基

---

① 和学新:《教育转型:社会转型的重要内容和必要条件》,《教育理论与实践》2006年第7期。

础开始发生动摇,而新的教育体制尚未建立。面对复杂的现实情况,可以说这些机遇对中国教育的变革和发展同时又是一次巨大的挑战。面对这些挑战,我们要审时度势,确定教育变革与发展的价值取向,只有形成正确的价值观,才能指导教育变革与发展顺利进行。

(二)20世纪中国教育变革的启示

20世纪中国教育变革为当今中国教育变革与发展留下丰富的经验,成为中国教育发展史上的宝贵财富,其意义不仅在于教育发展自身,还在于对教育变革的诸多启示。

1. 社会需求是推动教育变革的根本动力

综观20世纪中国教育变革历程,无论哪一次教育变革,都是在社会需求的引发与推动下进行的。20世纪20年代是社会大动荡的年代,当时的发展需要很多具备一定文化素质和技术水平的实业人才;50年代新中国成立,各项事业刚刚起步,急需大批精通专门技术的专业人才,因此,模仿苏联改革高等教育,实行院系调整以适应当时国家建设的客观需要;80年代,我国开始实行改革开放政策,社会各项事业呈现出良好的发展势头,具有现代化观念的人才开始被社会大量需要。可见,宏观上,教育变革主要由社会转型的需求来决定。[1]

2. 教育变革必须有明确一致的纲领目标,必须切合实际

中国是一个地域广、人口多、经济发展极不平衡的大国,尤其是社会转型时期,情况特别复杂。譬如,20世纪初晚清的学制改革和选士制度改革,并非一开始就制定了清晰的目标和任务,而是在社会各方面的压力下才被动做出应对。由于缺乏目的性,导致后续变革只能简单模仿甚至照搬国外模式,而且变革后形成的制度呈现出明显不足。因此,教育变革之前必须进行周密的调查研究,从实际出发,提出民主化、科学化的方案,确定一个既切合实际又明确一致的改革纲领目标,加快教育变革的步伐,推动教育事业的大发展。[2]

---

① 周洪宇、申国昌:《20世纪中国教育改革的回顾与反思》,《华中师范大学学报》(人文社会科学版)2011年第3期。

② 涂乃登、王火生:《二十世纪的中国教育改革——世纪末的回顾与沉思》,《清华大学教育研究》1997年第2期。

3. 应深入调研教育实际,正确对待本国传统,充分借鉴国际经验

社会转型背景下的教育变革可以借鉴国际先进的教育理念和改革经验,但不能绝对照搬、简单移植,而应当坚持自己独特的传统,在深入了解中国国情和教育实际的基础上,有针对性地选择与借鉴国际教育变革的成功经验,力求制定出适合本国实际的教育变革方案,边实验边总结,进而不断完善,最后再全面推广,真正达到"以点带面"的变革效果。[①]

4. 通过教育立法与执法,保障教育变革顺利进行

教育立法,既是教育变革与发展的必然结果,又是教育变革与发展的有力保障。在加大教育立法力度的同时,还要加大教育执法力度,做到有法可依、有法必依、执法必严、违法必究,真正通过教育立法与执法手段,保障教育变革有一个良好的社会环境和有序的教育内部环境。

变革是教育发展永恒不变的主题。历史上进行过变革,现在处于变革中,未来仍需继续变革。要切实深化今日中国教育变革,就必须对 20 世纪社会转型背景下教育变革的历史和经验有一个深刻了解与全面思考。

第三节　社会转型期基础教育变革与发展的方向

社会转型必然带来教育的适时变革与发展,而只有协同的教育变革才能保障社会的顺利转型升级。教育必须在社会转型过程中,应对实际,找准自己的变革与发展方向,为社会转型发挥教育应有的作用。

一、社会转型对基础教育变革的基本要求

当代社会转型,归根结底是人的生存方式的转型。这种社会的变迁,必然从根本上改变对教育的需求与影响。作为教育结构中的一个根本"板块"——基础教育,在波澜壮阔的社会转型面前,受到史无前例的挑战,同时社会各方面的批评和指责也纷至沓来,其将何去何从、做出何种举措、如何为未来的人才打好基础,不仅关系着整个教育系统的变革,也关系着现代化建设的宏伟大业,最终决定中国经济特别是知识经济的

[①]　周洪宇:《教育公平论》,人民教育出版社 2010 年版,第 197 页。

进程。①"千舟险过万重山"是对我国改革开放以来基础教育变革与发展之艰难历程和复杂体验的诗性表达。面对社会转型的总体态势,基础教育应当做出深化变革的决策,努力走出一条适应社会主义市场经济需要的新道路。

（一）必须在当代中国社会与教育变革相互关系的意义上,充分认识基础教育变革的性质与任务,树立系统的基础教育变革观

首先,深刻认识基础教育在当代中国社会发展中具有重建效应,以及在个体成长意义上体现的"以人为本"的价值观和发展观的重要地位与作用。其次,明确中国基础教育变革的核心任务是:协调微观、中观和宏观各层面问题,形成培养现代新人的教育制度、发展机制和新型学校教育实践形态。另外,当前还必须把基础教育的均衡发展与内涵发展当作同一过程、不可分割的两个方面,认识和推进基础教育变革的深化。②

（二）必须充分认识基础教育当代变革的艰巨性与复杂性,正视基础教育变革过程中出现的"问题"

基础教育作为社会公共事业,涉及社会、政治、经济、文化以及教育系统本身等方方面面,基础教育问题不只是单纯的学校教育问题,更是一种广泛的社会问题,需要整个社会的支持与合作。基础教育作为培育新生代的人类实践,不可避免地会面临新的挑战。社会转型是当代基础教育发展的宏观背景,社会的整体转型要求基础教育必须也随之转型,基础教育在当代社会转型过程中的基础性、先导性作用及其价值也决定了基础教育必须转型。社会发展的程度和水平,以及它能为基础教育提供怎样的物质条件和社会环境又决定了基础教育发展的规模、速度和水平。基础教育发展的目的、内容、形式及其制度是与其社会发展阶段相适应的,尽管在不同国家、不同发展阶段会出现一些特例,但整体上大抵如此。因此,基础教育必须紧密结合当前社会转型的特点,在教育思想、

---

① 吕萍、吕伟:《社会转型与基础教育走向》,《内蒙古民族大学学报》(社会科学版)2003 年第 4 期。

② 叶澜:《千舟险过万重山——改革开放 30 年中国基础教育发展研究概述》,《基础教育》2009 年第 1 期。

教育理念、教育体制、教育结构、人才培养模式以及教育教学的内容、方法和手段等方面进行变革，实现基础教育整体的转型。① 由于变革过程复杂，变革问题的出现带有某种必然性，这就需要重视问题，通过问题来反思变革，及时调整变革方案，保障变革的健康运转。

（三）在基础教育变革中必须持科学发展观，提高教育变革中的科学含量

随着社会变革和教育变革的深化推进，变革的不确定性、复杂性和风险性增加，对科学决策的依赖性增大，而且教育决策成败的影响巨大，因此，基础教育变革需要秉持科学发展观，提升教育变革中教育科学的含金量，形成教育理论与实践之间关联互动、相互生成的制度与机制，联系教育决策和教育变革实践，加强科学研究的针对性和实践适切性，实现教育理论与实践的"共赢"局面。②

（四）合理借鉴，洋为中用，密切关注国际教育变革和发展趋向

21世纪的当下，让更多孩子接受更好的基础教育已是社会发展的必然要求，不管形式如何更迭，变革的宗旨始终如一。自从东西文化交融的那一刻起，如何取长补短、借力施力，处理好国际化与本土化的关系，让中国教育自强的同时更添自信就已成为值得思考的问题。必须坚持基本原则：洋为中国，因地制定，考虑国情与传统。

近年来，技术升级带来了教育形式的颠覆性变化。随着信息等前沿技术的迅速发展，特别是从互联网到移动互联网，创造了跨时空的生活、工作和学习方式，使知识获取的方式发生了根本变化。"教"与"学"可以不受时间、空间和地点条件的限制，知识获取渠道灵活而多样。公交上、办公室里、甚至购物时都可能发生学习，以前再熟悉不过的黑板和粉笔也逐渐被电子设备所替代。在当今信息化时代的繁荣时期，时间被碎片化，以信息技术为基础的教育模式开始撼动传统教育模式，创造了"指尖上的学习"。

---

① 和学新：《教育转型：社会转型的重要内容和必要条件》，《教育理论与实践》2006年第7期。

② 叶澜：《千舟险过万重山——改革开放30年中国基础教育发展研究概述》，《基础教育》2009年第1期。

党的十八大明确把"信息化水平大幅提升"纳入全面建成小康社会的目标之一。教育信息化是国家信息化的重要组成部分和战略重点,是教育理念和教学模式的深刻革命,是教育改革发展不可或缺的支撑和推动力。

近年来,信息技术给教育带来了颠覆性影响。孟加拉裔美国人萨尔曼·可汗在美国创办"可汗学院",一人制作了2300多部有关数学、物理、化学、生物、天文学等科目的教学视频,利用视频和互联网技术改革传统教学方式,向全世界提供免费教育,创造了一名教师、一台电脑便可招揽上千万学生的"教育神话"。目前全球有5600万中小学生观看他的教学视频,每月600万学生登录网站。可汗的教学视频突出"学习"的过程,引发"翻转课堂"(Flipped Classroom or Inverted Classroom)式教学模式。传统的教学模式是老师在课堂上讲课,布置作业,让学生回家练习、做家庭作业。"翻转课堂"是学生在家完成可汗教学视频的学习,而课堂变成老师与学生之间和学生与学生之间互动的场所,包括答疑解惑、知识的运用和小组合作等,从而达到更好的教学效果。有研究表明,用这种个性化的学习方法,能够大大提高学生的学习效率。美国加利福尼亚州的两个学校,已在五年级和七年级试用"可汗学院"的教学视频,学生们在家里观看视频自学,老师则在课堂上答疑解惑,辅导学生们完成功课。2013年可汗学院的课程被美国20多所公立学校采用。2012年4月《时代周刊》评出的2012年影响世界百人榜,萨尔曼·可汗位列第四,他已被公认为全球教育界的超级巨星。网络在线课程正如一股洪流以不可逆转之势向各级各类教育的各个层面渗透。在线教育并不是一个全新的概念,尤其是随着语音、视频、网络设备等门槛降低和移动互联的崛起,为这场"数字海啸"推波助澜。①

对学校教育方式而言,近年影响最大的莫过于"慕课""翻转课堂"了。所谓"慕课"(MOOCs),是英文"Massive Open Online Courses"的缩写,即大规模公开在线课程的简称,起源于发展多年的网络远程教育和视频课程,井喷于2011年秋,被誉为"印刷术发明以来最大的教育革新",呈现出"未来教育"的曙光,2012年被《纽约时报》称为"慕课元年"。

---

① 引自求是理论网,http://www.qstheory.cn/zl/bkjx/201305/t20130503_227599.htm。

为适应这一大洋彼岸掀起的教育的变化和可能的转型,华东师范大学于 2013 年 9 月成立了"慕课"中心,该中心是以研究与开发基础教育、教师教育"慕课",并推动"慕课"在各领域高质量地得到实施的学术性组织。华东师范大学"慕课"中心联合我国众多知名高中、初中和小学,分别组建了 C20 慕课联盟(高中)、C20 慕课联盟(初中)与 C20 慕课联盟(小学)。C20 联盟专注于开发基础教育阶段各学科的教学微视频,推动全国各地"慕课"的建设;借助于"慕课"平台,促进学校"翻转课堂"的实施;积极探索在大数据时代背景下,借助基于最新数字化手段的个别化、自主性与互动式的创新型人才培养模式的构建,革新传统课堂教学模式,给学生更多的思维空间和自由,提高人才培养质量,推动我国基础教育的改革发展。中心分别设有基础教育"慕课"研究所和教师教育"慕课"研究所,集合了国内基础教育和教师教育研究领域的一流专家学者,收集了大量关于"慕课""翻转课堂"和可汗学院的资料和视频,并开展了专题研究。[①]"慕课"微视频与当下的教学视频不一样。当下的教学视频都是传统课堂的翻版,而在"慕课"的世界里,视频课被切割成十几分钟甚至更短的"微课程",由许多个小问题穿插其中连贯而成,就像游戏里的通关设置,学生只有答对问题才能继续听课,当然课程也来得更自由,可暂停、可重看。中小学的"慕课"一定与"翻转课堂"联系在一起。在"翻转课堂"上,老师的时间主要不是用于教知识,而是用来解答学生的疑问,课堂上更多的是师生讨论,合作学习明显增多。"翻转课堂"的前提是有大量可供学生自学的教学视频,因此高质量在线课程的开发将是 C20 慕课联盟的主要任务。[②]"慕课"是一场教育革命。在基础教育领域,"慕课"是继班级授课制之后最重要的教育方式变革,让优质教育全民共享、全球共享。大规模微视频开发和"翻转课堂"的实施,让个别化、自主性、互动式教学成为可能。在"慕课"建设和"翻转课堂"实施过程中,这些新型的教育教学形式,颠覆了传统意义上的课堂教学模式,也让处于课程教学改革焦灼状态的人们看到了课堂改革的新希望。同时,"慕课"建设也有可能让已成格局的"名校"、普通学校和薄弱学校的系统重新洗

---

　　① 引自 http://www. shanghai. gov. cn/shanghai/node2314/node2315/node18454/u21ai797328. html。

　　② 引自《苏州日报》,http://topics. gmw. cn/2013－09/13/content_8902780. htm。

牌。在基础教育领域,借助于"慕课"平台,教师可以实施"翻转课堂",实现学校教学模式的变革,为拔尖创新人才的培养创造良好环境。C20 慕课联盟计划于 2014 年年初在沪举办面向中小学在职教师的全国中小学"翻转课堂"微视频大奖赛和面向高等师范院校在读本科生与研究生的全国高等师范院校学生"翻转课堂"微视频大奖赛,激发在职教师和未来教师的潜能,开发高质量在线课程,推动我国基础教育的变革与发展。知名学校的热力加盟,足以表明他们对"慕课重塑教育"的认同。需要讨论的似乎只是,它将如何更快更好地实现这场"颠覆"?

二、未来中国基础教育变革发展的基本方向

21 世纪的中国社会正处于一个重要的转型时期,全球化和信息化是中国当前社会最为鲜明的变化。社会转型过程中的深刻变革以及对人的生存方式所产生的渗透式影响,造成了现有教育的不适应。因此,当前研究应当立足于中国社会所处的时代背景和学校教育变革的实际情况,强调社会转型时期学校教育应实现转型式发展。基于我国社会转型所处的全球化和信息化这一时代背景,我们认为基础教育变革发展的基本方向应定为:调整基础教育变革的策略导向,把重心放到深化学校转型的综合变革上;加强保障基础教育变革深化的法制建设;加强学校变革研究,加强国内交流和国家间交流,整合教育变革资源,形成推进学校变革深化的强大合力;新时期的教育需要满足社会不同个体的需求,因而教育发展要逐步多元化。多元教育格局的形成不仅能够满足学生的需求,而且可以通过市场机制整合社会教育资源的存量,充分发挥其效益,从而推动教育市场的良性发展。[①]

教育以人的培养为中介推动社会系统的发展和进步,处在转型期的中国,协同发展的教育变革必能有效促进社会转型,这也是将教育摆在优先发展地位的重要原因。

在当代以全球化、信息化为宏观背景的社会转型中,教育转型不但是社会转型的重要内容,而且是社会转型必不可少的条件。教育要发展,根本靠改革,这是一条基本经验。当今的中国,正从人力资源大国迈

---

① 叶澜:《21 世纪社会发展与中国基础教育改革》,《中国教育学刊》2005 年第 1 期。

向人力资源强国,教育发展正处于重要战略机遇期。党的十六大以来,我国教育事业快速发展,教育普及水平持续提升,教育公平迈出重大步伐,教育质量稳步提高。随着我国教育改革逐渐进入深水区,涉及面更广、关联度更高,破解深层次矛盾和问题难度更大,许多问题解决起来往往涉及多个部门职责,涉及多种政策配套,涉及多方利益调整,靠原来的单项改革办法或局部突破套路已难以奏效,必须进行综合改革。党的十八大报告提出深化教育领域综合改革,进一步指明了教育改革的新方向,明确了教育改革的新路径,这是对教育改革提出的新要求。我们要用系统思维、全局意识和全球视野认识变革,用普遍联系观点设计变革,用统筹兼顾办法推进改革,进一步增强改革的系统性、整体性、协同性;要不断增强教育改革的自觉性、紧迫性、坚定性,牢固树立改革意识,提升教育改革信心,冲破思想观念束缚,突破利益固化藩篱,将变革贯穿教育工作始终,扎实把教育改革不断引向深入。[1]

深化教育领域综合改革,必须牢牢把握牵一发而动全身的突破口和着力点,在重点领域和关键环节取得重要进展。要紧密结合实际,从人民群众反映强烈、制约教育事业科学发展的热点难点问题出发,聚焦重点,找准突破口,通过重点突破实现整体推进。深入分析问题产生的深层次体制机制障碍,既要进行长远谋划,又要明确近期任务,通过改革人才培养模式、改革办学体制、改革管理体制、改革保障机制,顺应发展阶段的紧迫需要和人民群众的重大关切,明确改革时间表和优先顺序,使改革有序推进。

深化教育领域综合改革,必须注重改革的系统设计和整体安排,加强统筹协调,形成改革合力。教育改革到今天,已不是仅仅局限于某一地区、某一领域、某一环节等局部内容的调整完善或单一制度的修修补补,而是全面展开、整体推进。各级各类教育之间、城乡之间、区域之间、各级各类学校之间情况千差万别,面临的问题各不相同,反映了教育改革的复杂性和艰巨型。这就要求在设计改革方案时,一方面必须整体谋划和前瞻布局,要综合考虑这些因素对改革的影响,要将改革的力度与社会可接受的程度统筹考虑;另一方面必须统筹考虑各地各校和各级各类教育的实际情

---

[1]　引自《教育部关于 2013 年深化教育领域综合改革的意见》。

况,凝聚改革力量,减少阻力,增强改革政策的协调性,形成合力推进教育改革,营造更好的推进教育改革的社会环境,取得更好的社会效果。

教育改革是一项系统工程,涉及方方面面,责任重大,问题错综复杂,工作规律性强,需要凝聚社会共识,形成改革合力,突破陈旧思想观念的束缚和原有体制机制的障碍,打破现有利益的固化格局,以增量改革为主,以存量改革为辅,准确把握改革时机,推动改革有力、有序、有效进行,确保各方共享改革成果。

一项面向各地教育局长、校长和社会公众,针对教育规划纲要贯彻落实情况展开的调查表明:绝大多数首先强调变革是推动中国教育发展的强大动力。变革成为中国教育快速发展的最大红利。绝大多数受调查者公认,通过1985年《中共中央关于教育体制改革的决定》、1993年《中国教育改革和发展纲要》、1999年《关于深化教育改革全面推进素质教育的决定》、2010年《国家中长期教育改革和发展规划纲要(2012—2020年)》等一系列教育政策的制定和落实,教育激发了活力,增添了动力,完成了从"依靠人民办教育"到"办好人民满意的教育"的伟大转变,实现了从人口大国向人力资源大国的历史性转变,走过了西方国家近百年的普及教育之路。绝大多数受调查者(80%以上)认为,有必要深化教育改革,发展无止境,改革不停顿。32.6%的教育局长、35.9%的学校校长认为,推动教育改革的最重要动力是"内涵发展要求";39.7%的社会公众主张教育要"满足社会需求"。其次,强调了教育改革要与其他社会领域改革相配套。教育是经济社会的重要组成部分,教育改革是改革开放事业的重要组成部分,教育改革需要与其他社会领域的改革相协调。从调查结论来看,74.4%的教育局长认为,教育改革进度与社会其他领域改革相比显得滞后。其中,经济发达地区持这个观点的教育局长占80.0%,经济较发达地区持这个观点的教育局长占80.6%,经济欠发达地区持这个观点的教育局长占69.8%。显然,身处教育改革一线的教育行政领导是直接推动教育改革的领导者,感受最为深刻。教育规划纲要提出2020年教育率先实现基本现代化目标,超前其他领域现代化30年,教育改革必须加快,适当走在其他社会领域改革的前面,引领整个社会经济快速发展,但又不能单兵独进,脱离其他领域的改革。①

　　面对中国社会转型期的挑战与机遇,中国教育变革与发展除了要树立教育整体优化的价值观念,还要适时调整教育变革与发展的任务以适应社会转型的要求,并实现教育自身发展与促进社会发展的双重目标。美国学者菲利普·韦克斯勒的"教育重组论"认为:统治的稳定固然需要通过对文化资本不平等的生产和分配来实现,这点在社会相对稳定时期比较突出。但在社会大变革即转型时期,则需要通过对教育的重组,也就是要通过改造与社会发展不相适应的各种教育机制体制和机构,重新构建教育与其他社会系统的制度化联系,重新阐释教育在社会发展中的功能和地位。当前,中国社会转型已进入"深水区",怎样建立既与世界接轨、又促进中国社会全面发展的现代教育机制,发挥教育的驱动力,是中国教育最现实、最紧迫的研究课题。推进"深水区"的教育改革,必须采取综合改革的办法,统筹兼顾,上下结合,部门协调,建立健全强有力的推进机制,凝聚共识,增强引力,形成合力。②

三、宁波市基础教育面临的形势与任务

　　现代社会受"以消费为目的,以信息为基础,以广告为驱动"的文化包裹,我们的孩子在尚未成熟之前看到和经历得太多,他们生活在一个偶然性很多、动荡变迁的社会里,正因为这样,教师有责任帮助孩子们把这种偶然性、选择的可能性变成发展的机会。宁波市是一个计划单列的沿海开放经济和教育发达的副省级城市。改革开放以来,经济社会迅速发展,现已成为长江三角洲南翼的重要港口城市。以经济改革发展为主轴的宁波市社会转型升级对宁波市基础教育带来了重要变化。

　　教育是民族振兴、社会进步的基石,在开发人力资源、提升市民素质、促进经济社会发展中发挥着越来越重要的作用。强市必强教,强市先强教。宁波的发展根本在科技,关键靠人才,基础在教育。要全面建设现代化国际港口城市,全面建成惠及全市人民的小康社会,就必须加

---

　　①　曾天山:《深化教育领域综合改革势在必行》,《中国教育报》2013 年 1 月 14 日,第 3 版。

　　②　郑贤俊:《论社会转型期的教育问题与综合治理》,《杭州师范学院学报》(社会科学版)2003 年第 1 期。

快推进教育现代化。改革开放以来,特别是进入 21 世纪以来,宁波市委、市政府坚持把教育摆在优先发展的战略地位,实施"科教兴市"一号工程,提出构建服务型教育体系,在全社会的关心支持及广大教育工作者的不懈努力下,全市各级各类教育实现了跨越式发展,基础教育实现了高标准普及,职业教育服务能力明显增强,高等教育办学规模稳步扩大,终身教育体系逐步完善,民办教育得到规范有序发展。教育服务经济社会发展的能力日益提高。宁波教育在经历了"十五"的跨越式发展后,规模上进入了一个相对稳定的"高位发展"时期,"十一五"时期工作重心逐渐从以规模发展为主转到以内涵建设为主上来,工作视野逐渐从以教育内部为主转到教育和经济社会发展大局上来,在市委、市政府的正确领导下,在社会各界的大力支持下,扎实推进"育民"工程,深入构建服务型教育体系,综合实力不断增强,教育发展成绩斐然。

"十二五"时期是宁波市深化改革开放、加快转变经济发展方式的攻坚时期,经济社会的发展对教育事业的发展提出了更高要求。到 2015 年,在全省率先实现教育现代化,教育竞争力水平居于国内同类城市前列。到 2020 年,率先形成学习型社会,教育发展主要指标达到发达国家平均水平,形成均衡协调可持续发展的教育事业新布局,形成促进学生全面发展的育人新模式,形成适应经济社会发展的服务新格局,形成伴随市民终身学习的教育新体系,形成政府统筹多方参与的教育管理新体制,其主要任务体现在:推进公益普惠的学前教育;提供高位均衡的义务教育;做强优质多样的高中教育;深化服务发展的职业教育;发展内涵提升的高等教育;构建体系完备的终身教育;建成关爱融合的特殊教育;打造特色品牌的民办教育。[①] 宁波市基础教育围绕全面建设教育现代化的目标,深入推进素质教育,不断满足人民群众让子女接受良好教育的愿望。根据 2012 年宁波市教育统计数据,宁波市共有普通中学 299 所,在校学生 29.5 万名,其中初中 219 所,在校学生 19.4 万名;高中 80 所,在校学生 10.1 万名;小学 476 所,在校学生 47.9 万名;特殊教育学校 10 所,在校学生 853 名。宁波市接收外来务工人员随迁子女达 28.9 万人,其中在公办中小学就读 23 万人,公办学校接纳比例达 80%。省等级重

---

① 引自《宁波市中长期和"十二五"教育发展规划》。

点普通高中 48 所(其中省一级重点中学 23 所、二级重点中学 16 所、三级重点中学 9 所)。2012 年,宁波市拥有正教授级待遇的中学高级教师 49(在职 24)人、中小学名教师 289(在职 249)人;小学、初中教师高一级学历比例分别达到 95.63%、92.54%。宁波市九年义务教育的入学率、巩固率分别达到 100%、99%;盲童、聋童、弱智儿童(即"三残"儿童)入学率近 90%;初升高的比例上升至 99.09%;普通高校招生考试报名录取率达88.4%。纵观这几年的工作(见表 1-1、表 1-2),宁波市所取得的成绩得益于基础教育与经济社会的互动,得益于师资队伍的建设,得益于基础教育合作与交流的深化,得益于党和政府的重视、社会各界的关心以及全体基础教育工作者的努力。①

表 1-1　"十一五"宁波市教育发展主要指标完成情况

分类	指标	2005 年	2010 年目标	2010 年
基础教育	学前三年幼儿净入园率	95.1%	99%左右	99.2%
	九年义务教育巩固率	99%	99%以上	99%以上
	三类残疾儿童接受义务教育入学率	98.3%	99%	91%
	应届初中毕业生升入高中阶段教育比例	94.2%	98%以上	98.9%
	省一级重点普高	17 所	20 所以上	23 所
	普通高中招生中能够进入优质高中学习的初中毕业生	75%	80%左右	85%
高等教育	普通高校在校生	11 万人	14 万人	14.1 万人
	各类成人高校在校生	2.9 万人	5 万人	4.9 万人
	每万人在甬大学生数	252 人	300 人以上	245 人
	高等教育毛入学率	42%	50%	50%
	本科与高职高专在校生比例	46:54	50:50 左右	50:50 左右
	在甬研究生规模	649 人	5000 人左右	5200 人
	在甬高校建成博士点	0 个	3 个以上	3 个
	基本建成应用人才培养基地	0 个	10 个	10 个

① 引自"宁波教科网"http://www.nbedu.gov.cn/default.asp。

续表

分类	指标	2005 年	2010 年目标	2010 年
职业教育	高中段教育普职招生比例	1∶1 左右	1∶1 左右	1∶1 左右
	国家示范性高等职业院校	0 所	1 所	1 所
	省级以上重点中等职业学校	26 所	29 所	29 所
	国家级重点中等职业学校	13 所	15 所	21 所
	全面建成高层次职业教育实习实训基地（职业学校内、企业内）	0 个	各 10 个	各 10 个
成人教育	新增劳动力平均受教育年限	13 年	14.5 年	13 年
	成人识字率	—	95％以上	95％
	各技术工种从业人员及企业职工年全员培训率	35％	40％以上	40％
	社区居民年接受培训率	30％	40％以上	48.5％
	普及社区教育的街道	90％以上	100％	100％
	普及社区教育的乡镇	60％	90％	93％
	创建全国社区教育试验区	2 个	4 个	6 个
教育信息化	中小学学生计算机生机比	9.7∶1	6∶1	5.1∶1
	实现"校校通"的学校	80％	95％	98％
	建成"数字校园"的学校	5％	50％以上	55％
	全市教育城域网高速互联互通	60％	100％	100％
	市现代教育技术师范学校	80 所	100 所	122 所
	市信息技术教育师范乡镇	10 个	30 个	17 个
教师队伍	中小学专任教师学历合格率	—	98％以上	99.3％
	拥有高一级学历的小学教师比例	76.2％	85％以上	91％
	拥有高一级学历的初中教师比例	70.9％	85％以上	87％
	拥有高一级学历的高中段教师比例	0.75％	7％	3.4％
	高校教授正高数	439 名	700 名	700 名
	高校名教师	30 名	50 名	51 名
	市级中小学名教师	172 名	300 名	235 名
	市级中小学名校长	58 名	100 名	80 名

注：数据基数为本市户籍人口数。其中 2010 年新增劳动力平均受教育年限的数据基数是常住人口。

表 1-2 "十二五"宁波市教育现代化事业发展主要指标

指标	单位	2010 年	2015 年
学前教育			
学前三年入园率	%	99.2	99.5
省等级幼儿园招生覆盖率	%	75.1	92
九年义务教育			
巩固率	%	99.9	99.9
标准化学校比例	%	83	95
残疾儿童入学率	%	91	95
高中段教育			
毛入学率	%	98.9	99.5
省优质特色学校比例	%	—	55
职业教育			
省级以上改革发展师范学校数	所	—	15
中职教育"双师型"教师比例	%	65	75
高等教育			
每万人在校大学生数	人	245	267
在甬研究生数	人	5200	8000
继续教育			
从业人员继续教育	万人次	60	90
培养高技能人才总数	万人	17.8	23.8
人力资源开发			
主要劳动年龄人口平均受教育年限	年	9.6	11.5
其中:受过高等教育的比例	%	10	16
新增劳动力平均受教育年限	年	13	13.6
其中:受过高中段及以上教育的比例	%	70	90
教育投入			
财政教育经费支出占一般预算支出的比例	%	14.5	18
中小学数字化校园达标比例	%	10	90
教师学历水平			
拥有高一级学历的小学教师比例	%	91	95
拥有高一级学历的初中教师比例	%	87	95

但是,宁波基础教育面临的形势依然严峻,热点问题依然存在,难点问题尚未破解,必须清醒地认识到宁波基础教育还存在不少问题和困难,主要表现在:优质教育资源配置不够均衡,城乡、区域、学校之间办学条件和教育质量存在一定差距;教育结构不够合理,学前教育体系还比较薄弱;中小学生课业负担过重问题依然突出,推进素质教育难度较大;教育体制机制不够完善,学校办学特色不明显、活力不足;教育服务能力还不够强,难以满足经济社会转型提升需要;教育投入还不能满足教育改革和发展的需要。

现代教育是经济建设的"发动机"、科技发展的"加速器",也是社会的"稳定器"和"平衡器"。当今世界正处在后金融危机时代,国际竞争日趋激烈。同时,宁波已经进入工业化和城市化深度融合期。在这两大时代背景下,人才和智力越来越成为推动经济社会发展的战略性资源,教育的基础性、先导性、全局性地位和作用越发突显,基础教育在地方经济社会发展中的支撑作用进一步凸显,在加快转变经济发展方式、优化产业结构中担负着越来越重要的作用。经济社会的转型发展也殷切呼唤着基础教育要尽快走出浮躁的"怪圈",更加注重基本素质的培养。宁波教育亟须深入推进服务型教育体系建设,进一步提升服务区域经济社会发展的能力,促进基础教育与经济社会的协同发展,从而充分释放出基础教育在稳增长、调结构、惠民生等方面的巨大潜力。① 经济的持续性发展,一方面靠人才精英,另一方面更要靠广大人民的素质,而素质是要靠基础教育培养的。

转型是在不适应的情况下主动求新求变的过程,是一个创新的过程,离不开人才和知识的支撑,而创新型人才的培养和知识的传播又必须依靠教育来实现。基础教育转型是一个渐进的过程,不可能一蹴而就。当前,宁波市加快基础教育发展方式转变,实现基础教育自身的转型提升,关键是要把注意力从仅仅"研究教学"转变为"研究学生""研究教育",从师生科学发展的角度来思考问题,组织教学,开展教育。具体来说就是要更加关注五个方面,促进"三转型内提升":一是关注学生终身发展,促进教育教学方式转型;二是关注教育自身规律,促进教育发展

---

① 引自《宁波市中长期教育改革和发展规划(2011—2020年)》。

方式转型;三是关注社会公平和谐,促进教育管理方式转型;四是关注干部教师队伍,促进教育综合实力提升;五是关注经济转型升级,促进教育服务能力提升。深入推进服务型教育体系建设,努力办好经济社会发展所需要的基础教育,全力服务宁波经济转型升级,为宁波加快发展方式转变、经济转型提升,实现又好又快发展提供更有力的人才和智力支撑,仍将是宁波基础教育改革发展的主要任务之一。

我们必须思考,社会转型带给教育哪些变化和影响,给宁波市基础教育带来的最大影响又是什么,如社会转型给宁波市基础教育带来的一个重要外显性变化就是受教育者构成的变化——外来务工人员子女学生的增多,那么在公平视角下基础教育如何应对?社会转型促进了宁波市的快速发展,逐步迈向国际化城市,与此同时,宁波市每年又有5000名左右的学子出国留学,宁波市也成为全国第一批教育国际交流地区,这些影响和变化,对宁波市基础教育的冲击和改变又是什么,政府和学校应如何应对这种局面?基础教育的变革很大程度上反映在学校制度的变革,作为快速发展、与国际接轨的宁波市基础教育在学校制度上如何建设?这些都是非常有意义的研究课题。

第二章　社会转型期基础教育学校
变革与发展研究

　　进入 21 世纪以来,我国不仅在经济领域,而且包括教育在内的所有公共事业领域快速发展。在教育领域中,基础教育领域占据着主要地位。按照依附理论,经济社会的转型必然对教育发生重要的影响。社会转型和教育转型成了"一体两面"的关系,一方面,社会(包括政治、经济、文化等)的价值取向和制度设计的变迁对教育发展提出了明确的要求甚至挑战;另一方面,教育本身的变革也势必对社会发展带来促进或阻碍的影响。作为从事教育研究的工作者,我们希望教育发生积极的变革,能够应对社会转型的需要。社会转型大致可划分为政治的民主化转型、市场的效率化和标准化转型,以及社会的多元化和个性化转型,既包括已经发生的变化,也包括即将到来的变化或将来改革的趋势;既包括价值、观念层面的变迁,也包括制度设计层面的变革。在研究教育转型时,我们将着眼点放在教育的最基本的组织结构——学校层面进行,即通过学校与政府、市场、社会的关系变迁试图建构一种能够反映教育转型的新的教育发展理念、发展方式、发展路径以及相关的学校制度设计等等。我们认为,加强基础教育研究,首先是加强对作为教育组织的学校的研究。中小学校是各种关于教育和社会的理想之实现、目标之达成的最重要的载体。教育管理学对组织研究的偏爱也使得关于学校的研究成为焦点。在变革问题上,我们需要一种有说服力的理论。当前理论的重点应是反思,即将注意力转移到引导人们反思思想行为的假设、信念、哲学上来。① 学校外部的关系主体确定为政府、市场和社会,既符合传统社会科学"国家、社会、市场"三分法,也和我们的认识相吻合。对应于社会转型的三个层次,本章将分别通过与政府、市场和社会的关系来阐述学校变革的现状及趋势,以期在纷繁复杂的教育改革大潮中厘清思路,找到头绪,并形成相对清晰并一以贯之的学校变革路径。

第一节　政府治理机制转型与学校变革

政治的民主化转型使得各国教育改革中无不将以校为本的变革作为权力下放的重点。学校自主权并不是凭空产生的,权力来自政府(授权、分权和放权),由此可能带来的利益损失可能会导致政府不愿意下放权力,权力的利得性使得政府并不总是扮演"公仆"的角色,而经常会打着"为民服务"的幌子大搞政绩工程,为自己集权揽利。在政府学校间的权力关系上,正式制度和应然制度被弱化、掩盖、遮蔽了,各种非正式制度和私下交易却大行其道。政府的权力边界是模糊的,经常只是由官员个人的政治素质和道德觉悟决定,而非由一种保障学校和学生权利的机制作为制衡。而且,这种惯习还传染给学校,校长们似乎也经常热衷于集中权力以作为自己"干实事"的保障,而将民主当作因时、因地制宜的改革工具。政府的官僚、科层制度本身也可能在技术上排斥学校的自主和教育所需要的创新精神。在这样的政府—学校权力关系的作用下,政府会牢牢地将学校自治所需要的财权、人权和事权控制在手中,给出的却是对教育"负责"的道德理由。教育事业作为公共服务事业的特征和教育本身的道德准则使得国企改革的思想和策略并不能简单地挪用到教育中来。对现代学校制度的基本问题——学校与外部(尤其是政府)的关系问题进行研究将为政府再造提供有别于企业制度研究的另一个视角。

---

① 张新平:《教育组织范式论》,江苏教育出版社 2001 年版,第 8 页。

一、政治民主化与学校变革

(一)政治民主化转型

1. 政府职能的转型

在政府职能问题上,一直以来存在着大政府还是小政府、强政府还是弱政府的争论。我们认为,教育的治理需要的政府是强有力的政府,强政府的表现主要是政府对于教育事务的决策以强有力的权力为保障。我们难以想象没有权力的政府何以称强。尽管古典自由主义坚决要求限制政府权力,但新自由主义却并不希望政府在公共事业管理中离场;尽管政治主导取向也对过于强大和权力集中的政府保持警觉,但传统政治主导取向骨子里却总在希望一个悲观主义的霍布斯式的强大国家。无论哪种立场,政府权力在包括教育在内的公共事业治理中总是必不可少的。[①] 现代社会,人们对于政府在教育发展中的责任有了越来越高的期望。怎样看待政府在教育治理中的权力、责任以及两者之间的关系,是我们将政治理念逐步引向执政实践的重要一环。

政府需要具备强有力的权力,但又不能严重影响学校自主发展的积极性,否则与校本变革背道而驰。因此,可以将政府对学校的权力进行一定的限定。

政府的权力应是学校发展所需要政府发挥的权力,表现为政府对学校的业务上、法理上,更是道德上的责任。这种责任落实要使得教育权力能够在学校机构内有效运行,责任既不能大到对学校的大包大揽的全能政府式,也不能小到政府不能主导教育的发展方向以至于达到放任的地步。

2. 政府对于学校责任的转型

政府责任属于长线责任,利用的是政治机制;而短线责任是学校的责任,利用的是市场机制(政府对公立中小学校的责任落实状况可见图

---

① 不同的可能是,自由主义只将政府(权力)看作手段,而保守主义则将政府(权力)本身视为目的。和自由主义对政府的抑制相比,保守主义对国家的角色和政府的权力的观点往往表现出一种矛盾和模棱两可。参见[英]罗杰·斯克拉顿:《保守主义的含义》,王皖强译,中央编译出版社 2005 年版,第 10 页。

2-1)。当然,即使是短线责任,政府也负有对学校进行监管的责任。这种责任划分是在 2004 年世界银行的发展报告《让服务惠及穷人》中做出的区分。该报告将教育服务中的责任关系确定为四种[①]:(1)政治家与公民,相当于政府和家长的关系;(2)机构提供者与政府,相当于学校和政府的关系;(3)一线专业人员与机构提供者,相当于教师和学校的关系;(4)服务提供者与公民——客户,相当于学校和家长的关系。基础教育作为一种基础服务和设施,怎样才能到达最终客户——学生和家长手中呢?报告从权力和责任的角度给出了一种抽象模型。在长线责任中,客户通过表达权将自己的利益诉求传达给政府,作为代理人的政府再将这种民意以政治权力的方式向服务提供者的学校传达,传达的方式是和学校签订契约。学校在政府的委托下,按照专业要求为学生提供服务,替代政府实现教育责任。这种模型属于一种基于契约论基础上的委托—代理模型,因周期较长一般称为长线责任。在这种责任上,学校似乎执行的是一种代替政府的政治责任。而短期责任则路径较短,只需要客户与学校直接发生关系,往往遵循的是市场的逻辑,属于一种经济责任。在短线责任的履行过程中,政府的义务是为交易的达成和服务的落实提供顺畅和有序的外部环境,保证交易的公平与效率。报告认为,在对待服务提供中的责任问题时,"有效的解决方法可能是短线责任和长线责任的战略组合,使其成为一个系统,其中客户、政策制订者和服务提供者由责任关系联系在一起,从而使服务惠及穷人"[②]。长线责任,强调政府政治权力的行使。而且即使是在短线责任中,政府也不是无所作为,服务提供者学校也需要接受政府的管制,如图 2-1 所示。

　　大致来讲,政府对于学校的责任可以分为三种"理想类型":包办、主导和不干预,人们常说的政府的"越位、错位、缺位"也涵盖于此。

　　对学校的包办主要以北欧等对学生教育实施"从摇篮到坟墓"的传统福利国家为代表,政府实施全面干预,从通过税收融资到建立庞大的行政机构都充当直接管理者的角色。新中国成立后长期以来实行的就是政府包办学校的政策,对于学校的资产全部国有化,学校的教职工均

[①] 《2004 年世界发展报告》,中国财政经济出版社 2004 年版,第 50—51 页。

[②] 同上,第 162 页。

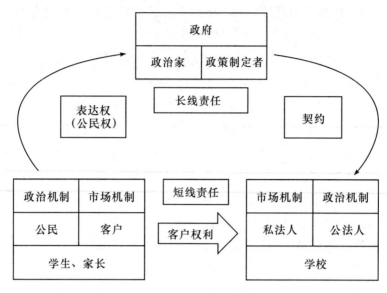

图 2-1　政府的教育责任模型

为国家干部,学生的就学、招生和分配都由国家包下来。政府包办的方式由于不仅给政府财政带来了沉重的负担,而且助长了学校的懒惰行为而受到广泛批评。政府包办既增加了财政负担,又不利于激发学校活力。近年来福利国家的政府也在不断反思,普遍改变以往将教育视为社会保障制度的做法,寻求更好的既能避免高福利对政府财政的压力又不至于降低人们现有教育水平的途径,英美国家的第三条道路就是一种尝试。

　　不干预形式是指政府没有直接出面建立起系统化、正规化的教育制度体系。在部分发展中国家由于各种原因政府不愿或无力承担起教育中的责任,尤其是无力对众多中小学校提供庞大的财政支持。而事实上,在世界各国,即使是发展中国家,完全的不参与形式已经找不到,在不同的教育项目中政府都或多或少地有所介入。根据联合国教科文组织统计,全世界有170多个国家宣布实施免费义务教育即是明证。"只要公共财力运行,各国均在实施免费义务教育。"[①]既然政府提供了经费,对学校的干预就顺理成章了。可见,不干预是不现实的,即使最讲究自由、

　　①　张力、韩民、汪明:《国际义务教育制度的比较分析》,载袁振国主编:《中国教育政策评论2004》,教育科学出版社2004年版,第25—38页。

有着长期不干预传统的国家和政府迫于国内社会问题或实际福利水平、舆论的压力也在以某种方式开始逐渐介入教育领域，履行政府在教育中的责任，尽管这种责任在不同的国家仍有着较大的区别。

所谓政府主导型简单说就是介于包办和不干预之间的一种方式，政府在教育中坚持"有所为，有所不为"的原则。这也是当今大多数国家正在实践的一种政府对于学校责任的履行方式。需要指出的一点是尽管各个国家都在向政府主导型发展，但具体的做法肯定不会相同，这跟各个国家的历史文化传统、社会发展水平、经济发展阶段、政治体制以及所选择的教育保障体系有关，各个国家都在根据自己的具体国情、社会需要选择最适合的政府治理形式，并且根据形势发展不同而调整。因此，不宜简单地评价政府对学校的责任承担问题，而应该结合具体情况分析。比如不能把英美国家的私有化改革看成是政府放弃了对学校的责任，事实上，即使在经济上再放任的国家，在教育问题上国家的力量及责任还是被强调的，只是各国政府发挥作用、履行责任的方式存在差异而已。

（二）政府学校责任的边界

正如我们时常倡导要为政府对学校的权力设界一样，政府对学校的责任也需要设立明晰的界限。没有边界的责任，要么导致责任缺失，要么导致责任滥施。政府责任的边界可以从质和量两个方面讨论。

从质上看，政府应对学校履行什么样的责任呢？早在20世纪30年代，美国学者艾萨克·康德尔（Kandel）就曾关注过国家作用的合理限度问题。他提出教育应该有外在事项和内在事项之区分：国家对于公共教育的外在事项（如教育经费、教育设施和设备、教育制度等），必须介入国家权力的干预；但是对于教育的内在事项（如教科书、教学教法、教育评估、学校管理等）则必须尊重教育的专业自主权，排除国家权力的干涉。[①] 政府对学校责任的问题可以从政府对学校扮演的角色来分析。对于学校而言，政府履行的责任使得政府应当担当的角色主要有六种，即（1）教育体系的构建者；（2）教育条件的保障者；（3）教育服务的提供者；（4）教

---

① 转引自薛化元、周志宏编著：《国民教育权的理论与实际》，台湾稻乡出版社1994年版，第9页。

育公平的维护者;(5)教育标准的制定者;(6)教育质量的监管者。政校关系调整后,政府角色的变化必然带来政府责任的变迁,这也是建立良性政校关系、保障学校办学自主权的关键。在上述作为质的政府责任中,第一种是各国政府都已经做到和正在做的,我国政府在新中国成立后对于学校的责任重点一直是第二种和第三种,今后应加大第四、五、六种责任方面的执行力度。在此基础上,有学者对政府新的教育职能进行了描述:[①](1)放弃"不该管"的职能。"不该管"的职能是指属于学校自主办学的职能,这些职能要坚决下放给学校。例如,学校内部一些具体的人事安排,如中层干部的使用、职称评聘、报酬待遇等,应让学校有更多的权限。(2)强化"该管"的职能。这些职能包括:对教育规模、结构、布局等方面进行宏观调控;制定教育政策和法规,规制有效的制度并承担制度推行的责任;制定各类学校设置标准和质量标准;制定教育发展规划;通过公共财政分担学校的教育成本,并通过转移支付促进教育公平;建立支持教育改革发展的服务体系;组织对各类学校教育质量的检查评估。确立教育标准、为学校提供保障和服务成为政府的重点。政府作为公共利益的维护者必须履行公共责任。在宏观调控、社会责任承担、教育公平环境建设、教育制度和法规健全等方面,政府权能应极大加强。

从量上看,政府对学校的责任应是底线责任。一些学校搞超标工程、豪华校舍,如果是用政府的钱,则是对纳税人权利的侵犯,政府有责任加以制止;如果是用学生的钱,则存在学生和家长是否愿意的问题;如果是学校单方面决策,则无疑属于乱收费范畴。优质教育资源的提供不是政府的责任,而应该由第三部门或私人提供。这种优质教育资源的提供理应退出公共教育财政的范围。在市场领域,以家长自愿为原则,学校和家长达成协议,这种协议以家长择校方式实现。从法律上讲,这时学生和家长在学生收费上的关系已经变成民事法律关系,要由民法而非义务教育法和教育法来调节和规范。给政府责任划界,要树立"积极责任不张不弛,消极责任勿枉勿纵"的原则。政府不能为了显明政绩而不顾地方财力和当地实际,人为抬高责任标准,这样做既是对纳税人的损

---

① 褚宏启:《审视现代学校制度》,《中国教育管理评论》第 2 卷,教育科学出版社 2004 年版,第 93 页。

害,也容易对学校自由造成侵犯。当然,更不能以财政困难为理由推卸政府应尽的基本责任,如维护教育秩序和保障教育公平等,政府最底线的责任(消极责任)也是学校基本权利的体现。

政府在执政过程中,容易存在失责的情况。加大问责制度成为当前政治体制和行政体制改革的一项重点。在教育领域,问责制度即责任追究制度。追究政府和学校的工作人员没有履行义务所承担的责任,并规定追究责任的程序和进行法律救济的途径(包括教育申诉制度、行政复议制度、行政诉讼制度等)。问责制要求政府及其官员在未履行职责或在自己所管辖事项范围内出现重大事故时承担责任。一般而言,问责中政府可以在集体或个体两个层面上承担。集体问责要求集体承担责任,如国外一些政府首脑以集体辞职的方式来承担自己对失责行为所负的责任。这种团体承担方式在国外较为普遍,这与国外的政党分肥体制有关。而在我国主要还是个人承担责任,这是目前我国在政府体制改革中特别强调首长负责制的必然结果。为强化官员的工作责任心,国务院在2005年3月印发的《全面推进依法行政实施纲要》中明确规定:"行政机关违法或者不当行使职权,应当依法承担法律责任,实现权力与责任的统一。依法做到执法有保障、有权必有责、用权受监督、违法受追究、侵权要赔偿。"总之,只有明确政府承担责任机制,才能真正促使政府及其官员依法履行责任,毕竟教育和学校的发展不能仅仅依赖政府的自律和官员的道德自觉,问责制等应是必要的外力保障。

二、应对政府治理机制转型的学校变革

(一)学校层面的自由与保守

微观层面,在学校外部关系中,政府、市场和社会应当处于什么样的角色,自由主义者和政治主导取向者往往会给出不同的回答。

各国都发现需要将教育的权力下放,但是通过什么机制下放呢?主要有市场机制和民主机制。可以说前者是新自由主义的旨趣,后者则是新政治主导取向的立场。(新)自由主义的主张则是将权力下放到更为基层的地方,促成教育市场的形成,最后权力主体变为作为消费者的家长,这种市场机制突出的是效率。而(新)政治主导取向主张权力保留在

政府体制内,或者通过民主的方式解决。如美国的校本改革中,学校委员会构成的民主性明显增强,最后权力主体是拥有公民权的社区成员和社会公众,这种放权机制强调的是民主。

在中央和地方的关系问题上,大多数国家都认为应将权力下放给更基层的地方,中央层级的政府和教育主管部门只保留关系国民素质教育的基本内容(如国家核心课程)和对贫困弱势群体教育利益的补偿方面的责任,其他的由地方政府和基层学区负责。对于义务教育的权力和责任通过一定的制度设计下移,但在不同的国家这种权力下放并不完全相同。如果我们将权力下移简单描述成中央—省、州、郡—地方政府—地方学区—学校—教师—学生(家长)的权力下放链的话,政治主导取向认为权力可以下放到中间地带(地方政府和地方学区),而自由主义则主张一直下放到最基层的个体(学生和家长)。① 可见,在微观层面深入到基层和学校内部,学校自身变革存在两种取向(见表 2-1)。

表 2-1 学校变革的两种取向

	市场主导取向	政治主导取向
学校运行机制	市场机制	民主(参与)机制
校长聘任	学校委员会(董事会)聘任	政府、学区任命
教师聘用	从(教师职业)市场招聘	政府招募(公务员地位)
学生入学	放开择校	就近入学
课程重心	地方课程和校本课程	国家核心课程
教育质量保证	迫于市场竞争的压力	加大政府投入和管理力度
学校行为监督与评价	在市场竞争中的表现(第三部门主导)	在国家统一标准考试中的表现(政府主导)
学校的法律地位	独立的学校法人	国家委托的办学机构

① 有的国家下放得比较彻底,如英国 1988 年教育法出台以来家长择校权利明显加大,而位于中间的地方政府(LEA)则权力缩减;在美国一般权力还是掌握在政府手中,只是这种政府的层级较低,对学校拥有实际权力的是学区(如学校的人事权和财务权)。在中国和日本,教育权力是沿着中央到地方一级一级下放的。中国的教育权力下放经常遭遇截留,宏观上是省级政府的截留,微观上是校长的截留。而家长和学生的权力获得,在具有长期集权传统的国家仍十分微弱。参见 Riley,K.,Docking,J. and Rowles,D. Can local education authorities make a difference? See Educational Management Administration SAGE Publications(London,Thousand Oaks and New Delhi),1999.

正如表 2-1 所述,在校长产生机制上,政治主导取向认为校长要通过由民主方式产生的地方学区任命,市场主导取向则主张家长通过择校形成对校董会的压力,进而由校董会提出校长的聘任或解聘。在教师人事上,政治主导取向主张政府招募(甚至给予教师以公务员待遇),市场主导取向主张通过市场招聘以形成教师职业人才流动的市场和机制。在学生入学上,政治主导取向主张政府在就近入学原则下的统筹规划(即使择校也需要有严格的人数限制),市场主导取向则提倡完全放开家长择校。在课程设置上,政治主导取向强调国家核心课程在公民教育和国家人力资源开发以及国家核心竞争力提升中的作用,而市场主导取向则认为应将课程设置权下放到基层学校,加强教师的专业地位,开发地方课程和校本课程促进学生个性发展。在提高教育质量的方法上,政治主导取向主张加强政府在教育投入和管理及监督上的责任,制定统一的考试和课程标准规范教育质量,而市场主导取向认为应将学校彻底推向市场,由"家养"变为"野生",通过市场竞争促进学校提高教育质量。在对学校行为的监督和评价上,政治主导取向坚持由国家机关通过统一的标准考试对学校进行评价,市场主导取向认为由市场通过竞争性选择自动地对学校进行奖惩,有关事务的评价也应由社会第三部门做出。在学校的法律地位上,政治主导取向视学校为政府委托的办学机构,市场主导取向则更强调学校的独立法人地位。

(二)学校变革的方向及趋势

现代以来,世界绝大多数国家都将义务教育纳入国家公共事业范畴,通过立法和行政的手段建立起普及义务教育的公共教育体制。但在我国这样具有长期集权传统的国家,教育的治理仍受到计划体制的影响。各级政府机构和教育行政部门行使着对各级各类学校的领导权和管理权,存在管得过严、统得过死的现象。政府与学校间仍主要是一种领导和被领导的关系,政府管理的范围过宽、力度过严,学校缺乏促使自身发展的办学自主权,办学的积极性和主动性受到影响,以至于教育似乎总是政府的责任和负担,学校对政府产生了习惯性依赖。为此,转变政校关系是义务教育改革的当务之急。这种关系的变革主要应体现在以下几个方面。

1. 教育权力向基层回归

这是针对政府和学校之外而言的。政府向学校放权其实包括向学校和其他社会主体放权，政府教育管理责任不仅下移到学校，更要使社会能够担当教育发展的重担，而政府只在底线上坚守教育公平的维护责任和基本教育秩序的保障责任。在对待教育问题上，怎样面对政府与学校之外的社会。如教育的投入是否可以通过私人部门提供，教育的事业管理（包括教育评估和监督等）是否可以部分地交由第三部门操作。在这方面，近年来兴起的新公共管理给出了一些有益的启示。在教育的治理上，新公共管理不只是对公共部门进行改革，它表现为要求公共部门转换机制并改变其与政府和社会的关系。

政府的角色是掌舵而非划桨，是对教育事业的宏观规划和调控，而不是沉迷于微观的具体事务。只有这样，政府的放权才能彻底和到位。政府放权并不是以教育秩序的丧失为代价的，这种秩序的维护除了学校本身的自觉以外，还要充分利用市场机制和社会参与机制来制衡，唯有如此，才能在政府放权之后不会留下教育权力的"真空"，才能限制学校自身机会主义倾向的滋长，才能为学校发展营造一个良好和稳定的外部环境。

2. 政府服务功能加强

这是针对政府本身而言的。政府和学校之间的权力—责任关系发生改变后，其自身运行的模式是否需要调整以及怎样调整。这方面的理论根据是服务型政府理论。如果我们仍承认教育是一种技术性强的专业活动，那么学校的一些专业活动就应该由政府进行指导和服务，只是这种指导和服务不再是以前的那种强制性权力的形式，而是基于民主原则的合作和协调，是一种为了学校自身发展所需要提供的服务，比如课程改革服务、教师科研平台的搭建、教育信息的搜集和整理等。

近年来服务型政府的理念①在我国政府改革的理论和实践中声势浩

---

① 本书主要是对服务型政府理念的借鉴，而未涉及具体的政府治理的技术。在技术层面上，有学者认为服务型政府的评估要素包括以下 11 个方面：服务理念、服务品牌、服务承诺、政务公开、电子化服务、公众的服务体验、服务效率、执法水平、组织文化资源、组织制度资源、信息技术资源。参见孙学玉、周义程：《服务型政府的评估及其要素设计》，《理论前沿》2004 年第 9 期。

大。服务型理念的提出是为了更好地为政治和行政体制改革指明方向，使政府在包括教育在内的公共事业管理中实现治理模式的转型。我国学者张康之在《公共管理伦理学》一书中提出了基于服务型政府理念的社会治理模式的分析框架。"在公共管理中，控制关系日渐式微，代之而起的是一种日益生成的服务关系，管理主体是服务者，而管理客体是服务的接受者。所以，这是一种完全新型的管理关系，在这种管理关系的基础上，必然造就出一种新型的社会治理模式，是一种服务型的社会治理模式。"①新公共管理强调顾客导向。在政校关系中，顾客就是学校。因此，政府的一个主要任务是考虑怎样为学校的办学提供指导和服务。

　　政府职能转变首先表现在政府影响学校的方式上。传统的教育管理模式下，政府对学校行使的都是实质性的权力，包括人事调动、财务经费的进入和运营以及课程设置等各项权力。背后的理论逻辑是对学校自身能力的不信任，政府作为对教育事业发展的第一负责人需要加强对学校的管理，而且是最直接的管理，学校自主发挥的空间十分狭小。在校本变革的大背景下，学校自治能力显著增强，政府应当起到的不仅仅是传统的管理作用，更应是服务和保障学校办学的作用，大胆地将权力下放到学校层级，而只在经费保障、课程指导等方面提供支援。这样，政府就会由传统控制型向现代服务型嬗变。这种转变主要体现在以下几个方面：一是政府的职能要明确，政府要把握好积极责任和消极责任的界限，做到既不越位、也不缺位。政府在处理事关学校的教育事务问题上，要摆放好自己的位置，在教育体系的构建者、教育条件的保障者、教育服务的提供者、教育公平的维护者、教育标准的制定者和教育质量的监管者之间达成平衡。二是政府的机构设置要符合职能发挥的要求。比如当前，传统的计财科、人事科等职能部门作用弱化，而教研部门、培训部门和督导部门的职能增强。三是政府发挥权力的形式改变，由直接管理向间接调控转变，由学校办学的参与者和控制者转变为教育教学的保障者。在关乎学校切身利益的行政决定上，是和学校协商后在充分尊重学校意见前提下的政校合作，而不再是传统的强制命令。

---

① 张康之：《公共管理伦理学》，中国人民大学出版社 2003 年版，第 7 页。

3. 学校权力规范化

这是针对学校的。学校是教育具体实施的部门,它直接面对教育的对象。在政府各项政策的落实、政府教育意图的实现上,学校扮演着代理人的角色。但代理人并不总是和委托人的意志保持一致,学校面临的各种诱惑往往使学校本身也带有了机会主义的倾向,其结果是在政府下放权力后,学校谋求的并不完全是学生的利益,也并不完全代表政府的取向。因此,需要用制度来进行制约,否则,如果权力下放给并不会使用权力的主体,其结果往往是不可预料甚至对教育发展而言也会是灾难性的。对于下放给学校的办学自主权的形式,除了通过市场机制和社会参与机制进行制约外,在学校内部也应当通过适当的民主机制使权力与责任之间形成制约,最终保障最基层的教师、学生和家长的权利。在这方面,当务之急可能是对校本化趋向中的学校权力扩大的非正常现象进行整治,如校长负责制在基层的"扭曲",往往会造成权力下放到学校层面后的微观集权。

正如一些学者所指出的,校本管理不是以校长为本,而是以学校为本,校本管理强调全员参与共同决策的机制。在校本管理制度下,权力下放到学校,往往不是交给校长个人,而是交给学校委员会,学校委员会一般由校长、教师、行政管理人员、家长和社区代表(在一些中学还包括学生)组成。学校委员会在经费的预算、人员的聘用、课程的编制、教材的选择以及其他各种事务方面参与学校的各种决策。[①] 就目前而言,途径有二:其一,将学校内部已经获得但仍截留在校长身上的办学权力在学校内部进行二次放权;其二,在政府今后进一步下放权力时,事先就进行科学和民主的制度设计,使权力从政府流向社会、学校中的教职工,减少校长截留权力造成校内集权的机会。这里需要注意的另一种可能倾向是,政府基于学校内部不民主和校长个人素质不高的考虑,很可能会重新将原本已经下放的权力重新收回,这种行为在当前的教育管理体制中是很容易发生的,但这样做将会导致学校改革的倒退。政校关系变革中的根本性方向,是权力向下、向基层、向最贴近教育教学活动的教师和学生下放。

---

① 范国睿:《政府·社会·学校 ——基于校本管理理念的现代学校制度设计》,《教育发展研究》2005 年第 1 期。

"因噎废食"也许能够暂时解决一些"实际"问题,但长此以往则得不偿失。政府要给予学校充分的信任,更要注重学校自治能力的培养。

三、关于自主化办学的思考

政校关系是需要调整的,理论者需要探索,实践者更要践行。但多年的顽疾非一朝一夕所能根除,权力的分配、制度的设计以及作为制度执行者个人的素质高低都将在很大程度上对政校关系的变革构成障碍。本节主要从权力、机制和素质三个角度对政校关系变革的限度进行分析。

(一)权力:政府放权与既得利益

在教育领域,权力同样是具有利得性的。权力拥有者可以通过对学校人事、经费和教学业务的干预实现自己私人的利益。这种权力的主体主要是政府,当然还包括基于差序格局原理产生的私人权力网络,如政府官员、普通公务员、对学校利益构成直接影响的社会人员、学校的管理人员以及他们周围形成的利益圈子(亲戚、朋友、同事、同学、熟人等构成的关系网络)。在择校盛行的时候,他们可以不交或少交择校和赞助的费用;在学校人事调整的时候,他们可以寄生于体制内而无解职之忧;在考试选拔的时候,他们可以以各种名目为自己的子女加分或挑选就读名校的捷径;甚至在学校内部教育活动中,他们拥有的各种权力会直接影响到教师的课堂教育,使得自己的子女受到教师更多的眷顾和关照(比如在课堂里安排更合适的座位,上课多给发言机会,课后安排吃"小灶"等)。凡此种种,经常被百姓指责为教育的不公平甚至腐败。我们不能否认这种现象在中国的实际存在,这些教育领域的当权者长期以来已经形成了一个所谓的既得利益群体。

问题在于,这种利益群体在社会中往往是强势群体,各种教育政策首先需要经由他们才能得到贯彻和落实。教育变革的这种路径依赖特性[1]使得任何能够触动他们既得利益的改革首先需要绕过这些群体,这

---

[1]　卢现祥在讨论诺思(North,D.)提出的制度变迁的"路径依赖"性时分析,路径依赖形成的深层次原因就是利益因素。一种制度形成以后,会形成某种在现存体制中有既得利益的压力集团。参见卢现祥:《西方新制度经济学》(修订版),中国发展出版社 2003 年版,第91 页。

无疑增加了教育权力变迁的难度。

（二）机制：所有者缺失与监督失效

公立学校的所有者是全体人民，政府作为人民的代表，接受人民的委托才拥有学校所有权，这是公有体制的本质特点。因此，从法理上讲，公立学校产权属于国家全体公民，由政府代表人民行使所有权，并不存在许多人所说的"产权或所有权不明晰"的问题。问题在于委托代理链过长导致了监督成本过高或根本就没有人监督，从而造成教育的低效、失效和无效。人民委托政府，却无法对政府进行监督；政府委托学校，却无法对学校进行有效监控。这就是所有者缺位和监督失效的问题。

怎样对现存的委托代理关系进行有效的控制与监督呢？我们以为，（1）从政府角度看，应从直接经营学校、干预学校事务的微观管理中解脱出来，将精力用于激励制度和监督制度的制定与落实上。激励制度包括对优质学校和称职校长进行各种表彰和奖励，对教育质量存在问题的学校进行责罚。监督制度包括制定合理措施使公众能够参与到学校事务中来，加强教育质量信息的公开，对公众举报的问题及时反馈处理意见等。（2）从学校角度看，需要及时有效地搜集委托人的各种意见（政府的意见和家长的建议等），校内进行教育教学的规范化改革，努力提高教育教学质量，履行好这种最本质的代理责任。同时，利用自己的专业化特色，培养学校特色，尽可能在满足政府政策要求的前提下实现学生教育利益的最大化。同时，如果作为学校委托人的学生家长（一级委托人）和政府（二级委托人）的观点出现差异时，学校应更多地从专业的角度，本着对学生负责的态度化解矛盾，使各方能就学校事务达成共识。（3）从个人角度看，在学校内部应加强学校运行的规范性，校长和教师的聘用逐步从直接由政府决定转向由政府、家长和社会成员等一级和二级委托人共同决定。学校应建立起易于考查的中长期规划。在学校外部逐步建立公众参与学校事务决策的可行性渠道，完善对学校办学质量的检查、监督、评价、举报和奖惩制度。

（三）素质：集权传统与民主素质缺失

现代学校制度的构建关键在于调整政校关系，而在政校关系的调整上我们有着许多不同的价值追求,比如自由、公平、正义、权利和民主等等。在市场主导取向看来,这些诉求的真理性是不证自明的。我们往往很少考虑他们之间的关联,或者说我们的政校关系变革最好能够统摄这些美好的目标。然而,如果做一些冷静、理智、现实和相对保守的思考,就会发现其实教育改革的每一步中,各种价值取向的地位和作用并不是完全相同的。[①]本书以为,就当前而言,政校关系的调整首先需要做的是加强政校之间、学校内部以及学校与社会之间的民主化程度,尽管由于长期集权传统的存在使得这种民主化改革可能会比市场化更难取得实际效果,但至少这样的改革是以民主的方式决定,获得大多数人认可的,其出错的风险性会大大降低。

在教育领域,民主的实现是有障碍的,这种障碍既来自于前文论述的体制本身,在很大程度上还来自于教育活动参与者(包括校长、教师、学生、家长等)自身素质的缺失,而且根本上来自于科恩所说的那种心理条件的缺位。表现在:(1)过于相信并最终依赖权威。人们会将自己的教育利益获得交付给所谓的"清官",一旦得不到满足就指责政府的官僚和无能,而不习惯于检讨自己是否积极通过合法途径参与并争取。(2)缺乏民主议政和参政的理性。"文化大革命"中的狂热以及随后的政治热情冷却都说明了这种民众理性的匮乏。(3)不习惯于妥协,缺少政治谈判中需要的容忍和灵活性。(4)习惯于"搭便车"而不是依靠自身的努力获得教育权益,或者说不愿意承担和分担政治参与的成本。(5)经常将原本应正式获得的教育利益转为地下的私人交易,只要自己能够获得教育利益,就不再关心和追究政府及其官员、校长是否已经承担了职务范围内的规定义务和责任。(6)对于他人利益的获得或失去缺乏关注,"各自扫门前雪",缺乏民主社会公民具有的道德责任感。(7)缺乏结

---

①　在教育改革的价值取向问题上,日本学者藤田英典对第二次世界大战以后的世界各国进行了对比,认为从 20 世纪 40 年代至 90 年代,美国教改分别重视的是能力主义、平等、人性化、卓越和平等兼顾、选择参与与效率性,几乎每 10 年是一个跨度;英国则在价值取向上分别追求能力主义、平等和卓越性;日本和英美国家不同,甚至有时候相反,分别包括平等、能力主义、平等、个性化和自由化。(参见[日]藤田英典:《走出教育改革的误区》,张琼华、许敏译,人民教育出版社 2001 年版,第 17—18 页。)笔者以为,新中国成立后教育的价值取向往往并不十分明晰,但大致仍可以分为效率、秩序、效率和公平兼顾、公平这样四个阶段,而且几乎也都是 10 年的阶段间隔。

社的能力,也缺乏对于教育事务进行合议和决策的能力和技巧。(8)义利分离的伦理观。人们习惯于正式场合论义而私下夺利,对政府谈义而对自己取利,表面上重视"重义轻利"而实际上行动的逻辑却是"重利轻义"。这种对于个人、集体和国家关系的习惯性理解往往会扭曲公民心目中的公共观念和社会影像。政府面对的是怎样的社会呢?中国人心目中的社会建构方式其实是一种已被复制和放大了数千年的从家推广到国,从个人推广到社会的建构方式。但遗憾的是这种现象虽然我们在现实中时常能感受到,但研究时经常予以忽略。"直至今天人们仍然在讨论的民主问题、市民社会问题和私人与公共领域问题,都是建立在这种忽略的基础上的。"①许多时候社会、政府和学校在教育上的交涉仅仅蜕变为公民个人源于自身利益的考虑而与作为组织和团体的政府和学校之间的博弈,用学术的话说就是不能形成公民社会与政府(包括学校)进行集体抗衡。在这些条件的制约下,政府放权不仅没有压力,整个教育体制乃至政治体制改革也缺乏动力。政府会站出来充当康德说的"理性的裁判"的角色,将学校、公民的事务集于一身,改革又回到了原点,也形成了放权—混乱—集权的"怪圈"。这样的描述并不完全是主观主义的恣意推断。对于政府放权,学校、学生、家长事实上仍没有做好充分的准备。民主素质的欠缺有时是十分明显的,而且也包括我们自己。这种心理条件和民主素质并不是短时期内可以造就的。当然,我们学校发展中的民主化变革更不能以"群众素质不够"为借口而恢复专制和集权,相反,我们只有清醒地认识到民主化进程的艰巨性,才能进行不懈努力,最终改变政校关系中的不民主的现状。

(四)自主化办学的路径

校本变革在世界范围内轰轰烈烈地开展以来,赋予学校办学自主权是大势所趋。但习惯于依附政府的学校,其自主精神和自主能力又不能一蹴而就。自主办学在我国还将有较长一段路要走。在学校招生、培养(包括课程设置、教学方式方法等)、评价、毕业等一系列教育环节,学校能够在法律框架内享有充分的自主权并不是简单地放权就能成就。自

---

① 翟学伟:《中国人行动的逻辑》,社会科学文献出版社 2001 年版,第 37 页。

主办学并不只是大学的追求,在基础教育阶段,同样应该将教育的基本权力赋予基层最了解学生、最懂得教育的学校和教师。但这种赋权并不是被动的赏赐,在自主意识和自主能力形成方面,需要积极探索其实现的路径。

1. 政府层面

从政府层面来看,应做到:第一,树立服务意识,改进管理工作。减少过多的审批,更多地强调提供中小学校所需要的服务。这种服务,一是要促进教育公平,加强对薄弱中小学校的指导;二是为学校自主发展和学生的全面个性化发展提供条件保障,包括政策支持、投入、教科研指导、教师培训、舆论调控等;三是对学校的教育教学工作提供咨询服务。服务意识的体现必须落实到工作内容和方式的转变,改进管理方式、完善管理制度、减少和规范对学校的行政审批事项等。第二,自觉减少对学校内部管理工作的不当干预。目前一些教育行政部门领导还没有摆脱传统管理思想的束缚,依据行政力量,借助高考和升学率的大棒,给一些学校下达所谓的"升学指标",对学校的课程设置和教学方式予以干预。忽视教育的规律性、学校的专业性和教师的主体性。如最近开展的高中段课程改革中的选修课程设置等,动辄以行政命令加以干预。第三,依法落实学校办学自主权。县乡两级政府应建立保障中小学校办学自主权的长效机制,有的放矢地对各行政部门和社会团体做好相关宣传,建立定期检查和督促制度,最大限度地为中小学自主发展营造良好的政策环境和舆论环境。

2. 学校宏观层面

从学校宏观层面来看,应做到:第一,依法依规行使正当的办学自主权。在学校招生、课程设置、教学方式、人员聘用、经费支配等方面以现有法律和政策为依据,根据学校特点和实际情况自主决定相关事务。第二,以实事求是的精神提升办学自主性。在办学过程中,依据实际情况,主动研究办学中的具体问题和主要矛盾,正确部署教学、思想教育和学校管理各项工作,根据教育规律和学校实际设置课程(如短期的研究性课程),根据教师实际建立教师内部管理制度、优化教学过程,根据学生实际开展丰富多彩的教育活动,改进学生思想道德评价方式,改善不合理的管理制度,形成有助于发挥学校办学自主权和有助于教师、学生积极参与学校管理的制度。

3. 学校内部管理机制

从学校内部管理机制看,第一,强化校内民主决策机制和监督机制。这是对校长负责制的补充。政府下放到学校的权力不应垄断在极少数人手里,校本变革应使基础一线的教师和学生拥有更大的自主权。这需要学校内部建立决策机制以达到二次分权的目的。第二,充分发挥现有教职工代表大会等基层组织的参与和监督作用,尤其是对学校领导的评议、监督、选举等权利应争取行使。第三,逐步完善具有中国特色的校务委员会。该委员会具有咨询、建议、宣传、协调、审议、决策、评议、监督等职能。科学、民主地设立各类代表的比例,建立和完善学校章程,做到真正的依法治校。

4. 教师和学生个体

从教师和学生个体来看,应做到:第一,积极提升参与学校事务的积极性和主动性,提高参与意识,提高学生和教师的主人翁意识;第二,提高参与能力,能够了解学校重大事项,具备分析、研究、解决问题的能力和协调能力以及沟通的技巧;第三,积极为学校内部管理制度的变革献计献策,使学校自主办学常态化,不应因校长等某一个人的变动而改变学校自主办学的风格。

第二节　市场运行机制转型与学校变革

在学校与市场的关系上,主要是探讨市场机制的效率取向在教育领域的可行性,学校与市场如何结合的问题。国内学者在 20 世纪 90 年代以来,在讨论市场经济和教育事业结合的时候,喜欢用教育产业化、教育市场化、教育民营化的称谓。事实上,在实践中,人们早已开始将教育同市场紧密结合起来了。表现在:(1)公办中小学的择校;(2)民办教育的大力发展,市场收费机制和资本市场化运作方式的引入;(3)混合性学校的发展,如国有民助、民办公助、名校办民校、独立二级学院等转制型学校的出现;(4)学校内部对企业管理方式和运营方式的借鉴,如全面质量管理、ISO9000 簇标准、教育集团化运作、教育股票、教育银行的引入。这里,既有对民办学校合理回报、产权归属、学校法人制度设计的争论,也有对因公办学校民营化带来的教育公平问题和政府缺位等问题的担忧。对于这些具体实践中的市场化行为,人们褒贬不一,毁誉参半。

一、市场效率化与标准化办学

经济学中的市场概念也是千差万别。如萨缪尔森强调市场的机制作用,认为市场"是买者和卖者相互作用并共同决定商品或劳务的价格和交易数量的机制"①,而马克思则强调市场交换背后人与人之间的关系。

就教育领域而言,市场效率实现一般从下列五个层面展开:商品—买卖方—界定明晰的产权—交换过程—空间场所。这其实也是市场的五个基本要素。② 我们可以从一些基本的经济要素来看待将教育与经济、学校与市场发生联系的可能性与必要性。

（一）商品需求和服务选择

需求产生了选择和交换,使得教育中市场的产生得以具备最初始的条件。需求互补、各取所需是建立在人性"自利"基础上的。学生和家长付费购买教育服务,并且产生了因接受教育带来的升学以及人的整体素质提升的效益,而学校则收取学费,提升办学声誉,创造和传播知识并获得社会认可。双方的需求使得教育服务存在了某种市场机制,但需要指出的是,学校的这种"交易"需求,比之市场的普通商品交换更为复杂,毕竟是人的再生产活动,其中包含了非自利的动机。杜威所说的"学校即社会"需要我们做进一步阐释,就是学校只是微型的、有限的、重精神生活而轻物质享受的"爱"的社会,而不是外部复杂社会在学校场域的简单移植,学校内外人们遵循的是不同的需求和动力机制。

（二）交换过程和交换关系

在教育中,这种交换也是存在的。人们对教育是有需求的,国家从

---

① ［美］保罗·萨缪尔森:《经济学》(第16版),萧琛等译,华夏出版社1999年版,第21页。

② 曹沛霖:《政府与市场》,浙江人民出版社1998年版,第40页。

提高国民素质和增强国家竞争力方面对教育产生需求;社会个人迫于择业的需求和自我发展的需要也对教育产生需求,而且随着社会分工的深化,这种需求呈现出多样化和多元化。这种需求的存在激励着社会的机构和个人从事教育的供给,学校成为相应的载体。为此,国家和社会举办学校,家长将学生送入各种学校。学校收入的是资源(国家提供或家长提供),输出的是服务(人力资源的开发和人力资本的提高)。对于学生和家长而言,付出的是学费,得到的是知识、技能以及学生各种素质的整体提高。虽然没有市场中那种一手钱一手货的交易那么直接明了,但不能否认这种交换关系已经确立,"教育的自由交易关系已经出现"①。

(三)付费和投入机制

交换需要提供等价物,获得教育服务应当付费,即使经济学上如此简单的道理却在现实中引起过很大的歧义。这种歧义既有历史的因素,如新中国成立后政府对教育大包大揽带来的对政府依赖的惯习,使人们错误地以为教育的提供完全是政府的责任,而付费就是对百姓权益的"侵犯";也有理论上的偏谬,如片面理解教育的属性,以为教育是纯公共物品和核心公共物品,应该由政府全包。其实,我们没有必要在付费问题上遮遮掩掩,教学收取学费、办学获得回报是天经地义的事情。没有物质支撑的教育是不可能实现的,物质支撑的途径在经济学上就是付费原则。同交换原则一样,付费也是对教育的世俗化改造。问题是,该由谁来付费,国家还是个人? 这里需要纠正的是对于公共物品理论的错误理解。

义务教育和国防教育等核心公共物品与纯公共物品还是有区别的。表现在与公共物品的非排他性和非竞争性相比,教育有时候是具有竞争性和排他性的,如班额的限制使得达到拥挤点后其他学生不能进入,造成排他性;优质学校超过学额扩大招生必须建造新校舍,造成追加一个学生的边际成本大于零,从而造成竞争性。理论上将这种具有排他性和拥挤性的公共物品称作非纯粹公共物品(impure public goods)。在西方

---

① 劳凯声:《教育市场的可能性及其限度》,《北京师范大学学报》(人文社会科学版)2005 年第 1 期。

国家,即使财力充足,政府也将义务教育视作兼有私人物品和公共物品特性的混合物品,使得教育具有私人消费者享受的私人消费利益成分,同时又具有这个社会其他成员享受的公共消费利益和外部性。因此,如果从公共物品和私人物品划分的角度看待教育付费机制,得出的必然是义务教育的付费者是公民个人(学生和家长)以及政府这一结论。正如2005年世界银行一份名为《中国:深化事业单位改革,改善公共服务提供》的报告所指出的,付费不仅是指社会(包括家庭)付费,还包括由政府财政对教育提供的资金支持。实际上这里已经将政治学意义上的政府职能添加到原本纯经济学意义上的民间交易中作为等价物存在的付费上,但至少说明了付费作为市场(机制)在教育领域中存在的合理性和现实性。然而问题在于,国家的资源往往也是有限的,即使是发达国家和一些老牌福利国家,政府也不堪忍受日益增加的教育财政投入。这里,付费的问题又转化到教育投入机制的问题上来。

关于教育投入机制问题,世界银行在2005年的《中国:深化事业单位改革,改善公共服务提供》的报告中在对公共服务中的政府责任进行界定时作了比较经典的论述,在明确了政府和市场的分工的前提下,十分清晰地勾勒出了教育的付费和投入机制问题的框架,为我国明确教育投入机制改革的方向提供了借鉴。这里将其表述简化为图2-2。

如图2-2所述,为了重新界定自己在教育服务提供中的角色,政府需要做出三个基本决策。首先,它需要决定对教育干预的范围和重点。并不是所有教育服务都需要政府干预。实际上,今天中国作为事业单位的学校从事的很多活动都可以被看作私人物品或服务的商业化生产(如学校教学楼的冠名权拍卖,学校为学生提供的后勤服务,举办课外艺术训练班等),这类活动最好留给非国有部门和市场去做。只有当私人市场失灵,不能在公平和效率方面都产生令人满意的结果时,政府干预教育服务的提供才有合理依据。市场没有能力实现教育公平,是众所周知的。除此之外,还存在四种情形使得市场很可能无法产生效率最高的结果:公共物品、外部性、优质校的自然垄断以及教育信息的不对称。在决定政府干预教育服务提供的适当范围时,需要仔细判断每种教育服务的提供是否存在市场失灵的情况,同时要考虑可以获得的公共资源。

当政府决定干预教育服务提供之后,它需要做出的第二个决策是进

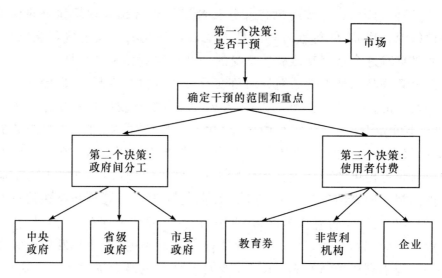

图 2-2　教育付费机制中的政府决策

一步确定各级政府之间的分工；应该由中央政府干预，由省级政府干预，还是由市（县）政府干预？不管哪一级政府干预，政府都需要做出第三个决策，即如何干预。政府应考虑，是由非国有部门生产该种物品和服务而由政府进行监管，还是由国家直接提供。如果政府决定提供，它应该考虑是只为服务付费还是自己直接提供。如果政府决定为教育付费，就应该进一步决定如何付费，是外包给一家企业或非营利机构，还是以教育券等形式直接向学生和家长提供付费手段。最后，政府也可以自己提供服务（事实上政府对于义务教育大多是这种方式，即自己出资举办公立中小学），这时它就需要决定公共部门中哪一类组织①最适合提供何种服务。

（四）产权

产权作为一种权利，不是自证的，而是需要他者对这种权利的认可并不予侵犯。他者出于自利的考虑容易侵犯产权所有者的利益，这里他者既可能是其他个人，也可能是国家本身。所以需要法律明确这种权利，政府的责任就是相应法律的制定和落实。正如著名产权经济学家巴

---

① 　这也是目前将学校划分为全额拨款、差额拨款和自筹自支三类事业单位的依据。

泽尔(Barzel,Y.)所说:"他们实际的权利到底有多大,在一定程度上取决于国家对他们财产的保护效果如何。"①在教育领域也存在着教育产权。教育产权就是教育财产权利,即参与教育活动的组织和个人围绕教育财产而形成的一组权利关系。② 从内容看,教育产权不是单项的权利而是一组权利或称为一个权利束,是包括对教育财产的狭义所有权、占有权、使用权、收益权以及处分权在内的权利结合。因此,无论从教育产权所有者权利的保护、投入和经营积极性的激发的角度,还是从市场秩序和教育秩序的建立和完善,社会整体教育资源的扩大和优化的角度,政府需要做的都是承认并保护教育产权。唯其如此,教育资源的扩大才有可能,教育的发展才有物质基础可言。

　　承认并保护产权是以产权的明晰为条件的。然而学校的产权往往并不是那么明晰,这在很大程度上导致了教育中的产权失灵。产权失灵是指产权不存在或者产权的作用受到限制而出现的资源配置低效甚至无效的现象。正如前面所述的,教育领域应当而且事实上也存在产权。那么教育中的产权失灵就只能是因为产权本身受到限制而造成的,主要表现为学校产权并未明确财产所有人,每个人都有产权往往意味着实际上没有人真正享有产权,因为没有人能够真正对产权负责。我们说,这一问题应从产权的明确性和唯一性两个方面来看。一方面,义务教育是公共的事业,公立学校是大家的学校,这种公共产权无论是在概念上还是在法律意义上,无论是对于公立学校还是国有企业,产权本身都是明晰的。另一方面,有人认为问题不仅在于这种所有者是确定的,还在于所有者是唯一的。正是这种唯一性的缺失,导致了学校产权的模糊性。唯一性的要求使得对学校产权的分割成为需要。为此,有人主张从明确所有权唯一性的角度来明晰学校产权,方法是股份制,将过去规定笼统的学校产权精确分解到具体的个体手中。比如公立学校产权中,政府、学校教职工、家长和社区成员占有多少股权都应具体和明确,并认为这是新时期我国公有制的新的实现形式。在他们看来,产权是具有可分割性和可转让性的。"股份公司的股份代表了典型的、可分割的、可转让的

---

　　①　[美]Y.巴泽尔:《产权的经济分析》,费方域、段毅才译,上海三联书店 1997 年版,第153 页。

　　②　徐文:《教育产权论》,2004 年华中师范大学博士论文,中文摘要部分。

集体产权。"①笔者以为,这种将公立学校股份化的想法是不现实的,一是容易导致国有资产的流失;二是导致政府管理学校时容易出现角色混乱的现象,即政府的政治角色和经济角色的混乱,出现政府到底是股东还是对教育事业实施宏观调控者的争论,这就又回到了"裁判"还是"运动员"的角色纷争上来了;三是政府外的股东对股权收益的追逐容易导致学校产权运用出现偏向,即学校资产会被运用到非教育领域和市场营利性活动中;四是这种将学校产权进行原子化分割的产权明晰过程本身需要花费大量的成本。"当产权的界定及实施费用太高时,就不得不采用模糊产权的形式,如社团产权。"②总之,在学校产权的制度设计上,不仅要考虑经济因素,更要考虑教育的、政治的和意识形态的因素。

(五)竞争

教育中显然是存在竞争的。为了让孩子进入更好的学校,家长们的热情"捐助"使择校费扶摇直上;学校之间为获得优秀师资高薪"挖人";有些学校为了获得优质生源以提高升学率,不惜重金招徕来自农村的高分生;为了抢夺生源而在各种媒体上大做广告;甚至竞争已经渗透到学校内部,用奖金刺激教师为提高学生分数而竞争;为了提高教师工作绩效而推出末位淘汰制等等。在我国教育资源相对匮乏的情况下,必然存在竞争。优质校的招生是卖方市场,薄弱校招生是买方市场。教育交换的双方在利益的驱逐下,利用各种符合经济原则的理性的手段展开日益激烈的竞争。竞争正在以各种面目和形式进入教育的各个领域,不仅是高等教育,也包括义务教育。

不管如何,毕竟以上两种意见均承认了竞争在教育领域存在的事实。我国刚刚起步的市场经济改革必然波及学校,以及工作、生活其间的教师和学生。教育竞争的效果才刚刚显现,我们感知的往往还只是过于狭小的经验世界,从宏观角度和理论层面对教育竞争下定论还为时过早。目前的假设是:教育中竞争的存在是必要的,但竞争的现状是不令人满意的。问题在于,完善竞争体制依靠的是政府还是社会,这种根本

---

① 卢现祥:《西方新制度经济学》,中国发展出版社 2003 年版,第 170 页。

② 同上,第 168 页。

的问题必须在对竞争现象有了充分了解的基础上,由负责任的学者做严密的理论推理和论证。

通过以上基于需求、交换、付费、产权、竞争这些经济视角的分析可以看出,市场(机制)可以而且已经和学校发生了某种联系,尽管这种联系本身还有许多不尽如人意的地方。反过来,我们也可以从教育的视角来考察学校与市场的联系以及这种联系的可能性和合理性。

二、应对市场运行机制转型的学校变革

面对市场机制的效率化和标准化转型,学校自身正发生着变革。从学校发展的各要素看,教师、学生等各类人群以及课程、学费等各项制度设计正面临着市场运行机制转型的影响和冲击,发生着巨大的变化。如何看待这些变化或变革,仍需一个见仁见智的过程。如何将市场的运行规律与教育自身发展的规律有效结合起来,将成为今后研究的重要课题。从教师、学生、知识与课程、学费制度、教育资源和服务等教育要素来看,在市场化注重质量和标准的背景下,正发生着不以人的意志为转移的变迁。

(一)教师

新中国成立后我国公立中小学校实行的是和社会相对隔绝的单位制度。作为为社会提供教育公共服务的事业单位,学校往往会对教师实行编制管理。在这个编制的固定下,教师在教育系统内外部之间或学校内外部之间是很少流动的。但随着事业单位的改革,教师身份开始由国家干部向专业技术人员这种职业身份发生转移,教师可以和单位实行聘任合同制管理的契约管理方式,教师终身制被打破,教育改革也越来越呼唤与市场机制相适应的教师人才市场。这样,从经济学意义上说,教师可以作为一种生产要素在市场上流动,如同工人可以选择企业,技术人员可以选择公司一样。这种流动为教育市场得以实现提供了人力资源的保障。

(二)学生

经济学话语下的学生是教育服务的消费者。在市场上,消费者理应

具有选择权,即选取自己满意的厂家和商家所提供的商品和服务。在我国,义务教育阶段实行的是就近入学的政策,学生没有选择户籍所在地以外学校的自由。但是,随着户籍制度的改革和公民迁徙权的恢复,学生跨越学区、乡镇、县和省选择就读学校的现象越来越普遍。在发达国家择校也是一种普遍的趋势。近年来我国对民工子弟学校的重视、对教育乱收费(主要是择校费和赞助费)的治理都说明了我国对于学生选择学校的权利越来越重视。如果说学校是教育服务的生产商,教师是生产工人,两者共同构成卖方,学生作为消费者就是买方。市场经济是以买方的自由意志实现为前提的。有了这种需求,就会转化为购买行为,才能使得教育市场的其他各种要素流动起来,从而实现马克思所说的价值和使用价值的转移。

(三)知识与课程

按经济学逻辑,学生购买的应是知识与课程,后者是市场中的商品。但在我国,一直以来国家对中小学生的课程和所学习的知识是统一规定的,即使作为衡量知识和课程是否被学生掌握的监测标准也是由各级政府的统一考试规定。但我们不应忽视这样的趋势,知识和课程越来越具有选择性和流动性。新课程改革将大量的课程设置权和管理权下放到地方和学校,即地方课程和校本课程。学生也可以根据自己的爱好和需要有选择地学习。一些职业高中甚至已经尝试对课程实行菜单式管理,学生可以像在餐厅点菜一样自由选择所学习的课程。国家课程只是相当于国家质量监测部门对所有商品进行的最基本的质量控制,在此意义上对消费者——学生的利益提供保障。再者,知识和课程一般会以书籍、影像资料等物质形态为载体,后者作为市场的一般商品当无异议。所以,知识和课程也可以作为学校与市场发生关系的一种商品。

(四)学费制度

如果作为市场交易达成的标志——学费收缴还像以前那样由政府统一规定,如果教育服务质量的优劣不能在价格上反映出来,那么教育和学校是没有市场性的。如果说将学校和市场进行联结在经济学理论上遇到障碍的话,笔者以为最大的障碍在于学(杂)费制度。按一般经济学理论,消费者会自主在市场上识别商家和厂家,各种具有不同质量和不同市场需求的商品在价值规律和供求规律的作用下应是有区别的。但我们眼见的事实却是地方政府在区域内实行统一的价格——一费制。教育服务作为公共物品,和私人物品相比在提供的性质和流转的过程上至少目前还存在一定的理论灰色地带。这也是在企业市场化改革时理论界投来一片赞许之声,而教育的市场化和学校的市场化则遭遇了理论界和政府共同的质疑和冷遇的缘由。

（五）各种教育资源

教育资源包括资金、校舍、教学仪器设备、教学场地等。虽然这些物质形态的教育资源在以前也并不具有市场属性,由国家无偿提供。但是,在政府越来越讲求财政绩效的今天,对这些资源的控制和管理也越来越显示出市场化的趋势。拨款体制中的"拨改贷"改革、政府采购中对各种教育仪器设备购置和校舍施工承揽的招标、教学场地的租赁等等,无不是在努力利用市场机制对教育教学资源进行符合经济理性的配置。

（六）其他教育服务

其他教育服务包括教研活动、教学质量评估、考试、教育信息咨询等,这些活动类似于企业的技术开发、职工培训和质量控制等。当前的改革方向是将其向社会（教育中介）组织转移,虽然从目前看,这些还属于政府或其下属事业单位的重要职能,但越来越多的咨询服务公司、民间教育科研机构、教育评估院、考试院（后两者目前虽仍属于事业单位,但其改革方向仍是社会化与市场化）等社会团体的出现说明了教育服务向社会和市场转移的可能性。

以上的探讨只是说明了教育要素可以在一定程度上和市场相结合,可以利用市场的有效机制实现要素在市场上的自由流动以提高要素和资源配置的效率。但对学校而言,市场是外在的一股力量,教育（尤其是义务教育）本身并不是市场,中小学校主要利用的是教育规律而不是市场规律进行教育教学。这样看来,市场在进入校园、进入班级和课堂、进入教师和学生面对面的交往活动中显然具有天然的缺陷。如果说对于这些微观教育教学领域有外部影响力存在的话,那么对学校的外部影响力首先来自于政府而不是市场或以市场原理和竞争法则运行的任何社会组织。不加分析地将市场引入学校,可能损害的是在学校内部生存的教师和学生,即使这种引入在短期内会给学校带来辉煌的经济业绩。[①]

对于市场,我们也应区分在教育的什么层面上谈论市场。人们反对教育市场化一般不是笼统地反对,而是反对不分青红皂白地将所有教育领域市场化。教育领域涵盖了太多的子系统和分领域,至少目前,较为被人接受的市场所能进入的教育领域按学校性质和层次分类包括私立学校、职业学校和高等学校;按办学要素分类包括内部市场(师资市场、生源市场)、中介市场(如资金)和外部市场(即劳动就业市场);按进入市场的教育商品属性分类包括教育劳务市场、教育物质市场、教育产业市场。[②] 不管人们愿不愿意,事实上市场早已和教育贴得如此紧密,笼统地赞成或反对教育市场(化)变得毫无意义。只有在某一层面、某一领域以及市场运作的某一形式上继续探讨和深究才是现实可取的学术姿态。

三、关于标准化办学的思考

(一)竞争限制与秩序维护

既然我们讨论学校与市场的关系,潜在的一个命题是教育市场是存在的。教育市场上存在着买方和卖方,供给方和需求方。那么,怎样实现市场平衡呢?经济学的基本原理告诉我们必须通过竞争,否则就是没有效率的,也就没有存在市场的必要。竞争是"伴随商品经济的发展而

---

① 有些学者在未对市场进行具体深入分析的情况下提出将教育教学活动市场化,将教育活动和市场活动揉为一体,观点虽新潮,但对于教育的影响将是非常深远而不确定的。如吴华认为,为了使市场机制在教育资源配置中发挥更积极的作用,政府应从一切可以由学校自主决策的领域逐步退出。这些领域包括:(1)专业设置、(2)课程方案、(3)招生计划、(4)收费标准、(5)学制(义务教育除外)、(6)毕业生资格认定等(参见吴华:《让市场机制在教育资源配置中发挥基础性作用》,《教育发展研究》1999年第11期)。笔者觉得对此应保持谨慎。按当下中国教育发展之态势,这种市场化带来的可能是天下大乱。即使具有长期自由主义传统和发达市场经济体制的欧美国家的教育改革激进派也会反对在以上有关教育活动的所有方面让市场自发调节。

② 这里对教育市场的大致分类参照了靳希斌主编:《市场经济大潮下的教育改革》,广东教育出版社1998年版,第21、23、88页。

产生并逐步扩展到社会其它领域的社会现象"①,当然也包括教育领域。

　　早在 20 世纪 80 年代后期,随着商品经济的发展,我国学者就对将竞争机制引入教育的可行性进行了探讨。在一些学者看来,长期以来我国教育竞争缺乏,学校责任主体不明,教育经费的分配制度"吃大锅饭",以至造成学校缺乏自主权而没有特色,教育脱离实际,缺乏创新精神,所以必须引进竞争机制以克服这些消极因素,进而促进教育事业的改革和发展。② 提倡教育竞争论者大多有着这样一种论证逻辑,教育资源是匮乏的,教育中人的积极性是需要激发和调动的,而改变现状的手段就是竞争。教育竞争也可以区分为人才竞争、办学竞争和学习竞争。人才竞争发生在宏观层面的国与国之间或地区之间,是一种基于教育的综合性竞争;学习竞争是发生在微观层面的学生、班级之间的竞争,是教育学意义上的竞争。而在国内的教育市场上出现的竞争大多是属于中观层面的办学竞争。办学竞争是伴随市场经济的发展而出现的一种竞争形式,是经济领域的竞争在教育系统的反映,表现为教育生产者之间为争取教育的质量和数量(如生源、升学率、就业率、师资等)而展开的竞争。这种竞争形式以市场经济中的竞争为参照物,其目的是增强学校内部的活力,提高学校的经济效益和社会效益。本书论述的竞争主要是这种中观层面的竞争,所谓教育竞争行为是教育主体为实现办学效益(包括荣誉)目标最大化和占有教育市场较高份额所采取的方式、方法和手段。

　　虽然教育竞争在 20 世纪末被许多学者奉为解决我国教育资源不足、提高教育绩效和基层学校办学积极性的良药,但事实上并非如此。竞争目的失范,各种非教育手段甚至非法手段的运用,教育秩序的混乱,对于薄弱校和社会弱势群体教育权益的侵犯等等迫使人们再次需要对市场竞争机制进入教育领域的可行性进行合理性辩护,而不再是想当然地运用。在我国,即使在经济领域市场化改革也刚刚起步,教育竞争的各种失范现象当然在所难免。现实中教育竞争的无序和混乱使人们发现竞争似乎并不应是中国教育改革的发展趋势。我国 20 世纪 90 年代初曾激烈争论的教育竞争理论问题一度陷入停顿。现在,人们必须回过头来重

　　①　喻梦林:《关于教育竞争的探讨》,《教育研究》1987 年第 4 期。
　　②　孙仁灏:《教育领域引入竞争机制的问题》,《教育研究》1989 年第 1 期。

新梳理教育竞争的理论依据,反思竞争的实践途径。

如前文所述,竞争存在着两种基本样态:一是教育意义上的竞争,即学生为了提高成绩而争先恐后地学习,进行成绩上的竞争。二是经济学意义上的竞争,即教育供给方和需求方、生产者和需求者之间为了获得自身利益,争夺教育的市场或资源而进行的竞争。前者是知识的竞争,后者则是利益的竞争。教育竞争的复杂性在于较市场商品竞争相比多了教育性竞争,竞争的价值取向和衡量标准也因此而更为复杂。对于教育竞争,我们不能鼓励达尔文式的优胜劣汰,而更多地需要对弱者进行帮扶;对竞争手段的控制需要政府更多的管制,特别是当强者的获胜意味着弱者基本利益的丧失时,更需要政府出手。对于市场竞争和教育竞争,政府的干预和管制手段、方式和力度是有区别的。

从理论上看,既然是竞争,就应遵循市场的法则,适用经济的话语,由优胜者决定市场的价格、供求。但义务教育作为国家公共事业,需要政府保障供给,这又必然造成事实上的办学主体资格的垄断,垄断和竞争之间必然存在着矛盾。政府治理和市场治理往往遵循不同的逻辑,这给竞争秩序的维护可能带来了一定程度的混乱。如何化解这种矛盾呢?本书认为,作为义务教育终极责任者的国家,应在维护公众教育权利和维护教育秩序方面起到基本的作用,对于教育竞争,尤其是对学校、学生利益没有直接的社会功能和教育意义的竞争,应当利用公权力进行限制。

(二)效率代价和公平优先

效率和公平是一对矛盾,代表了不同的价值取向。在人类历史演进过程中,总是无法摆脱这种矛盾造成的困境,往往各种社会政策包括教育政策总是在两极之间摇摆。

1. 对效率的理解

教育总是需要耗费一定的物质资源的,既如此,人们总是希望一定的投入获取尽可能大的回报。自从经济学理论进入教育研究以来,对教育领域的效率关注一直是一个重要的话题。古典经济学将教育视作供给方与需求方的交换行为,人力资本理论将教育视作家庭和国家的投资行为,教育财政理论将教育视作国家的资金收支行为,总之都是一种需要以效率为导向的经济性的活动。

效率本身可以从教育学和经济学两个维度来理解。经济学上的效率表现为投入和产出的比率，往往以成本的节约和产出的增长等经济指标来衡量。教育学上的效率表现为利用有限的投入增强教育的效果。在教育问题上，产出表现为学生知识的内化以及由此带来的学生整体素质的提高，和经济产出相比，这种产出因凝聚在人身上而具有长期性和难以衡量性。课堂和班级的效率汇聚成学校的效能，学校效能难以考查的原因也在于教育效率的难以度量性。为了提高教育的产出，国际教育界从教育学观点出发，在探讨小班级规模、扩充授课时数、采用电脑辅助教学、个别辅导等等方法。[①] 但这种基于经济学和教育学学科差异的划分往往又是相对的，后者需要以前者为基础（如小班化教学需要增加教学的单位经济成本），只是在前者的基础上增加了教育学和心理学的技术手段。归根结底效率是一种经济学的术语和价值取向。

但另一方面，教育学意义的效率和经济学意义的效率也并非完全一致。比如，在我国教育资源配置中存在不均衡的资源"倒挂"现象：最需要教育资源的地方，却最缺乏教育资源；最需要接受教育的群体，却离教育资源最远。[②] 教育资源不能去最需要资源的地方经常仅仅是因为受教育者不能支付教育提供方所期待的价格而不是考虑受教育者对资源的渴求。因此，在经济领域与教育领域，资源寻找落脚地的逻辑是不同的。我们批判排斥教育意义的效率逻辑，教育上的效率仅靠市场是难以自发实现的。

如果说效率的合理性在于资源的有限性，那么改革开放以来的物质积累已使我国目前摆脱了新中国成立初期教育一穷二白的状况，物质财富的增长是否能带来价值重心从效率向公平的偏移呢？从近两年的教

---

① 翁文艳：《教育公平与学校选择制度》，北京师范大学出版社 2003 年版，第 10 页。

② 我国目前存在的教育资源倒挂现象表现为三种类型：(1)城乡倒挂，我国 80％的中小学生在农村，但农村的义务教育经费和基建经费占有量却低于 50％。城市优质校有游泳馆、电脑室和塑胶跑道，对一间教室的投入超过农村一所学校的全部家当。(2)区域倒挂，主要指东西部地区的差异。(3)本末倒挂，教育经费主要投到了高等教育领域，占全国师生绝大多数的义务教育只占有全部教育基建经费的三分之一。参见 http:// learning.sohu.com/20090309/n242189618.shtml。

育改革实践似乎可以看出这种迹象。我国学者杨东平在 2006 年两会期间就我国免费义务教育、推进义务教育均衡化等问题发表看法时指出："2005 年从年初开始，教育界的争论不断，与以往不同的是，这些讨论促进了教育的公平价值和教育政策的调整、转变，取得了一系列的实效。"①

2. 对公平的理解

对效率和公平矛盾的否认在学术上是不严谨的，我们需要做的是在两极之间如何定位。在不同的历史发展阶段和教育发展时期，价值取向的重心是不同的。虽然任何市场都是以效率为基本价值维度的，教育市场当然也不例外，但是问题在于，教育市场和其他市场相比，对公平更加重视。

美国学者南格尔（Nagel）的积极干涉主义的平等观对现代政府的教育责任提出了更高的要求。他将教育平等分为"消极平等"和"积极平等"两种类型，积极平等是干涉主义的：它要求公共教育超越正式的平等规定，采取积极的措施消除不同环境下学校儿童固有的不平等，特别是与社会不利因素相关联的差别。这种理论在气质上颇类似于伯林提出的两种自由的观点，对政府制定公平的教育政策具有现实意义。

笔者以为，在教育领域，公平可分为两类：一是消费者主权主义意义上的公平，其标准是金钱；二是基于公民权意义上的公平，其标准是所有公民都得到基于公民权（甚至是居住权）的教育结果的公平，实现这类公平要采取罗尔斯所说的差异补偿原则。教育财政的目标就是要采取看似有违第一种公平的手段去促进第二种公平。政府要在不同地区之间、不同社会阶层之间、不同学校之间利用财政的手段促进这种公正，这种公正的表现形式不在于拨款的等额，而在于利用转移支付、专项拨款等形式对农村地区、西部地区和城市的薄弱学校实行倾斜政策，以使教育资源分配和教育条件获取在不同地方达到大致相同的水平。

3. 效率代价

理论上，竞争是产生效率的，而垄断和管制会导致效率损失。但笔者认为，学校间的竞争并不能贯彻教育培养人的目标，现实的混乱不仅

_____

① 参见《民间报告盘点 05 教育：免费义务教育定时间表》，http://education. sohu. com，2006-03-03。

是市场中道德缺失所造成的，也是竞争制度设计本身造成的。在我们没有掌握教育竞争区别于商品市场竞争的真正机理之前，应对竞争采取限制态度。这样，可能对教育资源总量的扩大不利，也可能带来一些教育资源配置的低效率。但为了维护教育公平，人们就应当承担效率损失的代价。在当前的教育管理体制下，应当由政府代表人民来承担，承担的工具就是取之于民的税收和财政。

在实践中，效率损失的代价宏观上表现为教育财政制度的设计。根据罗尔斯的差别补偿理论，对社会中处于弱势群体的成员应给予更多的关照。这些弱势群体从学校总体上看，是农村地区学校、西部地区学校和城市的薄弱学校。从人口构成上看包括农村留守儿童（尤其是女童）、艾滋病（家庭）儿童、残疾儿童、城市贫困（家庭）儿童等。地区间经济发展是有差异的，家庭间财富总量也是不均衡的，但作为儿童本身应当享有无差异的基本义务教育。只有通过教育财政的转移支付以及社会福利基金等方式，才能帮助这些处于弱势的学校和学生得到教育的公平对待。这样，就需要中央政府以及地方政府承担财政损失、牺牲财政效率。近年来我国经济总量持续提高，连续 10 年维持了 9％ 的经济（GDP）高增长，但教育经费的财政性支出占 GDP 的比例却一直低于 4％ 的既定目标（仅 2012 年勉强达到），说明政府通过加大财政支出以维护教育公平还存在很大的空间。

4.公平优先

在价值问题上，当两个或多个价值目标不能同时实现或相冲突时就需要付出代价。我国古代思想家孟子曾将"生"和"义"比喻成"鱼"和"熊掌"的关系，取舍的结果是舍生取义。所以，价值之间也存在竞争。就价值的分类而言，一般认为存在三类价值现象：第一类是主体生存本身的价值，第二类是人际关系即主体之间关系的价值，第三类是客体对于主体的价值。[①] 在我们看来，教育领域效率属于第三类价值，它强调的是教育资源以及教育本身作为工具对人作为主体的有用性，而公平则属于第一类和第二类价值，是人及人组成的集团自身存在的价值。因此，在一定程度上，效率的价值可以为公平的价值让路，正如康德所说，人不是工

---

① 袁吉富：《社会发展的代价》，北京大学出版社 2004 年版，第 176 页。作者对社会代价思想的理论渊源作了详细论述。

具,"人本身就是目的"。公平对于效率的优先性在价值基础上是可以获得支持的。根据社会发展代价理论,人类的历史是一部不断承担改革代价的历史。而且,从长远来看,人类的自由、平等、正义、权利等不能被交换和牺牲,相反,它们的实现需要其他方面的牺牲,尤其是以物质方面的牺牲作为代价。这种社会发展的代价思想从我国的老子、孔子、孟子,到法国的卢梭,德国的康德、黑格尔以及革命思想家马克思和列宁的思想理论中都可以寻到踪迹。

当然,教育公平的实现需要以教育效率的适度牺牲为代价,并不是说对效率的盲目排斥。教育改革需要付出的是必要代价而不是不计得失的任何代价。对于必要代价的界定,我国学者张明仓认为,衡量代价付出是否必要,包括两个方面的内容:一是实现主体价值目标是否具有必要性,二是代价作为一种成本付出是否具有必要性。[①] 在这两点上,教育公平价值目标的必要性无须赘述,而以损失效率为代价往往又是教育改革和制度设计的无奈选择。需要指出的是,在教育公平得到保障的前提下,效率仍是一项重要的价值取向,而且,为了教育公平而损失的效率应尽可能地保持在较低水平。具体效率代价的支付力度、范围和水平应在具体教育改革和制度设计情境中把握。

总之,教育竞争可能会激发基层学校办学的活力,调动学校和社会办学的积极性和创造性,扩大教育资源的总量。可惜在中国,这种完美和谐的竞争结构和竞争状态"可能和肖伯纳对于基督教所说的一样:它唯一的毛病是它从来没有被实施过"[②]。市场的盲目性在教育竞争中时刻存在着,市场对效率的偏爱经常会和教育公平的价值取向相抵触。在公平和效率问题上经常难以两全,需要取舍。教育公平价值的坚守需要以一定时期的效率损失为代价,唯其如此,才会保持教育的可持续发展和人的全面发展。

(三)标准化办学的路径

市场经过充分竞争往往使得优势的办学行为得到认可,并被市场以

---

① 袁吉富:《社会发展的代价》,北京大学出版社 2004 年版,第 161 页。

② [美]保罗·A.萨缪尔逊:《经济学》上册(第 10 版),商务印书馆 1986 年版,第 62 页,转引自曹沛霖:《政府与市场》,浙江人民出版社 1998 年版,第 167 页。

标准的方式确定下来。因此,标准化办学是市场对教育发生作用的结果。无论是效率的实现还是公平的彰显,都离不开学校办学的标准。正是由于在各个教育环节有了标准,才能保障最基本的公平,也才能真正提升效率。具体来看,标准化办学有其自身的实现路径。

首先,应理解学校标准的含义。应该说,就学校办学而言,存在着两种标准:一种是理论标准,即根据教育规律和国家政策法规决定的标准;另一种是社会标准,即学校在老百姓中的口碑。事实上这两种标准有时是互相冲突的。家长一般而言并不亲身参与具体的教育过程,更多使用诸如升学率这样的外显标准,但一味迎合这种标准事实上会抵触教育的本真。因此,首先应明确的是标准化办学是基于办学规律的标准,而非功利化、简单化、市场化的外部标准。这种标准应存在于教育内部各个环节和整个教育流程中,最终目的是提升教育质量,提高办学效率,保障教育公平。

其次,学校办学标准如何制定是核心问题。一般认为,办学标准应具有严肃性和权威性。基于此,国家近期考虑制定基础教育阶段各项教育标准,包括学生培养标准、教师资格标准、学校办学标准等等。基础教育阶段学校办学的国家标准是,国家硬性规定的合格学校必须具备的物质条件和精神条件。制定这一标准,既是落实国家教育政策法规的需要,又是推动基础教育均衡发展的需要,也是促进学校自我评价与能力提升的需要。要满足这样的需要,学校办学的国家标准又必须是合理、可行和有效的。这就要求基础教育阶段学校办学的国家标准的研制过程,要坚守合法性、适中性、现实性和统一性原则。

最后,在国家各项办学标准陆续出台之际,作为基层学校,应如何应对才能保证做到真正的标准化办学呢? 我们认为应从以下几个方面着手:(1)深入学习和理解国家标准的内涵,对照学校现有情况,制定达到标准和提升办学水平的具体途径;(2)精细化分析学校办学各个环节,整合人、财、物各种资源以达到甚至超过标准规定的具体指标。对一些量化的标准,学校分析数值的含义和实现途径,找到对应的解决方案。如果是投入问题,则更多地需要政府的努力,要督促相应部门落实经费,而不能一味等待。如果是内部管理问题,则应从自身管理找原因和完善制度,落实到具体部门和人员。如果是质性指标,则更多地属于学校办学的软环境,如学校的培养目标是否结合了学校实际,学校的教育教学方式是否科学合理、是否加强了家校沟通和联系、是否体现了民主化和以生为本的办学理念等等。(3)对学校相应管理工作实行目标导向的考核评价体系,制定达标的时间进度表,并邀请教师、学生和家长代表参与和监督,使得学校内部每个人明确自己在学校标准化建设中所应起到的作用和所应履行的职责。(4)在条件允许的地区和学校,组织由第三方组成的评价督导机构,以学生发展为宗旨,以学校实际为依据,以教育规律为根本,全面、客观、公正地对学校办学是否标准进行评价,并给出专业性的改进建议,制定改进的时间表和路线图。(5)发动全体教师和学生对学校标准化办学的参与,广开言路,倾听民意,努力形成标准化办学的氛围。

第三节　社会治理机制转型与学校变革

在社会多元化转型的背景下研究学校变革,主要是研究家长、社区如何参与到学校教育事务中来以促进教育的民主化、学校管理朝向多中心治理模式转移的问题以及由此带来满足个性化办学、满足家长多元需求的问题。长期以来,我国的学校单位制度客观上造成了学校对政府的依赖、教师对学校的依赖、家长对教师的依赖问题。中国特有的民主生活模式(既包括宏观的一党执政和议行合一的决策机制,也包括微观的依托于工会、妇联、青年团、街道办事处和居民委员会等组织的泛政治化管理体制)使得学校与社会关系不能呈现出西方公民社会相对发达情况下的校本状态。虽然教育法中对学校法人地位有较为明确的规定,但现实中学校独立意志、独立人格以及与此相关联的独立财产和独立责任能力都是残缺的,在现有形势下,学校与社会的关系如何在保持原有体制下具有民主机制优点的同时进行民主化改造,走出具有中国特色的学校民主化道路是当前研究学校外部关系所必需的现实思考。

一、社会多元化与个性化办学

教育事务决策方式的变革并不是简单归结为一时一地的孤立的教育变革,而是随着教育改革的不断深入带来的教育治理模式的根本转型,即从集权走向分权、从单中心走向多中心、从统治走向治理、从传统走向现代的变革。

（一）传统的教育治理模式

传统的国家治理模式属于统治（government），国家在对公共事务进行管理的时候是从属于统治目标和统治方式的。这种统治模式在权力体系上表现为高度中央集权，在运行机制上表现为一种"命令—服从"的关系模式，无论是在国家的权力机构之中、政府组织体系之中，还是在政府与社会的关系方面，都是按照统治的原则来确立管理与被管理、命令与服从的关系模式，管理过程中的权力运行是沿着自上而下的向度进行的。这种统治模式将集中与民主、整体与局部、国家与个人对立起来，在这种统治模式中，国家与公民之间的关系是一种不平等的隶属关系。在教育领域，这种统治模式就表现为封闭的、集权的和没有社会公众参与的管理。

（二）教育的多中心治理模式

20世纪90年代以来，一场全球性的改革运动意味着人类社会的一种新型的社会治理模式的出现。传统的政府体制和职能发生了根本性的变化，政府逐渐从无限走向有限、从人治走向法治、从集权走向分权、从专制走向民主、从封闭走向开放、从统治走向治理。所谓治理（governance），简单地说就是公共事务治理中的基本理论、基本方法和基本逻辑。学者们大多最注重治理中区别于传统模式的权力"多中心"，认为"多中心是治理理论的核心观点和本质特征"[1]。"多中心"是指权力的多中心，而且主要是指政治权力的多中心。"政治权力的多中心化，主要表现在执行局变革、提高地方自治水平、还权于社群等。""中国政府的权力已经开始从单中心的政府走向多中心的自主治理。"[2]俞可平也认为，治理是一个上下互动的管理过程，它"不再是监督，而是合同包工；不再是中央集权，而是权力分散；不再是由国家进行再分配，而是国家只负责管理；不再是行政部门的管理，而是根据市场原则的管理；不再是由国家指导，

---

① 曲正伟：《多中心治理与我国义务教育中的政府责任》，载褚宏启主编：《中国教育管理评论》第1卷，教育科学出版社2003年版，第308页。

② ［美］迈克尔·麦金尼斯：《多中心治道与发展》，毛寿龙译，上海三联书店2000年版，第1—3页。

而是由国家和私营部门合作"①。

从 20 世纪末各国的教育改革以来,治理理论极大地影响了教育管理的模式,教育开始由政府包办向社会广泛参与转变。20 世纪 80 年代以来的中国改革道路选择的是一种渐进而非突变的改革,特别是在涉及政治体制的改革时,稳定一直是一个重要的追求。目前,我国占主流地位的政治学理论大多认为,我国的体制改革是一种增量改革和渐进改革。"政治领域的增量改革,实质上就是稳步推进民主。从这个意义上说,增量政治改革,首先体现为增量民主。增量民主的实质,就是在不损害人民群众原有政治利益的前提下,最大限度地增加政治利益。"②这种改革不否认政府和现有法律的作用,重视现有的"存量",强调民主的程序。另外,在主体身份方面,突出了公民社会培育在当下中国改革中的现实意义。把非官方的、自主的、自愿的和非营利的公民社会的存在视作民主政治的前提。这里,已经和治理理论中强调的"多中心"合辙了。

治理模式向多中心的转型给教育领域的国家—社会关系的调整指明了方向,给各教育主体伸张自身的教育利益提供了必要途径。民主治理实际上是国家权力向社会回归,民主治理的过程就是一个还政于民的过程。这种民主的治理不仅是中国政治改革和经济改革,也是中国教育改革的主要发展方向。正如未来学家托夫勒指出的:"沉重的决策担子,最后将不得不通过较广泛的民主参政来分担解决……否则政治制度无法维持。"③

在教育的民主治理模式中,政府和公众之间是一种合作关系,它是以回应和满足公众的教育需求为最主要的目标,并且通过公众对教育事务的参与来共同完成。在责任共同的前提下,官民彼此建立共同的教育观和价值观、共同的社区意识、共同的国家认同和政府认同,因此,不会牺牲公众的教育利益,而是在充分的沟通与利益协调之下,达到共赢的结果。因而教育的民主治理就是公共教育利益最大化的教育管理过程,其本质在于它是政府与公民对共同生活的合作管理。在教育领域,多中

---

① 俞可平:《治理和善治引论》,《马克思主义与现实》1999 年第 5 期。

② 俞可平:《增量民主与善治》,社会科学文献出版社 2003 年版,第 155—157 页。

③ [美]阿尔温·托夫勒:《第三次浪潮》,黄明坚译,生活·读书·新知三联书店 1983 年版,第 45 页。

心的治理模式强调以下几个因素①：合法性（legitimacy）、透明性（transparency）、责任性（accountability）、回应性（responsiveness）、有效性（effectiveness）、法治（rule of law）、参与（civil participation）、稳定（stability）、廉洁（cleanness）、公正（justice）。

　　教育的多中心民主治理模式是一种善治，是将教育权逐步与全社会分享的过程。当代社会，随着教育人口的不断扩张，教育事务越来越复杂。客观上也决定了政府的教育治理和学校的教育管理实行网络化，即将社会各主体吸纳到教育管理网络中来。教育事务越来越离不开政府、学校、家长、社区成员和其他社会主体的参与。历史上由于教育人口基数较小，教育事务较为简单，学校管理和政府治理的领域还较小，所以传统的教育管理模式还能用政府专断以及学校封闭办学的方式。但在教育人口激增和民主化浪潮汹涌的今天，多中心的治理才是教育改革的明智选择。在这种治理模式中，公民个人在教育事务的管理中影响决策的功能日益扩大，教育政策的制定和教育事务的决策与其说仍是政府官员和学校管理人员的特权领域，不如说是政府、学校与各界公众之间互相磋商、不断讨价还价的过程。

二、应对社会治理机制转型的学校变革

（一）家校关系的变革

　　社会多元化转型背景下的学校变革将越来越重视良好家校关系的营造，许多家校间的联系与合作甚至直接用制度的形式明确下来。早在1994 年美国就制定了《目标 2000 年教育法案》，将家庭参与与学校教育列为国家教育目标，同年的《改革美国中小学教育法案》明确规定接受联邦补助的贫困学校所在地必须推行家庭参与伙伴计划（Partnership for Family Involvement in Education），1996 年美国教育部出版的《联络所有家庭、创造家庭友好学校》一书更给予学校和家长以合作方面的指导措施，包括充分实现家长的知情权，通过家庭—学校手册和学校开放日等措施让家长了解学校的具体规定和发展规划；鼓励教师采取家访和个别

---

　　①　俞可平：《全球治理引论》，《马克思主义与现实》2002 年第 1 期。

沟通等方式和家庭联系;设立家长信息中心;推动学校与单亲家庭和少数裔家庭的沟通与交流等。① 在英美等发达国家,中小学校对家庭在学校教育中的重要地位的重视不仅是终身学习和学习型组织等理论发展的结果,更是教育发展和学校自身发展对家长教育权的重视使然。

表 2-2　家长参与的可能方式

家长参与范围方式	参与类型	参与程度
O 参与学校决策 如:·作为校务委员会委员 　·学校重大事项决策参与者 　·学校会议出席者	政治性参与	高
O 参与学校活动 如:·日常活动协助者 　·课外活动协办者 　·教学助手		
O 参与家长组织 如:·活动组织者及参与者 　·人力物力的资助者 　·学校的支持者和维护者		
O 参与个别学生的教育 如:·学习辅导者:辅导学生在家的学习 　·资料提供者:帮助教学有效进行 　·行为矫正者:帮助矫正学生不利于学习 　　的行为 　·身为楷模者:为学生做出榜样	教育性参与	低

　　新中国成立后长期实行的计划经济体制对整个社会生活包括教育产生了巨大的影响。学校办学只向上级主管部门负责,家长们习惯听命于学校和教师作为教育专家的安排而对学校事务缺乏参与。在教育管理体制的改革中,这种惯性在很大程度上阻碍了家校关系的推进和教育民主化的发展。为此,我们或许可以从美国等一些教育发达国家的做法中寻找启示。

(二)社区参与与学校治理结构变革

　　公立中小学校的治理结构必须关注学校目标的正当性,在学校所有

---

　　① 杨海燕、卢浩:《美国推动家庭参与学校教育的 18 种措施》,《中小学管理》2004 年第5 期。

权、经营权和监督权分离的情况下，必须构建由各权利主体参加的内部权力行使机制和外部权力制衡机制。为了更清晰地理解我国公立中小学校的真实权力机制问题，需要构建一个学校治理结构模型，以透析其中权力行使过程和权力制衡机制问题。公立学校治理结构模型大致如图 2-3 所示。

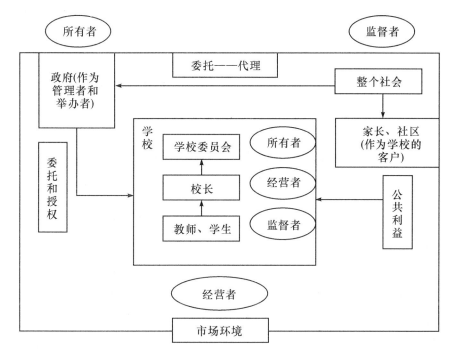

图 2-3　公立中小学校治理结构变革模型

首先，该模型中反映出的学校治理结构的目标指向是基于社区范围（或者说学校面对的社会）的公共利益。政府作为政治机构拥有的政治权力源于社会的委托，但办学需要再次委托给教育的实施部门——学校。在这一过程中，公共权力干预公民权利的正当理由仅仅是来源于公共利益，且不得违反法律保留原则。"国家权力机构充其量也只能是公共利益的代表，而且只有在它忠实地执行宪法时才能代表公共利益。"①可见，"公共利益"对于明晰我国公立中小学校的目标而言十分重要。

————————

①　时和兴：《关系、限度、制度：政治发展过程中的国家与社会》，北京大学出版社 1991年版，第 123 页。

其次,政府作为投资人和举办人,又拥有经济权力,这就要求学校在保护国有资产等方面具有义务,而且,基于这种财产权,政府在学校的人事任免方面还享有权力。当然,这种权力最终还是源于社会和社区,因为政府本质上并非经济实体,其本身并不产生资产和经济效益,其投资于中小学校的资产也是源于税收,再以财政的形式拨付给学校而已。所以,在学校的办学过程中,政府的许多权力,包括资产处理权和人事任免权等,必须由社会决定。但社会又是一个较广的概念,所以,学校所处的社区可以代表整个社会参与对学校的管理以及重大教育事务的决定,这也是公有制新实现形式的要求,这种实现形式也降低了代理成本。否则,每个人都享有权利和权力,在实践中无法操作,容易导致"所有者缺位"的局面。

在学校内部,现代管理要求必须有一个人最终去执行和落实委托人的意见。不管是作为终极委托人的社会还是作为中间委托人的政府,都需要找到一个可以对其负责,并在日常学校办学过程中代表其利益的执行人,这个人就是校长。校长负责制由此产生,的确对于学校内部提高管理效率起到了很大的作用,但一人决策往往不能保证管理的民主性。为此,国内外学校改革的实践中人们寻找到了集体决策的机构和机制,这种机构就是学校(管理)委员会。委员会是民主模式运作的,对内部有分歧的意见是需要投票的,所以委员会的成员构成又是委托人需要解决的重要问题。除了政府和社区外,生活在学校里的教师和学生往往对学校更了解,学校的一些决策也首先直接影响他们的利益。所以他们也应该加入到委员会机构中来,这样既保障了其民主权利,也提高了管理的效率。对于未成年人的学生,尤其是小学低年级的学生,其意见和利益只能通过学校外部的家长来表达。由此,各国中小学校章程里往往都要明确委员会形成的原则、程序和各利益方人员的构成比例。委员制度本质上就是代表制度,委员必须代表其推荐人和选举人的意愿,对委托人和选举人负责。这种民主模式得到了各国法律的认可和保护,并在实践中日益成熟。

在引进市场机制,促进中小学校之间竞争的前提下,市场主体可以参与学校资源配置,通过与学校的合作,从中获得特定利益。如果仅仅是慈善机构之类的赞助者,问题就会相对简单,因为他们是非营利性的,捐资后往往不再试图对学校的具体办学行为进行干涉,一切都会委托给学校或其主管部门负责。但目前一些资金进入的性质并非赞助,而带有投资性质。与捐助者不同的是,作为市场的权利主体,投资者对转制学校的投资并不是不寻求回报,相反,他们可能希望通过投资学校这一特定的机构来降低成本,或者通过合作实现其他特定的利益。应当指出的是,投资者基于投资所获得的权利不应当影响到公立中小学校的基本定位问题,即公立中小学校是服务于公共利益的非营利性公共机构。通常情况下,投资者是通过合作协议的方式参与学校的管理和经营的,对学校内部事务的影响是局部的和有限的。但当投资者投资额度达到相当份额时,可能会演变成为合作办学方式,我国目前存在的由公立中小学校与外部投资者(有时直接是学校的教职工)共同举办的学校就是典型的例子。在这种情况下,投资者权利的保障不仅需要双方协议来实现,也需要法律的规范,否则如何保证公立学校的公有财产权能够有效地服务于公共利益将受到合法性质疑,这也是这几年来对于一些名校办民校的最大的质疑。毕竟经济利益在很大情况下是容易与政治利益和教育利益相冲突的,这种冲突表现在学校治理结构上,就需要在法律既定的框架下,对各种利益主体及其权力进行有效制衡。

公立中小学校权利外部制衡可分为两种相互关联的制衡方式,即制度的制衡和市场的制衡,分别侧重解决的是公立中小学校外部的公平与效率问题。前者侧重于公平机制,而后者侧重于效率机制。在规范相关权利配置时,其侧重点是不同的。具体而言,政府管理权和公众监督权的制度设计应当反映社会对公立学校公平性的期望,而投资者权利和利益相关者权利的制度设计则应当反映相关权利人对公立中小学校的效率和效用的期望。

三、关于多元化和个性化办学的思考

(一)学校与价值共同体

现在,无论是教育理论研究者还是教育实践工作者,在社会对学校办学的重要性问题上几乎是高度一致的,答案就是要加强学校与社会的联系,加强社会参与力度。虽然他们并未明说,但在相关论述中可以发

现已经闪烁了社群主义的思想。社群主义强调共同目标和价值观,这对于我国当前社会上较为普遍存在的损人利己的竞争和普遍共同伦理价值的匮乏等状况的改变显然具有正面的意义。在许多情况下,学校已经不再是一个道德共同体而至多称为利益共同体,学校间的不当竞争、学校与家长间关系的金钱化等等都昭示着学校作为一个教育场所,其价值意义的陨落。在此意义上,社群主义无疑给了我们很好的启迪。

如果我们需要培养学生成为有道德的人,学校的教育行为和管理方式以及学校与外部的关系首先就应讲求道德性,学校本身首先应当是一个善的价值的共同体。当然,我们在谈论学校与社会关系问题时提到的"社群",并不泛指一切人与人的联合体。宽泛的"社群"对于学校没有任何意义。正如社群主义者指出的那样,我们最主要讨论的是政治社群,也只有这种社群才直接和学校变革中的民主化进程相联系。亚里士多德就曾说过人天生就是政治动物,他具有合群的本性。政治社群是所有社群中最高的团体,是人类社会至善的群体,是社群发展的终点,是人类生活自然生长过程的完成。政治社群在本质上是善的,人类组成社群的目的就是为了作为善的公共利益。

其实在我们的教育实践中并未忽视过社群,我们经常强调的社区参与、家校合作、建立学习型和互助型社区、开展社区服务、为他人做好事等等在社群主义者看来就是典型的"社群运动"(communitarian movement)。只是我们在构建理想社群过程中的一些做法往往是表面性的,未能深入到社群的本质,故而对学校与社会关系的重建作用相对有限。

(二)教育利益的表达与整合

1. 学校:从道德多元到多元民主

多元主义首先是道德多元主义。在善恶之间没有一种绝对的标准和基础。市场主导取向的思想对于基本的道德争议采取中立的态度,"为了接受市场主导取向,人们不必充当那些高度争议性的大问题的主人"[①]。市场主导取向"承诺道德多元主义,该观点认为存在着许多相互

---

① Dworkin,R. A matter of principle. Cambridge:Harvard University Press,1985: 203.

容纳的有价值的、值得尊重的关系、承诺和生活计划"①。

不但道德是多元的,其实世界上很多东西都是多元的。就学校面对的社会而言,社会的主体是多样的,各人的利益、爱好、观点、意见、地位、权力和责任都是多样的。这种多样性是多元主义的现实基础。但多元主义并不简单地等同于社会多样性,它更倾向于是在政治决策中非高度齐一性的过程和制度。

多元主义对多元民主的重视,可以在实践层面进行学术的运用。"多元政体的最终指向仍然是可运作的政治决策。"②在多元主义看来,社会的利益和权力也会分布在不同的团体之中,但对于决策形成具有绝对作用的权力应当分布在不同的主体之间,这也是多元民主追求的目标。

2. 公民社会对多元教育利益的整合

公民对国家及公众事务的主动参与和互动关系,是公民社会的现代性发展。阿尔蒙德在《公民文化》中指出:公民(participant)是现代社会的个体,它区别于村民(parochial)或臣民(subject)的主要方面,就是与政治体制开始有了互动关系,互动的内容是承认或同意。

我们重视公民社会,大多是出于对私人领域的重视,在某种程度上是处于长期计划体制压迫下的一种反叛。市场主导取向和多元主义等成了这种反叛的理论工具。但是,许多理论工作者显然也对于个人权利的张扬带来的原子主义感到担忧。毕竟,在相对保守的学者眼中,"多元主义者对冲突如此感兴趣,以至于产生了不相容的、不可公度的和冲突的价值"③。

3. 多元化转型并不必然导致学校走向分裂

多元主义理论的不当操作很有可能将我们的社会引向原子式的分裂状态,导致基于共同利益和共同价值观的共同体的崩溃。在多元主义视野下的学校—社会关系中,社会是分割为各种不同的多元的团体的,他们共同把持着参与学校事务,而且其参与的民主权利是平等的。但我

---

①　Liveraliam,J. Raz. Autonomy and the politics of neutral concern. Midwest Studies in Philosophy,1982,7(1):89-120.

②　顾肃:《自由主义基本理念》,中央编译出版社 2003 年版,第 164 页。

③　[美]约翰·凯克斯:《反对自由主义》,应奇译,江苏人民出版社 2003 年版,第 217—222 页。

们认为多元主义在学校办学实践中如果处理不当容易导致两个问题：一是过度不讲整合的多元容易导致原子主义，这时候就需要用社群主义和其他强调统一的观点进行整合；二是多元主体之间的竞争无法把握，处理不当反而容易招致垄断，带来多数人对少数人权利的侵害。对于分散的个人怎么进行整合呢？对于原子主义怎样防范呢？其实很多政治哲学家都从不同的角度思考并给出了自己的答案。新市场主导取向者强调"重叠共识"，社群主义强调共同的价值观念和个体为整体做出的牺牲。学校的变革可以通过制度设计整合教育利益，实现各类人群的教育需求，最大限度地追求教育价值取向之公约数，从而避免学校变革走向原子化的分裂。

（三）个性化办学的路径

良性的家校关系对民主化办学有强烈的诉求。但民主化办学在当下中国的教育语境中，更多地意味着学校要体现家长和学生独特的教育需求，学校要办出个性与特色。要满足学生的多样化需求，学校就要实现每个学生的个性化发展，通过具有一定特色的教育教学方式来达到个性化办学。长期坚持下去，以形成学校的办学特色。应该说，近几年所谓"特色办学"，似乎在基础学习中"蔚然成风"，但其中一些违背个性化办学理念的做法值得深思：一是特色泛化；二是特殊表面化；三是特色局限化；四是特色形式化。真正的特色应是基于对本校学生特点的全面掌握和对教育规律的真切领悟，而不是单靠校长拍脑袋就能形成的。学校特色一旦形成，将会长期坚持下去，长此以往形成学校的文化。

个性化办学的理由，一是满足学生的需求，学生的兴趣、爱好、特长、潜能等需要学校教师真正了解；二是出于学校的发展需求，学校所处的地理环境、社区环境、学校办学传统、培养目标、学校教师的特点和特长等等，都需要综合考虑；三是社会发展的需要，社会发展需要个性鲜明、才能各异的人才以应对不断进步的科技、文化事业发展和竞争的需要。

怎样才能掌握学校的个性以发展学校的个性化办学特征呢？我们认为，应从以下几个方面着手：（1）了解学校，包括学校的历史与现状、学校的优势与不足、学校的前景和潜能等等。切忌大而全，应坚持有所为有所不为的指导思想。（2）了解学生，包括学生的家庭情况、学生的兴趣爱好、学生的发展前景等等,尤其是要了解学生的需求,对课程安排、教学方式、管理方式、学校活动等方面的真实需求的掌握是学校科学制定学校个性和提炼学校特色的核心要素,具体可以采用建立学生个性化成长档案等方式。(3)了解教师,包括教师们的能力和潜力、教师们的兴趣和特长、教师们的工作与生活、教师们的工作期待和各种需求等等,教师是实现学校个性化办学的关键群体。

　　就某一所具体学校而言,一旦明确了学校的个性化发展需求(学生、教师和学校的需求)后,接下来就是对学校进行个性化建设,促使学校个性化发展了。在个性化办学上,目前我国不少学校积累了不少成功的经验,主要内容包括:(1)以个性化办学的理念引领学校发展。在学校的发展规划中明确学校的特色,带领教师提出具有学校个性的教育教学行为,重视学生良好行为的养成,充分发挥学生的个性特长,为每一个学生的健康主动发展提供优质教育和服务。(2)以个性化办学的实践提升学校的品味。重基础、重实践、重个性发展是不少特色学校发展学校办学个性的重要途径。重基础,指的是素质教育的基础性、全面性;重实践,指的是素质教育发展的重点性、突出性;重个性发展,指的是素质教育的目标性、完整性。基础是前提,实践是重点,个性发展是标志。三者缺一不可,共同构成学校个性化发展的整体。(3)以个性化办学的积累提高学校的核心竞争力。个性化办学的关键是教师队伍建设。个性化学校需要个性化师资支撑,优质师资是优质教育的核心。在个性化教育的学校环境中,教师们的"资源意识""开发意识""可持续意识"不断强化,校本培训、校本教研、校本管理考核、校本课程运行机制、校本评价体系等在个性化教师的参与下才能体现学校教育的个性。(4)以校本变革为龙头提升个性化办学水平。开展校本运动,积极引导学校各类人群对于学校发展的真切关注,走自主性、创造性的校本改革之路。校本问题本身就是学校个性化的重要体现,实施校本运动,校本课程、校本教研、校本培训、校本资源、校本评价、校本管理等方面,都应围绕学校的个性化培养目标。(5)以点带面推广全体学校的个体化办学成效。区域学校可以以一两所学校做试点,在条件成熟的时候对学校特色和个性化办学好的经验进行总结和推广。

第四节 基础教育学校制度变革的现状与发展趋势

当今关于学校的研究越来越关注于教育制度、教育法规与政策、(现代)学校制度。学校变革与制度的关系表现在两个方面:一是学校变革本身就意味着制度的变革。人们对学校的变革源于现实的教育教学不能满足人们的需要,为了寻找更好的学校、更好的教育,必须对学校进行变革。在国外,各种名目的学校层出不穷,磁石学校、选择学校、街角学校、有效学校、新型学校等等,这不仅是学校名称的不同,更体现学校制度的差异,各种变革本身就是学校制度的变革与创新。二是学校的变革需要制度的支持。一方面,变革的成果,如教育效率的提高、教育公正的普及和教育民主化的推广等,都要用制度的形式巩固下来;另一方面,良好的制度环境能够保障变革的顺利进行。教育的现代化也是制度的现代化,从一定意义上说,一个半世纪以来中国教育现代化进程的核心问题,就是建立同现代化相适应的教育制度框架问题,而教育制度变革的成效往往直接决定着中国教育现代化建设的兴衰成败。① 当前,世界各国教育的主要制度形式就是学校,所谓教育制度通常主要指的也是学校制度。因此,现代学校制度建设无疑会为学校内外部关系的调整以及在此基础上的各级各类学校的变革和发展提供制度保障。

一、宁波教育及学校制度变革概述

现代学校制度改革是近年来宁波市基础教育发展的一项重要内容,其背后的内在逻辑其实也是学校与政府、市场与社会的关系的重新理顺和界定。在政校关系方面,宁波市基层中小学校与政府(主要是区县教育主管部门)的关系正在逐步理清。政府不是西方式的政治家角色,而是主动通过各种教育政策与法律来规划、管理、协调和监督教育事业的发展和学校的改革。这种变革来源于政治体系自身变革的需要,即服务

---

① 田正平、李江源:《教育制度变迁与中国教育现代化进程》,《华东师范大学学报》(教科版)2002年第1期。

型政府的理念需要在包括教育服务在内的公共物品提供,而且政府规划、协调的能力正在得到显著提升。

与全国大多数地区一样,宁波市基础教育近年来获得了长足发展,有些领域甚至实现了跨越式发展。这种发展背后需要实现的理念,不仅仅是教育规模的量的增加,更应涉及内涵式发展的质的提升。应该说,宁波市的教育目前正处于教育规模增长向内涵发展的转变阶段,现代学校制度建设正当其时。在变革学校与政府关系的过程中,政府需要重新厘清其发展教育的职能,厘清与基层学校的关系,从校长任命、财务管理以及教师人事管理等各个方面,赋予学校更大的自主权。在学校与市场关系方面,则关键要充分尊重市场的规律,尤其是教育的规律。既不能让学校间单纯地无序化竞争,也不能回到政府统管一切的老路。让学校学会在竞争中不断成长,在教育市场中培养竞争意识和对家长负责的责任意识。在学校与社会关系定位方面,则更多地形成一种家长愿意参与、能够参与也便于操作的新机制,来反映民众化进程中公民对于教育发展应有的知情权、监督权和参与权。

二、放权与自治:重塑政府学校关系

政府主导还是市场法则,更多的只是理论上的理想类型。在现实中,经常是混杂的。但我们需要厘清其中的逻辑关系以及由此产生的变革方向,使得教育改革能够以一种逻辑上自洽的方式得以延续。政府的责任一般体现在投入、师资管理和建设以及教育事务管理三个方面。从政校关系角度看,政府的权力首先表现为财权、人权和事权。

经过"十五"期间和"十一五"前半段阶段的努力,目前宁波市教育局对学校的管理在科学化和民主化等方面已取得了明显成效,政府的宏观调控和服务职能正在加强,但在具体事务的管理上仍存在很大的改进余地。从理论上讲,政府除了利用法律、法规和政策影响学校外,另外还可以通过对学校的资金投入和教育督导两个途径影响学校。但目前政府对学校的办学仍是全方位管理,在有些事项上管理过多、过细。我们这里将教育局对学校的管理分为财权、人权和事权三类。

(一)财权方面

在宁波,学校运行机制主要以政府主导为主。比如在学校经费上,

因为地方财力的增长,公办教育从场地、基建、设备以及教具、学具均为地方政府财政投入,近年来投入的力度逐渐加大(见图 2-4)。政府在学校发展中到底扮演什么样的角色,这在前面章节已经作了较为深入的理论探讨。在实践层面,宁波市基层教育主管部门对于学校的权力和责任仍要进一步厘清,以重塑理想的政校关系。

在责任上,首先是政府的教育投入责任,政府投入学校的办学经费要能够保障学校的正常运行,在这方面,宁波市虽然未达到教育经费占国内生产总值 4% 的原定目标,但通过纵向历史对比看,总量有较为明显的增长(见图 2-4)。

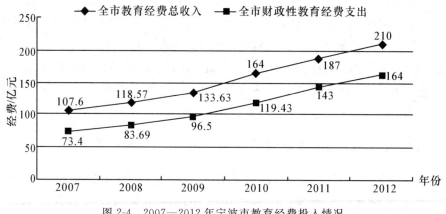

图 2-4　2007—2012 年宁波市教育经费投入情况

虽然近年来宁波市教育经费总量上升较快,但政府责任还在于在既定"蛋糕"的前提下如何合理分配和使用教育经费。事实上,在各阶段教育中的投入结构也不尽合理(见图 2-5)。学前教育、职业教育等领域并未能获得与其地位相匹配的政府投入,可以说政府并未完全履行对于幼儿园、职业学校等办学机构的投入责任。

课题组关于学校微观制度建设的研究也发现了一些问题。目前校长们反映,政府对学校财务控制仍比较严格。收支两条线制度的实施的确保障了学校资金使用的规范,但校长们最关心的一是部分区县的校长只能支配少量的教学经费,在学校教师的绩效工资部分,校长还有一定的筹资压力,用于学校的发展及特色办学所需的资金也往往无法考虑;二是现有资金使用上的管制过严,在大额款项使用上,政府采购难以满足学校办学灵活性和多样性的需要。

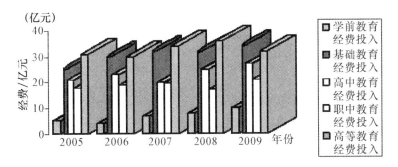

图 2-5 2005—2009 年宁波市各阶段教育教育经费投入分布情况

(二)人权方面

在教师管理上,政府通过一系列地方政策与法规促进学校大力发展教师专业化。目前,通过政府组织的进修、培训、考核、奖励等多项举措,宁波市教师专业化水平进步较大。如就教师学历而言,至少在义务教育阶段,教师的高一级学历比例增长较为明显(见图 2-6)。

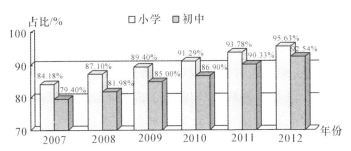

图 2-6 2007—2012 宁波市义务教育阶段教师高一级学历率对比

对于教师管理,政府除了遵循常规性的国家法律和政策,还创造性地在宁波教育系统实行了一些特殊的教育政策,如在非教师编制教师的工资待遇保障方面,给予中级以上职称教师实行事业编制标准的养老和医疗保险待遇;对民办幼儿园教师规定了不低于社会平均工资 1.5 倍的工资标准,不足部分由县级财政与举办人共同承担。2009 年,首次在全市实行义务教育阶段教师的绩效工资政策,人均年收入增长 1.7 万元。应该说,作为政府,已经力图在教师待遇保证和社会地位提高方面履行责任。但目前来看,并未完全取得应有的政策绩效。

教师工作积极性怎样? 教师对自身职业的认同怎样? 教师在工作

中得到的幸福感和满意度怎样？其实这些问题的答案才更能折射出基层学校制度中体现的学校外部关系。本课题组将调研学校划分为公办优质中小学校、普通学校、民办学校、农村学校四类,尝试着对教师进行访谈和其他实地调研,结果并不让人满意。表现在:(1)教师的平均职业满意度最高的是普通学校和农村学校,优质中小学校教师受到来自政府、学校和家长的升学率压力,工作忙碌并未获得相应的经济待遇,民办学校教师则是感受到工作稳定性和职业认同度不足等问题,近年来民办学校教师相对于公办学校教师的工资优势已经失去,但公办学校的稳定性则越来越让民办学校教师感到压力。虽然政府对于符合职称条件的民办非事业编制教师给予了越来越多的工资补助,但教师们仍觉得实际收入仅仅只为同类型公办学校的三分之二,而且教师们还存在着对社会保险、退休待遇的担忧。(2)政府的教师管理人事政策,亟待改进和加强。如政府各部门之间对于教师待遇保障的协调仍显不足,一些教育行政部门的文件在其他政府部门的执行力不够等等。目前,宁波市在职业教育和学前教育两个方面承担了国家综合改革试点任务,在这两个领域的教师队伍建设方面,应该能够有更加具体、有效的政策来体现政府管理教师、保障教师待遇、激发教师工作绩效的举措。在不违背劳动法、教师法的前提下,如何创新性地在教师合同、教师待遇、教师职称及职业激励等方面出台政策及改善政策环境值得下一阶段重点思考。

教师素质的高低是宁波市教育发展最根本的保障。在研究中我们发现,目前宁波市教师聘任、教师流动、教师教育教学管理、教师考核与评价、教师教研和培训、教师职称管理和教师合法权益保护等方面存在一些问题。

1. 教师聘任制度

宁波市近年来的教师人事制度改革,如教师资格制度、全员聘用合同制、教师定期考评制等各项制度的改革取得了很大进展。但在具体制度的设计和实施上,仍存在不足之处,如合理的聘任制度应让好的教师能留下来,不合格的教师离开。目前,宁波市在这两个方面都存在一些较为明显的问题。

与其他区相比,因个人发展和经济利益原因所导致的优秀教师流失问题在宁波部分区县表现得尤为突出,流失趋势多为:本区薄弱学校 →

本区优质学校 → 外区(海曙区、江东区、江北区为代表)优质学校。接收一个应届大学毕业生,直至将其培养成为一位合格甚至是优秀教师,区县教育局包括学校所付出的不仅仅是时间、经费、精力,更重要的是培养者的信心和诚心,当花费大量心血培养的人才流向外区时,更为受挫的实际是后者。在一定程度上,奉化、宁海等部分薄弱区县已经成为外区县的"人才培养和输送基地"。从宏观上讲,国家鼓励人才流动、离开不违反政策;从法律角度讲,流失的教师聘期已满,离开原单位并不违反法律。因此,如何在不违背法律和政策的前提下,解决这个问题,就需要在制度方面进行更有效的创新。

2. 教师考核与评价制度

宁波市各级各类学校近年来都已经建立了较为完备的教师考核评价体系,这种制度安排对促进教师的规范化管理起到了很好的作用。但在具体的实施过程中,仍存在不少过于注重形式、注重硬件的不足。具体表现在:

从硬件条件来看,宁波市对优秀教师评价有较为严格的申报课题、论文发表或获奖数量方面的要求。但问题是,薄弱学校的教师往往不具备取得科研成果的条件,有的学校甚至没有进入政府师资培养工程的教师,或仅有"教坛新秀"等较低层次人才而没有学科带头人和市、区骨干教师,使得市教育局的高级人才激励机制对薄弱学校发挥的影响和激励作用较小。

从评价形式来看,优秀教师的评价条件之一是上公开课,部分学校教师为了参加迎评而将大量的精力放在公开课的准备上,而对日常的教育教学存在放松现象。不少教师反映目前的年度考核工作流于形式,且考评程序复杂,因考评项目很细导致填表、画钩对教师而言工作量很大,缺乏规范化和人本化的有机结合,没有真正使考评成为有效的激励措施。

从考评主体来看,虽然目前大多数学校能够将领导评价和学生评价、同行评价等结合起来,但大多学校在考核教师时领导的意见占的权重过大,而学生评价、家长评价和同行评价的作用没有得到体现,这样的评价起到的导向作用是教师工作仅仅对上负责,而不再关心自己的工作对学生和同行的影响,既不利于教学质量的提高,也不利于和谐的校内人际关系和良好的师生关系的发展。

从考评的标准来看,目前对考评结果产生实质影响的仍是学生的成绩,而忽略了对教师教学过程和教学态度的综合考察。这种评价的导向是激励教师踏踏实实搞应试教育,对学生的全面发展却产生不利影响。这种现象在一些高中和初中普遍存在,尤其是对于毕业班教师的评价,通常只限于升学率评价,指标过于单一。

从考评结果的使用上来看,目前的物质奖励和精神奖励结合的力度还不够明显,和教师的提干、职评、福利待遇结合的程度仍有待加强。

从考评的反馈机制来看,大多数学校校长表示,会将考评优秀的教师在全校公开,但对于考核结果不理想的教师,一般不会在全校公布,校长担心影响教师的工作积极性。

3. 教师职称管理

教师职称的高低是教师教育教学专业水平的体现,现实中因职称等级直接与教师的工资、福利待遇挂钩而成为教师普遍关心的问题。在调查中我们发现:一是将科研成果作为职评重要的硬件条件之一,这对小学和初中教师,尤其是薄弱学校的教师有相当大的难度;二是随着新进教师初始学历的提高,达到符合中、高级职称的年限大大缩短,使得职称的指标额度与目前各学校实际符合条件的教师数相去甚远,一定程度上挫伤了教师的工作积极性;三是由于取得高级职称的教师日益年轻化,在没有进一步的优胜劣汰机制的情况下,教师缺乏进一步发展的目标和动力。

4. 教师教研和培训

教师专业水平的提高有赖于在工作后不断加强继续教育和培训。在调研中我们了解到:一是教师对继续教育和培训的认识存在差异,教师更喜欢一些与他们的课堂教学内容和具体教学工作高度相关的教研和培训。二是培训的形式相对单一。在一些学校,除了教育局例行组织的教研活动以外,某些学校自己搞的活动仍处于"散兵游勇"的状态,有些校长对教研的重视程度明显不够。三是在新课程改革的背景下,许多学校尤其是薄弱学校的综合课师资严重短缺,至于校本课程的资源,学校不能有效开发,有的学校要求班主任一人要教五门课。这既影响了学生的学习效果,又加大了班主任科任老师的工作负担。

5. 教师合法权益的保护

《教师法》规定的教师权益是教师的基本权益,任何组织和个人都不得侵犯。在宁波市普通中小学、幼儿园,教师权益的保障程度相对较好。但在社区的街道幼儿园和一些系统举办的学校,教师则普遍没有享受其他学校教师的同等待遇。如暑假不上班就只能拿到 1100 元的基本生活费,甚至教师们还在担心是否会被由自筹自支事业编制转为企业编制,从而失去事业单位教师才能享有的生活保障。校内民主管理的一个基本条件是建立完善的教师申诉制度,使得教师个人对单位、领导及其他问题拥有正式的反映渠道。从教师申诉制度来看,虽然宁波市 2004 年就开始实施《宁波市人事争议仲裁办法》,但在具体实施过程中,有时因考虑到其他因素,很难做到既符合学校改革发展的需要,又满足教师个人基本权益的维护。在现实情况下,教师维护自身权利的主要途径仍是"人情",而非法律、法规和正式制度。未聘或辞聘人员往往会采取私下托"人情",或干脆到教委人事管理部门"坐班"的方式来"解决"自己的问题。这种现象的存在严重影响了宁波市教育发展的规范化和法制化进程。

(三)事权方面

在教育系统内部,最重要的事情是教育教学,培养合格人才,学生的发展是构建现代学校制度最根本的目标。如何使学生身心健康发展,使他们既掌握知识又培养情感是学校各种制度都需要解决的问题。我们在调查中了解到,学生的课业负担仍较重,高中阶段的学生迫于高考的压力,没有充足的时间休息与娱乐。学生的身体健康状况受到了影响,近视率较高。教育局虽然禁止学校举办课外补习班,但中学尤其是高中阶段的学生课外作业量明显加大,平均达到了每天 3 小时以上。另外,小学阶段虽然没有升学压力,但宁波中学、效实中学、镇海中学等名校的初中部仍在宁波全大市举行入学考试,学生的课外压力并未减轻。处理好素质教育、快乐教育与应试教育之间的协调关系仍是目前需要深入探讨的问题。

在日常教育教学的管理方面,一是目前宁波市不少学校已经推广了小班化教学制度,一些小学班额甚至已经稳定在 25 人左右(部分是因为生源减少造成的),这为正在实施的新课改创造了良好的条件。但从另一个角度看,对于奉化等少数教育经费并不宽裕的地区来讲,很大程度上扩大了成本。二是备课制度。教师备课从研究教材转向研究学生，教案的形式趋于多样化，由以前纸质备课笔记向多种备课形式方向发展，如课本批注、多媒体软件等，丰富了课堂教学，但现在学校对教师教案的检查仍要求纸质的备课笔记，没有能够将评价教师备课成果的方式多元化。三是授课制度。主要是新课改要求学生有一个轻松活泼的学校环境，但不少教师仍习惯于维持严肃有序的课堂纪律。怎样保证在课堂中做到严肃而不失活泼仍需要对课堂评价制度作相应的调整。四是学生评价制度。目前宁波实行的小学生综合评价制度已经取得了良好的效果，对学生的评价更全面。但有些评价程序较为烦琐，不适应小学生的年龄特征。而且，在小学毕业班，虽然不要求升学考试，但学生成绩仍是学校评价学生的基本依据。为此，需要全面调整评价的多元性、差异性与统一性、规范性之间的关系。

目前，宁波市中小学校都已进入新一轮课程改革，新课改的理念要求加强对学生的情感和素质的培养，这对中小学的素质教育提出了更高的要求。但实施新课改需要有新的管理制度配套，保证课改的课程资源和必要的人力、财力、物力。从调研情况看，一般学校和薄弱学校的课程资源开发力度不够，如校外活动只能去离校较近的公园和娱乐场所，许多学校已经没有了春游和秋游，这一方面是资金的问题，但更重要的是校长们担心出事故，毕竟校长们都已和教育局签订了安全责任状。其实，目前的《学生伤害事故处理办法》中已经明确了学校的非监护人地位，相应的制度应适当调整，使学生学业以外的管理制度更具弹性和人性化。再者，新课改强调"以生为本"，但许多校长和教师在教育教学实践过程中难以做到既爱护、关怀学生，又能根据教育的规律对学生严格要求。从课程上看，教育局统一要求各校除了大纲明确规定的国家课程外，都应开设相应的校本课程，但现实中普遍存在一刀切的现象。如对校本的课程要求是区县教育局统一的，各校的课程缺乏特色。在少数一般学校和薄弱学校，甚至大量存在着因人设课的现象，课程设置不能满足学生的实际需求。对学生素质的评价标准也存在片面性，如只重视艺术考级、各种竞赛和运动会得奖，各校往往只重视有形的、可量化的"硬素质"考核指标，而对一些培养学生内在修养和心理素质的"软素质"缺乏具体可行的评价标准。有些学校对素质教育的理解存在误区，认为除了语文、数学课以外的才是素质教育,因而在课程安排时,对小学语文安排的周课时过少,这对刚刚接触母语教育的孩子来说是不够的,毕竟文化课程的教学是学生素质的基本考核指标。

关注学生发展要求教育部门关注弱势群体子女的教育,如特殊教育、民工子弟学校等。在这方面,宁波市做得比较好,有些做法和制度值得在更大范围内推广。如育才小学的特教儿童随班就读制度,将心理专家和儿科医学专家请到学校,在单独准备的儿童生理矫正试验室进行治疗和教育,使得孩子在接受正常教育的同时得到治疗和矫正,而没有"上医院"的感觉,对于孩子从小培养自信心起到了很好的作用。在外地务工人员子女入学就读方面,近几年宁波市也进行了大量的改革和制度创新,如建立一批像江北区红梅中学和镇海区爱心小学这样的民工子弟就读学校,虽然部分区县学校的外来人员子女已经达到了90%左右,但通过制度创新仍能基本缓解外地人员子女入学难问题。然而,目前现存问题是,在初中阶段外地务工人员子女流失现象较为严重,这与当地对外地户口学生不给予高中学籍有很大关系。这种做法虽然控制了教育移民,但对民工子女的高中阶段教育有很大的影响,在社会公正方面需要采取必要措施加以解决。

在教育事务管理上,宁波市教育行政部门在法定的框架下,遵循上级主管部门的指导意见,对教育事务进行常规管理。在课程改革、考试制度设计等方面,做了许多探索与尝试,尤其是2012年开始的高中阶段新课程改革,政府更是力图在地方教育管理上出台创新型政策,基层学校在课程改革上也感受到越来越多来自政府和社会的支持。总之,学校与政府关系的改革正悄然进行着,但长期计划经济体制下学校依赖政府的习惯仍大量存在,学校的自治意识与自治能力需要进一步加强。

三、竞争与责任:创新市场效率机制

学校制度从学校产权属性分类角度出发,可分为公办学校制度建设和民办学校制度建设。在公办学校制度建设领域,政府与社会仍习惯于政府调控下的传统制度构建模式,一般而言不提倡过多的市场参与,政府在教育发展中处于主导地位。而市场竞争只在民办学校系统中一定程度地存在。因此,市场的责任与竞争等制度创新,更多地表现在民办

学校的发展上。

宁波市民办学校自20世纪90年代中期开始,经历了十余年的快速增长和发展,从高等教育阶段、中小学校教育阶段到学前教育阶段,各级学校发展及相应的制度建设均取得了突出的成就,宁波的民办教育整体发展程度和水平已处于全国前列。但近年来,随着教育宏观环境的变化以及教育协同内部各教育要素的流动与整合,民办教育的发展态势并没有取得应有的效果,尤其在教育制度的建设与创新上缺乏后劲,需要加大市场机制的建设和完善,使民办教育能够突破发展困局,走出发展瓶颈。

（一）宁波市民办学校系统现状

1. 办学规模不断扩大

改革开放以来,随着市场经济体制改革逐步深入,民营经济迅速崛起和经济社会快速发展,宁波民办教育异军突起。2012年,宁波市共有民办中小学(幼儿园)1072所,在校生32万人。其中民办普通高中23所,在校生2.3万人,占普通高中在校生总数的22.8%;民办中职学校8所,在校生0.3万人,占中职教育在校生总数的3.6%;民办普通初中29所,在校生3.1万人,占普通初中在校生总数的16%;民办小学56所,在校生7.2万人,占小学在校生总数的15.1%;民办幼儿园956所,在园幼儿19.1万人,占在园幼儿总数的69.3%。自20世纪90年代初起步,经过20多年的发展,宁波市民办教育已经形成了从学前教育到高等教育、从学历教育到非学历教育、从国民教育体系到终身教育体系的多阶段、多层次、多类型的较为完整的办学体系。

表 2-5　宁波市民办学校系统发展规模(截至 2012 年年底)

民办学校类型	学校数量(所)	在校生人数(万人)	在校生占同类学校学生总数比例(%)
民办幼儿园	956	19.1	69.3
民办小学	56	7.2	15.1
民办普通初中	29	3.1	16.0
民办普通高中	23	2.3	22.8
民办中职学校	8	0.3	3.6
合计	1072	32	

2. 办学实力不断增强

在投入资金方面，全市民办学校共有资产 60 亿元。民办学校占地面积 5596459 平方米，校舍面积 3442589 平方米，其中 77％为自有校舍。教育教学设备总值 22.2 亿元，图书 711.69 万册。民办学校的投入持续加大，一些民办学校的教育教学设施、设备达到国内先进水平，办学硬件设施的部分指标已经超过同类公办学校。

在教师队伍建设方面，宁波市各级各类民办学校引进和培养了大批合格师资。现有民办学校教师 12897 人，其中专任教师占 68.6％，教师学历水平、工资待遇等有较大提高。

在民办学校品牌建设方面，宁波市已经涌现出一批办学信誉好、有特色的民办学校，逐渐形成了一批在全省乃至全国有一定影响的品牌。目前宁波市民办中小学有省重点普高 7 所，省重点职高 2 所，省基础教育示范性学校 9 所。目前，宁波市有 5 所民办学校被浙江省人民政府授予"浙江省优秀民办学校"称号。随着民办教育的快速发展，宁波市已经形成了万里教育集团、华茂教育集团、大红鹰教育集团、神舟教育集团、慈吉教育集团、易斯戴教育集团等 6 个民办教育集团。

3. 制度规范和政策扶持逐步完善

从 1992 年宁波市政府出台《宁波市民间办学试行意见》以来，每隔 3～4 年就出台一个促进民办教育发展的政策，如 1996 年市政府出台《关于加快社会力量办学的若干意见》，1999 年市委、市政府出台《关于深化改革全面实施素质教育推进宁波教育现代化的决定》，2002 年市政府出台《关于促进和引导我市民间投资的若干意见》，2006 年出台《宁波市民办教育促进条例》。

1992—2002 年，宁波市对民办教育的扶持政策集中体现为九个允许：允许民办学校在征用土地、免征城建配套规费等方面享受公办学校同等政策；允许民办学校在用水、用电、用气等方面享受公办学校同等待遇；允许公办学校教师去民办学校任教，保留公办教师身份；允许以股份形式筹措办学资金；允许民办学校接纳社会捐助和学生家庭对学校的赞助，专项用于学校建设和教学设备配备；允许给投资者略高于银行同期贷款利率的投资回报；允许投资者逐年回收除注册资金以外的投资；允许民办学校按培养成本收费，收费实行备案制；允许企业用税后利润在本地投资办学,与其投资额对应的企业所得税地方所得部分,由同级财政列收列支予以返还,全额用于办学。另外,宁波市在民办学校财政资助、教师养老保险资助、民办学校税收优惠、政府委托办学拨付生均教育经费等方面采取了力度较大的扶持政策并取得了明显的成效。

在民办学校举办人出资、明晰产权、规范招生、设立民办学校风险保证金等方面做出明确规定,对保障民办学校规范、健康和有序发展起到了显著作用。

(二)宁波市民办教育发展与制度建设存在问题分析

目前来看,民办教育夹在政府和家长之间,难以得到快速发展。一方面,由于政府的大手笔投入以及公办教育质量提高,相比之下民办教育难以体现优势。另一方面,由于公办教师待遇大幅度提升导致民办教育在优质师资方面的比较优势显著下降,教学质量和师资的问题最终导致民办学校生源紧张。从财务方面看,民办学校要按照成本收费,但其竞争对手则是政府限价,所以实际价格则取决于整个交易市场,而非单一的民办学校本身,所以价格自主只对极少数"假民办"学校可行(如蛟川书院、宁波外国语学校这些脱胎于传统优质公办校又与之紧密联系的民办学校)。对于大多数纯民办学校而言,因为政府和市场的原因,导致了其竞争力普遍下降,有些民办学校(集团)甚至到了财政上难以为继的地步。当前,宁波市民办学校系统存在的问题主要表现如下。

1. 民办学校结构正发生变化,纯民办的教育机构日渐式微

民办学校的发展需要政府引导,这种引导首先表现在对学校的整体规划和布局上。随着地方户籍人口的变动,一方面本地户籍适龄儿童、少年随着人口高峰的转移呈下降趋势;另一方面外来务工人员随迁子女大量增加,两个方面的因素使得政府在现有公办学校体制容纳能力(学额)有限的情况下,考虑需要增设的民办学校市场总量,从而引导民办教育系统协调发展,避免无序竞争甚至恶性竞争,保障民办教育系统的教育质量,为适龄儿童、少年在体制外就读创造理想的条件。

目前来看,人口因素变动的不确定性增加了政府规划和布局的难度。在余姚,目前每年从中学毕业的本地户籍生是 1.2 万人左右,但每年进入幼儿园的本地生源仅不足 5000 人,这样,5～10 年以后,本地学校布

局将面临重大调整。据一般推测,三年后小学招生将面临困难,六年后初中也将遭遇生源荒。为此,目前政府的对策是,一方面对于公办学校的规模进行适当控制,如每年招考的公办教师名额受到限制;另一方面对于民办学校,特别是高中段的民办学校申办不再受理,现有的四所民办高中(含改制的余姚四中)已经足以满足余姚现有市民对高中段教育总量的需求。

按照现有民办学校发展格局和相应的政府管理政策,一些校长们预测,今后几年的竞争结果将是首先淘汰乡镇的公办中小学校,这些学校大多直接转为公办流动人口子女学校。在城区,各类教育质量较好的学校间竞争将日趋激烈。公办学校办学条件的改善使得越来越多的家长选择了公办学校,民办学校的整体市场招生份额将呈现一定的下降趋势。政府目前大多不再审批新设立的城区民办学校,在一定程度上排除了潜在竞争者进入,实际上已对现有民办学校进行扶持,但归根结底现有优质民办学校的竞争对手将是现有优质公办学校,政府将面临保公办还是扶民办的两难抉择。

2. 民办学校办学风险明显存在

目前办学效益较好,风险较低的民办学校大致有以下几个特征:(1)五年前拿地,并已取得一定规模的学校目前效益较好;(2)慈溪、余姚等教育需求旺盛的地区效益较好;(3)处于城市中心位置的民办学校效益较好;(4)定位为优质学校且实际升学率高的学校效益较好。

当前,各民办中小学校竞争比较激烈,不少办学势头好的民办学校定位于为学生提供优质的中小学校教育,办学水平大致处于本地领先地位。这样,3～5年后,一些办学质量不高的公办学校将招不到学生,而教育质量不好的民办学校也将被淘汰出局。在奉化某民办学校,校长和举办人对学校前景并不看好,但学校现有的一块土地的巨额价值足以让举办人高枕无忧。学校目前做法是不断扩股,提高学校账面市值,将来政府拆迁后对于该土地的补偿款项中举办人将获取较大收益,届时通过缴纳少量的款项甚至可以将土地属性由教学公益性用地变更为商业用地,这样,即使学校倒闭,举办人在清算时也将获得丰厚回报。正如一些校长(董事长)所言:"只要有地在,我们就不慌。"但仍然存在一些具有市场风险不确定性的学校难以为继的现象,一些学校自建校舍,负债较多,偿还债务能力不足,如果学校背后没有实体支撑而仅靠学生收费滚动发展,则一旦生源不足容易陷入财务危机。有些学校未能建立健全财务管理制度,有的存在"账外账",有的连基本账簿都没有,有的甚至没有独立的学校账目和银行账号,存在举办人抽逃资金的风险。

无证办学现象仍然存在,这些学校独立承担民事责任能力较弱,极易产生学籍风险、安全风险、办学质量风险、抽逃资金等现象,而且对规范办学的民办学校形成不公平竞争的态势。但对这类学校的取缔仅依靠教育行政部门仍存在"执法难"的问题。

3. 师资和办学条件上相对于公办学校的比较优势逐步丧失,教师流失现象比较普遍

10年前一大批进入民办学校的师资目前出现回流现象。过去教师去民办学校主要是因为民办学校在待遇和办公条件方面具有吸引力(如教师收入当时相当于公办学校教师两倍),但近年来随着政府对公办学校加大投入,民办学校在这两个方面的比较优势逐步丧失。而且,更重要的是,现有的制度设计为民办学校教师(尤其是优秀师资)提供了退出渠道:一是当初为扶持民办学校发展,政府承诺部分教师保留公办身份,教师回流有法可依;二是公办学校招募教师时为保证公正统一采取考试考核方式,而民办学校的优秀教师在备课、说课等方面具有明显优势,考中公办教师编制后,对政府来说能够提升公办学校系统的师资队伍整体素质,但遗憾的是这种优质师资的增加往往损害的是民办学校的利益。很多民办学校的教师年均流动率达到 $10\%\sim20\%$,而且辞职的大多是学校骨干教师。即使在一些优质民办中小学校教师工资较高,但教师工作付出与工资收入的比例仍不如公办学校。如余姚市高丰中学,大多数教师年收入为 10 万元左右,但高升学率引起的教学和管理压力使得学校提供的岗位对于优秀教师并没有太大吸引力。近期民办学校在《光明日报》等主流媒体刊登招聘广告,以 20 万元年薪加公寓的高待遇在全国范围招聘高中优秀师资,但应聘者寥寥。一位校内教师坦言,同样是特级教师,在余姚公办学校各种待遇加起来并不比这少多少,但压力要小得多。教师工资仅仅是教师待遇的一个方面,工作压力和岗位稳定性更是现下教师看重的择业条件。

民办学校人事制度设计灵活本是为了保障学校办学自主权,激发教

师工作积极性,奖勤罚懒,将不合格师资淘汰出去。但现实状况却是,双向选择中优质师资辞职增多而不是学校辞退不合格教师。目前,教师队伍整体不稳定带来的后果越来越严重。如在公办小学,通常班主任和主干课教师是跟班制,这也有利于学生的成长和发展。如果频频更换教师,往往对孩子的教育前后不能有效衔接,学生和家长对学校的认同难以持续,其结果是更多的家长可能面临着将子女重新送到公办学校的选择,毕竟近年来政府的重视使得公办学校办学条件和办学质量大幅度提高。生源市场的稳定是民办学校的生命线,在一些本地生源总量萎缩的地区,民办学校往往面临着招生困难,经营难以为继的困境。

4. 扶持政策不能完全落实到位

学校在征地、基建、税收、合理回报、产权归属等方面的扶持政策还不够明确、不够统一。相当部分民办学校没有完全享受到国家税收优惠政策,教师合法权益未能完全得到保障,教师户口、人事档案管理、养老保险、医疗保险、教龄确认、继续教育、职称评定、考核评优、人才流动等方面与公办学校教师间的待遇差距并未明显缩小。教师流动率居高不下,三年以上聘期的专任教师比例等指标没有明显提高,学校教育质量受到严重影响。

5. 董事会的利润导向与校长的办学效益导向存在一定矛盾

一些学校的治理结构制度设计不科学,校长按照教育规律投入和办学往往遇到董事会一些成员的阻挠。如余姚某民办学校在经营最困难的时候,董事会一个大股东却提出将收取的500万元学费抽走,当时学校管理层只好选择招募另一股东进入,投入200万元现金来购买股份,另外300万股份则采取教职工募集的方式凑齐,每股3万元。在慈溪,一些学校的董事会在每年9月开学后调走学校收取的巨额学费。董事长每月拨付资金支付教师工资和必要的办公经费,其他资金用于资本市场的运作以赚取盈余。通过这样的操作,能够提高资金使用效率,从而提升民办学校自身的竞争力,但与民促法的硬性规定仍有冲突。

部分学校举办者执行教育法律法规的意识淡薄,对学校实行家族式管理,过分限制校长和教师的自主权。管理机构设置不齐,管理制度不够健全,缺乏民主管理和监督。

6. 民办学校运作的经费监督体系仍不够健全

对于义务段(部分地区包括了高中段)教育,如果是接受政府委托的,则学校会获得政府按照公办中小学生均教育经费的四分之一标准拨付的经费支持(其实在一些地区根本做不到)。但调研结果是很多民办学校放弃了这一优惠条件,原因是:(1)政策规定,如接受政府委托,则学生收费就不能高于同类公办生。由于一些优质学校在市场招生形势较好,其收取的学费远远高于公办标准(一般达到2万元/年左右),学校自然不愿意放弃原本可以从家长那里得到的经费。(2)政策规定学校接受这些财政补助,必须建立财政专户以便于政府的资金监管。问题是,建立财政专户等经费监督制度往往限制了学校董事会的经费使用权,其账户必须向政府公开,巨额经费的体外循环将被曝光和禁止,其损失的经济利益远大于从政府得到的资助。(3)很多地区采取了收支两条线的管理办法,学校的办学开支到结算中心报账。其实,对于董事会下属的财务管理人员而言,通过简单的账务处理,让学校办学基本收支平衡是比较容易的技术操作,董事会经济利益并不是指望学校办学结余后再提取所谓的合理回报,而是直接在办学过程中,以办学成本开支的方式套取其经济收益,而在这方面政府往往很难监控。办学资金的有效监督必须同时对学校账户和董事会母体公司账户进行监测,而在现有法律层面,教育局等政府部门无法也无权对企业账户进行监管。今后是否需要与税务局等其他政府部门合作监督,以及是否需要委托会计师事务所等专业机构对学校财务进行审计监督仍在讨论之中。

四、民主与合作:营造社会参与机制

在学校与外部关系方面,如何构建理想的学校与家庭、社区良性互动关系的制度一直是现代学校制度建设的重要内容。从2011年开始,宁波市选取了25所中小学校作为现代学校制度试点单位,对学校的办学模式进行改革、创新和试点。其中,宁波市海曙区的"教育议事会"制度,作为改革学校与外部的关系,加强家校联系,营造良性学校—社会互动关系机制的试点项目,取得了良好的效果。

教育议事会制度是宁波市海曙区在建设现代学校制度过程中首创的一种管理制度,该试点于2008年年底获得首届全国地方教育制度创新优胜奖,2009年9月作为浙江省的特色品牌之一在《中国教育报》专题介绍。教育议事会的具体制度设计是在各试点中小学校建立由家长、社区

代表、学校教师和政府代表等组成的教育议事会,对学校的重大事项进行咨询、决策、监督等全方位参与的制度,它体现了把学校融入社会、联结家庭的办学理念,使学校的发展获得多种资源与支持,通过建立科学决策的保障机制和民主监督机制,提高学校的效能,增强学校办学水平和活力,促进学校和谐发展和可持续发展,逐步营造走向教育生态的区域和谐教育。

教育议事会制度落实过程中,不更改学校办学的所有制,不过度干预校长办学自主权的前提下,对学校办学重大事务进行咨询、审议和协调的外部监督组织,是学校与家长、社区建立长期密切互动、协调与合作的平台,是实现学校与社区资源共享、促进共同发展的有效途径。建立教育议事会制度,是以现代学校法人制度为基础,创新学校管理方式的必然要求,强化民主决策和社会监督,推动实现中小学依法自主办学、科学管理的重要环节,是努力办好人民满意教育的重要制度选择。

近年来参与该项目的学校、幼儿园结合自己的实际成立教育议事会,以建立与完善学校教育议事会制度、充分发挥教育议事会作用为核心,实现教育议事会工作制度化、规范化,通过建立科学决策的保证机制和民主监督机制,提高学校重大决策的科学水平和民主程度,并为学校发展争取更多社会资源,创造和谐的外部环境。通过教育议事会的制度建设,形成政府—学校—家长—社区各利益相关方能够充分参与、公开透明、责权均衡、科学专业、运转协调、合作共建的新型的学校内外部管理、治理结构。该项目试点的具体做法及优势主要体现在如下方面。

(一)明确教育议事会的定位与功能

教育议事会致力于促进学校教育理念或办学理念的实现,保障学生获得充分的发展为宗旨,通过建立教育议事会章程形式,实现教育议事会的"政协"定位,促使学校管理进一步走向民主和开放。区别于家长委员会、"三结合"委员会等传统家校组织,教育议事会具有"三权"和"三功能"。"三权"是:知情权、参与权和监督权;"三功能"是:学校与外界系统沟通时的协调功能,学校与外界系统发生冲突时的仲裁功能,对学校根本发展方向、校风、学风、教风进行建议、参谋和监督功能。

（二）建立与优化教育议事会组织机构

教育议事会成员一般为 11~25 人，可由学校、家长、社区、行业企业和初中学生代表、教育专家以及社会知名人士等组成，采用选任制方式产生。教育议事会设主席 1 名，秘书长 1 名，部长若干人，负责议事会日常事务。成员每届任期三年，任期届满可以连任，成员的选任或更换需按议事会章程规定的程序执行。

没有成立教育议事会的学校，也在原来家长委员会、"三结合"委员会等组织的基础上积极、稳妥地成立，也可以有效过渡到教育议事会。已经成立教育议事会的学校，在吸取成功经验和教训的基础上，定期及时换届，优化多方参与的教育议事会组织结构。

议事会成员的产生需要经过一定的法理性程序，获得较高的民意代表性和权威性。议事会成员一定程度上体现了"三性"：代表构成的广泛性、参与的主动性和人员结构的互补性，他们对教育工作和社情民意比较了解，对学校发展具有较强的责任感。议事会的主席人选一般较为慎重，其标准按重要性排序为：必需的热心与奉献、必备的教育学知识、必要的综合性能力和适宜的个性。

（三）建立健全教育议事会工作制度

积极构建科学规范的教育议事会工作制度，是成功运作并发挥教育议事会作用的关键。

（1）建立与完善教育议事会章程，明确教育议事会组织的机构、性质、作用、权利和义务、活动方式等，保证议事会按照章程开展活动。（2）构建并规范议事会成员选任制度。议事会章程有成员任职条件、选任更换程序、议事会会议、议事规则等具体规定。主席一般由家长、社区、社会贤达担任。（3）规范完善议事会议事制度。会议一般由主席、秘书长定期召集，一学期不少于两次，如有必要，主席可召集临时会议。召开议事会应提前五日将会议议题通知全体议事会成员。（4）构建并规范议事会监督制度。建立成员定期轮值、教育行风监督等制度，建立对学校规划、章程提出建议等制度。

(四)保障与完善教育议事会运转机制

教育议事会从战略、全面、系统、中长期的角度秉公决策,积极参政议政,根据教育法规、本校的文化特色和发展需要来议事。议事范围在理论上,可以议所有关乎学生、学校发展的事;在事实上,教育议事会根据议事会成员的关注点、学校的实际需要议事。议事和做事是紧密相连的。

落实教育议事会"政协"的职能是通过议事形式,教育议事会议事有一定的程序,具体分:提出议案—形成提案—形成决议—落实决议—追踪实施等流程。教育议事会的实施程序及相关机制大致为:区域内的学校、幼儿园结合自己的实际,成立各种形式、名称的教育议事会。各中小学、幼儿园在家长委员会、三结合委员会等组织的基础上成立教育议事会;原来成立的各种教育议事会已进行及时的换届,总结经验和不足,做好换届各项工作。

1. 加强组织领导,明确工作进度

各学校、幼儿园能够切实履行职责,强化组织领导和工作推进,确保各项工作落实到位。区教育局将加强对这一工作的规划、指导和推进,进一步转变职能,创新管理方式,强化服务意识,深入学校现场办公,确保工作全面落实。

2. 加快实施落实,规范工作程序

建立教育议事会制度是现代学校制度建设的一项重要内容,要求严格规范工作程序,周密安排部署,精心组织实施。遵循"因地制宜、循序渐进"的原则,有效推进教育议事会制度建设,充分发挥教育议事会的作用,尤其是在推进素质教育、规范学校办学行为、强化社区合作等方面,更要积极发挥教育议事会的议事、协调、监督等功能,并在实践中不断深化和完善教育议事会制度建设。

教育议事会成立的具体方法指导和工作程序,可参阅浙江教育出版社2008年4月出版的《教育议事会指导操作手册》一书,操作手册集中了20所实验学校的集体智慧、成功经验与失败教训,比如如何成立章程起草小组,制定章程草案;如何推选教育议事会的主席和成员;教育议事会成功运作的前提条件等等。在技术指导方面,区教育局组织召开不定期的研讨会、学习培训、交流访问和考察活动。

3. 加大评价导向，强化考核目标

海曙区加强了评价教育议事会制度建设，先进集体与个人评比每两年举行一次。现代学校制度建设课题的优秀成果可参加年度教育科研课题成果评比，另外增设评选海曙区"教育议事会制度建设成果奖"。将教育议事会制度建设列为日常督导目标考核内容，加强指导、评估和目标考核。各学校以体现科学民主管理和规范高效运作为目标，以完善教育议事会制度、充分发挥议事会作用为核心，深入推进现代学校制度建设。实现了教育议事会工作制度化、规范化，充分发挥议事会的议事、协调和监督功能，提高学校决策管理的科学化、民主化程度，为学校发展创造更好的外部环境，进一步规范办学行为，增强学校管理执行能力，不断提升学校办学质量和发展水平。

教育议事会同时有一系列的制度来保障，如定期例会制度、细化工作计划的实施细节、会员轮值制度、细化学校管理的工作细节、督导制度、细化办学方向的保障细节。所以，完善制度可以细化"教育议事会"的议事内容与细节。还有教育沙龙制度、定期活动制度，能够有效提高家长的家庭教育能力，提高议事会成员的议事水准，增加凝聚力。教育议事会在学校内有牌子标示固定的办公场所，同时，学校为教育议事会提供必要的会议、活动的场地，并配备所需要的办公器材等，写字台有专门的办公用品、文件档案夹等标示，这样才能让教育议事会的成员有归属感。教育议事会的有效运转，需要通过组织领导保障、经费人力保障、制度机制保障等措施来实现。

第三章　社会转型期基础教育课程
变革与发展研究

　　社会转型就是社会形态的转换,从大的方面说,包括社会政治形态、社会经济形态和社会文化形态的转换。① 社会转型对任何一个国家和民族都意味着变化、动荡与新生、发展之间的复杂联系。改革开放以来,我国整个社会进入全面的快速转型期,正实现从计划经济向市场经济的转型、由农业社会向工业化乃至后工业化社会转型、由欠发达国家向现代化国家转型。快速的经济增长相应地带动了社会思想、伦理道德、文化教育的转型,从而使我国社会步入多层面、全方位的转型时期。现代社会逐渐转型为以知识为基础的后现代社会。知识文明是以信息技术和生物技术两大技术群为支柱的文明形态,创新成为知识文明社会的时代精神。在知识文明时代,知识创新成为社会进步新的杠杆,一切创新,包括理论创新、制度创新和科技创新,都以知识创新为基础和核心,愈演愈烈的人才争夺实际上就是对知识创新能力及潜在的新知识的争夺。伴随着知识文明社会的到来,教育在培养青少年一代知识创新素质和能力方面的效果正成为国际社会最为关注的问题。课程改革是教育改革的核心,社会转型对现行基础教育课程体系提出了挑战和新要求。

---

　　①　石中英:《知识转型与教育改革》,教育科学出版社 2001 年版,第 30 页。

第一节　社会转型与课程变革

社会在最基本的意义上是人与人之间的关系以及产生、维持和实现这种关系的一系列社会机构、社会制度和社会活动。从原始社会到现代社会，人类社会发展的各个时期都是在不同形态的知识参与下发展变化的，其中不同社会形态的社会关系、机构、制度和活动的合理性是以其知识基础的合理性为前提的。一旦这种知识的合理性丧失，那么随之而来的就是社会各方面合理性的丧失，就是原有社会观念、机构、制度的混乱，就意味着原有社会秩序的崩溃以及新的社会秩序的诞生。正是在这个意义上，知识不仅为一种社会形态的建构提供智力的工具，同时也为这种社会形态的建构指示方向，知识的发展及转型是社会转型的基础。

一、新的知识观

从哲学认识论的角度看，知识是客观世界的主观反映，是对事物属性与联系的认识。知识的发展取决于人们对事物认识的广度和深度。知识观是人们对什么知识最有用和掌握什么样知识的根本看法。众所周知，传统知识观是由机器大生产和在经典物理学基础上确立起来的科学主义世界观所共同支撑的。传统知识观认为知识具有客观性（objective）、普通性（universal）和中立性（impersonal）。所谓"客观性"，即指知识陈述正确地反映了事物的本质属性或事物与事物之间的本质联系，与事物本身的属性及事物与事物之间的本来关系相符合；所谓"普遍性"是指"普遍的可证实性"以及建立在其上的"普遍的可接纳性"；所谓"中立性"，也称"价值中立"，即知识是纯粹经验和理智的产物，只与认识对象的客观属性和认识主体的认识能力有关，而不与认识主体的性别、种族以及所持的意识形态等等有关。这种知识观是由科学孕育的，同科学知识相关联，在认识论上是建立于"主体哲学"的基础之上的。传统知识观的"知识即真理"的主张，表达了对于求真的诉求。

20世纪中期以来的新技术革命导致了人类生产方式的又一次跃迁，尤其是90年代以后，以信息和通信产业为支柱的知识型产业成为许多发达国家经济的主要生长点。知识产业的蓬勃兴起，一种新的知识观正在逐步得到确立。新知识观认为，认识对象并不是独立于认识主体的客观存在，缺乏认识主体的认识兴趣及其他许多与认识行为相关的条件，就不会有任何的认识对象。正是这种建立在一定社会政治、经济和文化发展状况的基础上的对知识的价值需要，以及其他许多与认识行为有关的条件，使认识主体"选择"了认识对象，建构了认识对象。而认识活动也是以认识主体的"先有""先见"为基础的，这种"先在结构"决定和制约着认识主体在认识活动中进行着某种自觉或不自觉的选择和取舍，它不可能是对纯粹实体的纯粹"复写"和"描述"。从来不存在脱离社会历史和现实的认识主体，也从来不存在脱离社会历史和现实的认识活动、认识产品和对认识产品的辩护，它不可避免地要受到所在的文化传统和文化模式的制约，与一定文化体系中的价值观念、生活方式、语言符号乃至人生信仰不可分割。所以，新知识观认为所有的知识只具有局部的、存在的（existential）或境域的（contexualizational）特性。任何知识都是存在于一定的时间、空间、理论范式、价值体系、语言符号等文化因素之中的，离开了这种特定的境域，既不存在任何的认识主体和认识行为，也不存在任何的知识。知识并不是对认识对象的"镜式"反映，而是由认识者的认识能力、兴趣乃至利益所选择和建构的结果，所以不存在代表事物本质的概念、范畴或符号，自然也不存在"纯粹客观"的、"价值中立"（value-neutral）与"文化无涉"的知识，知识在社会各种机构和人员之间的流通过程实际上是一种社会权力关系得以实现和再生产的过程。① 缘此，没有哪一种人类知识的客观性是绝对、纯粹而不需要进一步质疑的，任何一个时代的人们都需要对前人获得的种种知识进行新的审视、修正或抛弃，并发展出适合于自己这个时代需要的新知识。可见，新知识观把求真作为基本的环节予以吸纳，但正在转向对于创新的诉求。

二、多样的知识分类

自亚里士多德时代以来，哲学家已经重新装潢过精神殿堂的内部设计，梳理文理知识与技能知识、人文知识与古代课程的所有分支，而且哲

---

① 　石中英：《知识转型与教育改革》，教育科学出版社 2001 年版，第 80—82 页。

学家对之乐此不疲。① 英国哲学家培根根据人的心智能力,把知识分为记忆的知识(历史的知识)、想象的知识(诗的知识)和理智的知识(哲学的知识)以及按照"神启的本质"裁减出"神圣的知识"。② 19世纪上半叶,知识体系开始膨胀并变得复杂起来,科学分化已经达到了相当精细的程度。20世纪中叶,知识的发展出现了高度分化和高度综合的有机统一,一方面,知识的分门别类的研究比近代科学更精细、更深入;另一方面,横断学科、综合学科、交叉学科的出现使知识综合化、整体化的趋势更加突出。③

(一)"4W"论

"4W"论是指国际经济合作与发展组织(OECD)在其题为《以知识为基础的经济》的1996年年度报告中采用的关于知识分类理论。世界经合组织从经济学角度对知识的划分:一是知道是什么的知识(Know-what),即关于事实的知识;二是知道为什么的知识(Know-why)即指自然原理和规律方面的科学理论;三是知道怎么做的知识(Know-how),即关于技能和诀窍方面的知识;四是知道是谁的知识(Know-who),涉及谁知道某种信息的知识,即关于人力资源方面的知识,它包含了特定社会关系的形成。④ 显然,这一关于知识分类的"4W"理论是从人们对科学和技术的相关理解中引申出来的。通常,科学被人们理解为解释"是什么""为什么"等方面问题的理论,而技术则被人们理解为处理"做什么""怎样做"等方面问题的方式和方法。其中,第一类和第二类知识可以通过读书、听演讲和查看数据库而获得,第三类和第四类知识属于"隐含经验类知识",是难以编码和度量的知识,它们的获取主要靠实践。这个分类生动地反映了当代知识体系的结构性变动。我国学者吴季松先生认为要完整表述知识的概念,除了上述的"4W"之外,还应该再加上2个W和1个Q。他说:"对于什么是知识,国际经济合作发展组织《以知识为基础

---

① [美]罗伯特·达恩顿:《屠猫记:法国文化史钩沉》,吕健忠译,新星出版社2006年版,第203页。

② 同上,第226页。

③ 宣勇、凌健:《"学科"考辨》,《高等教育研究》2006年第4期。

④ 戚业国、陈玉琨:《素质教育目标体系框架的构建》,《教育研究》2000年第1期。

的经济》报告中援用了在西方自 20 世纪 60 年代以来关于求知的'4 个 W'概念。""我认为要加上'知道什么时间（Know-when）'和'知道什么地点（Know-where）'才更为准确,这得到联合国系统不少专家的赞同。因为即使知道了是什么,为什么,怎么做,谁来做,但是如果在错误的时间和地点来做,仍然会产生错误。所以'6 个 W'可以说是准确的知识了。""和西方比较,根据中国轻视数量概念的传统,在我国可能还应该在'知道是什么（Know-what）'后面加上一个 Q（Quantity）,就是说'知道是多少（Know-quantity）'。所以是 6 个 W、1 个 Q。"①

（二）显性知识与缄默知识

根据知识能否清晰表述和有效转移可以将知识分为显性知识和隐性知识。1958 年,英国著名的物理化学家、思想家波兰尼（Michael Polanyi,1891—1976）提出了著名的"缄默知识（tacit knowledge）"理论。波兰尼指出,人类有两种知识,即显性知识（explicit knowledge）和缄默知识,它们共同构成了人类知识的总体。显性知识是能够通过语言、文字或符号等方式表达出来的知识,而缄默知识是不能系统表达的知识。对于缄默知识,波兰尼用一句精练的话进行了概括,即"我们所认识的多于我们所能告诉的"（We know more than we can tell）。与显性知识相比,缄默知识具有它自身的特征:第一,不能通过语言、文字或符号进行逻辑的说明。在这个意义上,波兰尼把显性知识称为"语言的知识"（verbal knowledge）、"清晰的知识"（explicit knowledge or articulate knowledge）,把缄默知识称为"前语言知识"（pre-verbal knowledge）、"不清晰的知识"（inarticulate knowledge）。波兰尼还认为,缄默知识是我们人类和动物共同具有的一种知识类型,是我们人类非语言智力活动的结晶。第二,不能以规则的形式加以传递。不能明确陈述的知识自然不能在人与人之间以明确的规则形式加以传递,因此缺乏显形知识的公共性、主体际性等特征。不过,缄默知识并非是不可传递的,只是其作为一种不能言说的知识只能通过"学徒制"的方式进行传递,即只能通过科学实践中科

---

① 吴季松:《21 世纪社会的新趋势——知识经济》,北京科学技术出版社 1998 年版,第 16 页。

学新手对导师的自然观察与服从而进行。第三,不能加以批判性反思。波兰尼将这个特征看作是缄默知识和显性知识的主要逻辑差别。他认为,显性知识是人们通过明确的"推理"过程获得的,因此也能够通过理性而加以批判和反思;而缄默的知识是人们通过身体的感官或理性的直觉而获得的,因而是不能通过理性加以批判和反思的。① 但是,缄默知识与显性知识二者又存在着密切的联系,它们互为前提,还在一定条件下互相转化。从功能上而言,缄默知识对于认识与实践的影响是非常复杂的。在显性知识的获得方面,缄默知识既可以起到一种基础的、辅助的甚至是向导的作用,也可能干扰和阻碍显性知识的获得,给人们获得显性知识造成种种困难。在实践方面,缄默知识既可以使我们在面临各种复杂因素时克服信息不充分的缺陷迅速地做出正确判断,也可能使我们的判断发生错误,从而给实践带来损失。从类型上而言,不仅有缄默的"程序性知识"的存在,而且有缄默的"命题性知识"的存在;不仅存在着一些具体的缄默知识,而且存在着缄默的"认知模式"。

(三)公共知识与个体知识

所谓公共知识,是指由前人和他人创造的、并已固化在相应的印刷媒体(如书籍、报纸、杂志等)或电子媒体(如磁带、光盘、因特网等)当中普遍性和真理性的知识,它可以成为公众学习和掌握的对象。在罗素那里,个体知识(personal knowledge)指个人从自身的亲身经历中所得到的,带有主观因素、有着个人独特理解、感受和体验的无法言明的知识。② 罗素是在与科学知识相对的意义上来谈论个人知识的,科学知识借助于语言这一唯一的表达工具,将思想翻译成语言,结果使个人经验中最具有个人特点的东西失掉了,结果使我们认为个人的世界与公共的世界非常相似。而实际上,即使在科学知识中也有着一些无法证明的公设,科学知识中也有着无法避免的主观因素。波兰尼则注意到知识中所具有的无法被彻底客观化的个人信念。③ 在他看来,个人与知识看似对立的

---

① 石中英:《波兰尼的知识理论及其教育意义》,《华东师范大学学报》(教育科学版)2001 年第 6 期。

② [英]罗素:《人类的知识》,张金言译,商务印书馆 1983 年版,第 9—12 页。

③ [英]波兰尼:《个人知识》,许泽民译,贵州人民出版社 2000 年版,第 1—2 页。

东西,实际上并非如此。传统的追求客观性、公共性和普遍性的知识观,把个人的、人性的成分从知识中清除掉了。不难看出,波兰尼的认识论是针对传统客观主义认识论中对个人性因素,如个人的求知热情、信念等的排斥而提出的,其个人知识概念着重于个人的信念、热情以及知识中缄默的、不可言传的方面。

三、社会转型对基础教育课程的新要求

课程是学校教学内容的主要载体,作为教育的核心手段与媒介,对教育活动具有决定性作用。传统的基础教育课程体系虽然不断进行着知识的更新,但却是传统知识观的反映,是传统知识权力关系运作的结果。法国哲学家让·利奥塔尔(J. F. Lyotard,1924—1998)在他的《后现代状态:关于知识的报告》一书中认为,"当社会进入到众所周知的后工业时代,文化进入到众所周知的后现代时期,知识的状况也被改变了。这种转变至少从本世纪 50 年代就开始了。"①知识转型对基础教育课程提出了新的要求。

(一)重新认识课程本质及课程目标

以往的课程理念强调知识的选择和组织,认为课程就是从人类总体的知识中选择出的有价值的知识,以合适的组织形式呈现给学习者。这种课程理念把知识看成是被动的,有待于被选择的材料,把选择的标准看成是外在知识的,如政治的、经济的、文化的等等。知识本身所具有的权力性质被忽略了。新的课程理念强调课程是知识权力关系运作的结果,课程本身不是学习的内容,只是学习得以发生的条件,具有多样性、文化性、开放性。课程不仅仅是事先预成的、固定的"确定性知识",而且是具有一定的随机性和灵活性、并包含了一定的师生共同建构的"不确定性知识";它不仅是作为客观目标或学习内容摆在学习者面前,由学生去"内化"的,而且它还需要已有经验与新信息的不断作用才能逐渐生成,既有的课程只是供创生过程选择的工具而已。课程目标需要改变以

---

① Lyotard,J. F. The postmorden condition:A report on knowledge. Manchester University Press,1984:3.

往知识霸权以及意识形态特征,不再强调对书本知识的服从和记忆,不再强调统一性、标准性,放弃对课程目标合理性和价值性的盲目崇拜,而是注重构建课程目标中的理性批判意识,特别是课程目标应该超越知识而达到对学习者生命存在的关注,并为更多知识关联的出现提供条件。

（二）积极调整课程结构及课程内容

在传统知识观中,知识总体的结构关涉到生产、评价、传播等一些知识制度。不同的知识被依其价值划分为三六九等,排列成一个明显的知识价值的谱系或台阶。新的知识观强调不同类型的知识具有同等的价值。在传统知识观影响下的课程结构如同知识结构一样是分等级的,自然科学与技术的课程在整个课程体系中占据了核心位置,被给予大量的课时和丰富的财政援助,而社会和人文课程则被放置在课程体系中边缘的位置。这样的课程结构在满足社会和个体的功利性、物质性的同时,不能满足人们精神生活的需要,是学校和社会精神空虚的一个根源。新知识观要求增加和开发人文和社会方面的课程,旨在帮助人们更好地理解自己和社会,摆脱由现代性带来的意识和精神危机。伴随着当代科学技术加速发展的趋势,知识与知识之间的学科界限已被打破,更具有跨学科的性质,离开了综合,就谈不上任何形式的知识创新。而且伴随着知识增长方式和机制的转变,人类社会的知识总量也发生极大变化,特别是在自然科学领域,出现了知识激增和老化速度加快的现象,并达到了惊人的程度。在批判性知识增长时代,社会与人文知识领域出现了复杂化和多样化的现象,社会生活中的知识霸权被解构。新知识观要求在不断重新建构学科课程知识的同时,加强综合课程的建设。

（三）整合共享课程资源与信息技术

20世纪40年代第一台计算机诞生之后的半个世纪里,人类逐步开始了利用信息资源的进程,同时也掀起了一次又一次全球性的信息化浪潮。信息技术的发展,使信息成为社会的三大资源之一（另两大资源是材料和能源）,智力产业、知识产业成为信息社会的核心产业。互联网把分布在世界各地、各部门的电子计算机存储在信息总库里的信息资源通过电信网络联接起来,从而进行通信和信息交换,实现资源共享。教育信息化的概念是在 20 世纪 90 年代出现,是发展以因特网为核心的综合化信息服务体系和推进信息技术(简称 IT)在社会各领域的广泛应用,特别是要把信息技术在教育中的应用作为 21 世纪教育改革的重要途径。信息技术与课程整合实质上是一种基于信息技术的课程研制理论和实践,是指信息技术有机地与课程结构、课程内容、课程资源以及课程实施等融合为一体,从而对课程的各个层面和维度都产生变革作用,进而促进课程整体的变革。在实践上它包括两个方面:信息技术课程化和学科课程信息化。信息技术课程化研究把信息技术作为一门独立的课程,研究信息技术作为独立课程的目标、内容与评价;学科课程信息化是要把信息技术融入学科课程的各个方面去,让学科课程内容信息化、课程实施过程信息化、课程评价信息化。

(四)全面反思课程实施及课程评价

课程实施是对知识进行重新认识与再概念化的过程,是对知识的理论基础、价值取向、制约要素、评价标准等进行全面系统反思、梳理、矫正与调适的过程。传统的课程实施中,儿童是一个纯粹的学习者,其任务就是掌握教师所呈现的系统知识,而对于学生个体知识和生活史的过程是忽略甚至排斥的。"长期的个体知识压抑最终使得学习者丧失学习的兴趣,成为一个知识的容器,一个'自动化'的知识容器。分门别类的知识教学进一步束缚了学习者的头脑,使他们变得狭隘而又僵化。"[①]知识转型要求课程实施应该注重个人知识存在的意义和价值,努力实现公共知识与个体知识、不同门类知识的富于个性的整合。同时,也要求课程评价立足于个体生命的成长性和丰富性,从人文与科学、个人与社会、知识与能力、实然与应然、事实与价值、定性与定量等方面注重课程的信念、内容、方法等整体性、过程性、实践性的变化。

---

① 　石中英、尚志远:《后现代知识状况与基础教育课程改革》,《教育探索》1999 年第 2 期,第 18 页。

第二节 基础教育课程变革的国际视野与国内实践

20 世纪末期开始，科技革命此起彼伏，知识面貌日新月异，形成了托夫勒所谓的"第三次浪潮"。在这一浪潮中，人类生活信息化、网络化已成为每一个普通人必须应对的问题。这就要求各国教育改革者必须对教育内容做出审慎选择，保证课程内容的现代化。同时，如何创建一种可持续的、生命形态的基础教育课程，通过设计这一课程适应教育终身化给基础教育课程改革提出的新要求。

一、课程改革的国际视野

20 世纪 80 年代出现的以信息技术为核心的新技术革命方兴未艾，并逐步深入，人类社会由此正经历从工业化社会向信息化社会转变，生产从劳动、资本密集型向知识密集型转变的过程之中。现实需要有更高技能与综合素质更全面的新型劳动力，这都为即将展开的课程改革提供了广泛的背景。

（一）课程改革目标以提高教育质量、提升学生基本学力为主

由于经济全球化导致的经济竞争和教育领域内"反思"思潮的刺激引发了人们对教育质量的深入探究。世界许多国家在各自时代敏感性、洞察力的基础上，都积极策划 21 世纪的基础教育课程蓝图。如美国在对中学生学术性向测验成绩下降的反思中，英国对"松散课程"低效的察觉中，加拿大市民对课程地区差异的反感中[①]，都强调课程改革对于学生基本学力的提升，反映着人类社会生活智能化水平的提高。如基于当时中学"自助餐式的课程"，美国高质量教育委员会（The National Commission on Excellence in Education）在 1983 年 4 月发表了《国家在危急之中：教育改革势在必行》（*The nation is in the danger，The reform of education is essential*）明确将"教育的优异"作为一个战略性的概念提出，

---

① 汪霞：《国外中小学课程演进》，山东教育出版社 1998 年版，第 74 页。

并成为美国 20 世纪 80 年代以后直至 21 世纪初的课程改革理念。"教育的优异"就学习者个人来说，它指在学校和工作场所，应在个人能力的限度内完成工作，以检验这种能力，并推向极限。优异是这样一所学校或学院的特征，这种学校或学院向全体学习者提出了高的期望和目标，然后力求以任何可能的方式帮助学生达到这些期望和目标。优异是这样一个社会的特征，这个社会已经采取相应政策，因为它要通过它的人民的教育和技能来做好准备以对迅速变化中的世界的挑战做出反应。① 为此，这份研究报告指出应规定所有要得到文凭的学生在中学四年中修"五种新的基础训练"：英语、数学、自然科学、社会科学、计算机科学，并且要求学校、学院和大学对学业成绩采取更严格和可测量的标准，提出更高的期望。② 以"教育优异"作为课程改革的最终目标，反映了美国在课程改革上的高质量教育观，与教育的根本目的以及教育的外在价值与内在价值是一致的。2001 年新布什政府公布的《不让一个儿童落后：教育改革蓝图》(*No Child Left Behind：A Blueprint for Education Reform*) 再一次明确指出："我们在花费数千亿美元于教育之后，我们仍远未能实现教育优异的目标。"③英国在《1988 年教育法》④中，把教育质量、学业成绩作为压倒一切的任务提出来，并提出了有更多选择机会、学术课程和职业课程结合、发展关键技能、参与公众活动等。⑤ 加拿大将教育质量理解为基础知识掌握确定严格标准，出现了以省为单位制定共同、全面的评估政策原则，统一组织考试。⑥ 如西北部地区采用了《加拿大成绩考试》等标准试卷，以为基础学力打好基础。此外，加拿大以开设工业技术类、家政类、商业服务类选修课为手段，强调课程改革要满足各类群体和个体需要，还把科技教育课程列为改革的主要内容之一，把提高"数学和

①② The Commission on Excellence in Education. A nation at risk：The imperative for educational reform. http：//www. goalline. org/Goal％20Line//NatAtRisk. htlnl. 2005-05-08.

③ 赵中建：《不让一个儿童落后——美国布什政府教育改革蓝图述评》，《上海教育》2001 年第 5 期，第 58 页。

④ Colin Brook and Witold Tulasiewicz. Education in a single Europe (Second Edition). London and New York：Routledge，2002：337.

⑤ 陈晓端、龙宝新：《中、英、美、加四国基础教育课程改革比较》，《外国教育研究》2006 年第 7 期，第 25 页。

⑥ 汪霞：《国外中小学课程演进》，山东教育出版社 1998 年版，第 100 页。

科学教育质量列为政府优先日程"①。

(二)强调国家对核心课程的设置,课程结构追求多样性与关联性

1989 年,美国科学促进协会在公布了研究报告《2061 计划:面向全体美国人的科学》(*Project* 2061:*Science for All Americans*),认为:"科学、数学和技术教育将成为教育今日儿童面对明日世界的基础。"②因此,明确提出要普及科学基础知识,包括科学、数学和技术,主张在中小学开设数学、科学、技术方面的核心课程。布什政府在 1991 年 4 月出台《美国 2000 年教育战略》(America 2000:An Education Strategy)在课程设置方面,继续加强了英语、数学和自然科学的"新三艺"课程,并注重长期被忽视的历史和地理两门学科,从而将英语、数学、自然科学、历史和地理五门学科确定为核心课程,并要求制定这五个科目的"世界级"课程标准。③克林顿政府在 1994 年 3 月宣布题为《2000 年目标:美国教育法》(*Goal* 2000:*An Educate America Act*)中又增加了外语、艺术、公民,从而使核心课程科目数量增至八门;并且由国家教育标准和改进委员会(National Education Standard and Improvement Committee,简称 NESIC)负责着手编订供各州各地区自愿采用的国家课程标准,包括课程内容标准、学生操作绩效标准、学习机会标准和评估体系。④ 2001 年公布的《不让一个儿童落后:教育改革蓝图》再次强调英语、数学和科学三个基础科目的重要性,⑤明确要求通过实施"阅读第一计划"和"早期阅读第一"计划来提高学生的识字和阅读水平,要求通过双语教育计划和确定成绩目标来促使英语能力有限的学生达到英语熟练程度,要求通过建立数学和科学的伙

---

① 冯清高:《加拿大科学课程的改革和发展》,《广东职业技术学院学报》2002 年第 2 期。

② 钟启泉、张华:《世界课程改革趋势研究(中卷)——课程改革国别研究》,北京师范大学出版社 2001 年版,第 294 页。

③ Department of Education, Washington DC. America 2000: An education strategy. 1991:9.

④ Ministre de l'ducation nationale, Conseil national desprogrammes, Ides directrices pour les programmes ducollge, dcembre 1994.

⑤ The National Conference of State Legislatures. No child left behind: A blueprint for education reform, 2001.

伴关系及鼓励研究型大学参与这些伙伴关系来改进数学和科学教学。[1]
而英国教育质量观是以国家课程控制为支撑(体现为三门核心课程和六门基础课程),以总结性评价和引入竞争机制为工具,实现教育水准的统一。[2] 在加强国家对于核心课程设置的同时,当代各国课程改革还着力于寻求课程结构上的多样性与关联性。如美国的课程结构以学术性科目为轴心,以非学术性科目为外围,削减点缀性科目比重,追求学术性科目和经验性科目之间的新平衡。[3] 当代美国小学阶段课程有社会科学(历史、地理、政治、法律等)、艺术(阅读、写作、文字、口语等)、科学(物理、化学、生物等)、音乐艺术、体育、保健等课程。其中语言艺术、社会、数学、科学、体育保健、音乐艺术教育为基本核心科目,而且主要采取综合课形式。[4] 美国初中设计了 7 门必修课,即英语、社会学、数学、理科、外语、体育、艺术,高中设计了 9 门共同核心课程,包括语言、历史、地理、公民、数学、技术、健康等,同时在核心课程基础上开设了大量选修课。规定在高中后两年可划出一半时间学习核心课程,另一半时间必须选修5~6 门课程,增强了课程结构的统一性和多样性。此外,各国都注重从动手与动脑、学习与创造、自我与社会协调的相关联的角度来完善课程结构。如美国在课程结构上较好地兼顾了学习者全面发展与个性发展的双重要求,以"詹姆斯·麦笛逊课程计划"表现得最为鲜明。[5] 该计划不仅从课程总体结构上充分考虑人的认知发展与情感发展、人文修养与科学素养养成的需要,还从每一科目角度提出促进全人塑造的要求,如对八年级以前的艺术科提出了艺术欣赏、艺术创作、艺术评价的多方面要求。再如英国,以"为所有学生提供学习和进步机会……促进学生精神、道德、社会、文化和身心等方面的发展,赋予学生机会、责任感和生活

---

① 赵中建:《不让一个儿童落后——美国布什政府教育改革蓝图述评》,《上海教育》2001 年第 5 期,第 59 页。

② 陈晓端、龙宝新:《中、英、美、加四国基础教育课程改革比较》,《外国教育研究》2006年第 7 期,第 25 页。

③ 白彦茹:《美国中小学课程述评》,《外国教育研究》2002 年第 7 期。

④ 陈晓端、龙宝新:《中、英、美、加四国基础教育课程改革比较》,《外国教育研究》2006年第 7 期,第 26 页。

⑤ 诸惠芳:《美国 2000 年国家教育标准和新课程计划》,《课程·教材·教法》1994 年第 11 期。

体验"①为目的，开设了广泛的课程，尤以信息与交流技术课程(ICT)为代表，它围绕信息的发现、探究、分析、交流、提供设计课程，把信息对生活、工作的意义有机渗透进去，这就使整个课程成为"全人"发展的最好营养。还有加拿大的"K－12一贯制"计划，中国强调课程结构体现出"三维"目标要求(即知识技能、过程方法和情感态度)等，都体现出课程结构关联性的普遍走向。

（三）突出课程实施中教师专业化水平的保障，课程评价机制的完善

教师"对任何重大改革计划的实施都是关键性的，如果在改革进程中没有允许合理的调整，改革目标就无法实现"②。19世纪以来的课程改革，基本上是以教师为"技术熟练者"、忠实的课程计划的执行人的思路来处理课程与教师的关系，对教师的挑战也主要集中在熟悉新的课程内容、学会新的教学方法、使用新的教学工具上。在当今的课程改革中，由于课程不再是一种独立于教师之外、预设的知识体系，教师正以课程改革的实施者，特别是课程的研制者的新形象出现在历史舞台。教师作为一个拥有自己的需要、思想和理想的独立体，要在课程活动中自由地表达自身。一方面通过赋予教师以课程主体的权利，使教师得以合法参与课程的开发决策、实践、评价等活动；另一方面又通过重构、开发课程，为教师的专业发展提供广阔的空间。③于是，各国课程改革都强调教师作为课程改革的实施者，教师专业化的水平直接关系到课程改革的成败。这实际上表现了这么一种认识：在课程改革中，教师与课程互动，教师在课程改革与反思中成长。教师的反思使课程总是处于"形成"的路途中，与之相伴的是教师的实践性知识的丰富和发展——课程在教师的教学与反思活动中显现和生长，教师也在参与课程改革的历程中、在教学与

---

① 陈霞：《英国现行国家课程标准的特征及启示》，《课程·教材·教法》2003年第6期。

② ［加］本杰明·莱文：《教育改革——从启动到成果》，项贤明，洪成文译，教育科学出版社2004年版，第193页。

③ 石鸥、段发明：《课程改革：教师专业发展的新契机》，《中国教育学刊》2004年第8期，第34页。

反思的进程中走向成熟。在传统教育方式与现代教育方式激烈对峙的转型时期交织着教师的奋进困惑、彷徨等各种心态,各国从国家到地方到学校,都要求并实施着大规模的教师培训,以提高教师专业化水平。例如,联合国教科文组织 1998 年《世界教育报告》的中心内容就是"教师和变革世界中的教学工作",其中特别强调提高教师对信息技术的认识水平和使用新技术的能力,以促进教学方式从"教学中心"到"学为中心"的转变。美国各个教改报告将师资培训作为课程改革得以顺利进行并获取成功的重要保障。课程评价在课程改革中有着极为特殊的地位,各国不断完善现有的课程评价机制。美国自 20 世纪 80 年代的"高质量教育"改革以来,如不断引入标准测验,提高学术标准,导致课程评价缺乏收缩性。后来,美国弱化学术成绩测验的弊端,建立国家与州两级评估体系。在《2000 年目标:美国教育法》中,建立了"国家教育标准和改进委员会"(要求制定非强制性国家标准和全国性非强制性学生评定体系)和"美国学业考试"制度,并围绕五门核心课程设置"优异成绩总统奖",奖励国家统考中成绩优秀学生。英国全面策划课程外部评价,完善评价机构,推行阶段评价。如建立评价目标体系(学科成绩目标 ATS)和评价机构(学校考试和评定委员会——SEAC),积极进行总结性评价。在国家考试的组织上分阶段进行,即把义务教育过程分为四个关键阶段,分别实施 7 岁、11 岁、14 岁、17 岁考试。同时合理设计科目评价的进程,把对每门科目的评价分为成绩目标、学习计划和评定安排三部分。[1] 最后,在国家课程评价方法上广泛采取质性评价,要求将教师平时对学生的评价和"标准任务评价"结合起来,建议采用成绩档案工具等,及时将评价结果科学记录并审慎地公布于众[2],这在 1993 年 12 月迪林发表的《全国课程及其评价:中期报告》中表现得尤为明显。加拿大十分重视三种评价范式之间的协调。20 世纪 90 年代以来,加拿大引入了瑞安(Ryan)的三种评价范式,即经验分析范式、解释学范式和批判理论范式,力求对课程实施做出全面的论断,把对三种课程,即计划的课程、实施的课程和完成的课程的评价有机结合起来,并据此设计了 VOSTS 评价工具。

---

[1]　Susan Capel ect. Learning to teach in the secondary school. London and New York:Routledge Falmer,2001.

[2]　陈霞:《英国国家课程评价政策演进及启示》,《全球教育展望》2003 年第 7 期。

该评价的特点是强调对课程，尤其是科学课进行真实性评价。[①] 如加拿大安大略省把对学生数学课程评估标准分为四个部分，即期望学生达到的学习成果、学生成绩的表现特征、学生表现的具体指标、评估活动的案例，以准确了解学生数学学习策略、学习能力发展的水平。再如，哥伦比亚省尤其重视 12 年级考试，1988 年，皇家教育委员会把会考成绩的比例占毕业考试成绩由原来的 50％减到 40％，以强调教师在课堂上对学生的评价，为三种评价范式间的平衡提供了现实依托。[②]

二、新课程改革的国内实践

1997 年 9 月，教育部基础教育司在烟台的素质教育会议上，提出了"建立和完善以全面提高学生素质为目标"的课程体系。1999 年 6 月《中共中央国务院关于深化教育改革，全面推进素质教育的决定》（中发〔1999〕9 号）提出要"调整和改革课程体系、结构、内容，建立新的基础教育课程体系"，第八次基础教育课程改革（通常称为新课改）正式启动。其后召开的第三次全国教育工作会议和国务院批准的教育部《面向 21 世纪教育振兴行动计划》，进一步提出了改革现有基础教育课程体系，研制和构建面向新世纪的基础教育课程教材体系的任务。2000 年 1 月至 6 月通过申报、评审，成立了各学科课程标准研制组。2001 年 7 月，国务院通过《基础教育课程改革纲要（试行）》，涉及培养目标变化、课程结构改革、国家课程标准制定、课程实施与教学改革、教科书改革、课程资源开发、评价体系完善和师资培训以及保障支撑系统等，是一项由课程改革牵动整个基础教育的全面改革。

（一）基础教育课程改革的价值取向与具体目标的确立

新课程改革的主要任务是更新观念、转变方式、重建制度，即更新教与学的观念，转变教与学的方式，重建学校管理与教育评价制度。具体地说，新课程充分体现了"以学生发展为本"的原则：从课程目标上看，新课程强调积极主动的学习态度，以及正确价值观的形成；从课程结构上

---

① 陈晓端：《当代英国中小学课程与教学改革探析》，《教育研究》2003 年第 4 期。

② 陈晓端：《加拿大 B.C. 省普通教育课程改革研究》，李忠善：《加拿大教育研究》，陕西师范大学出版社 1994 年版，第 172—173 页。

看,新课程强调改变过于突出学科本位的现状,以适应不同地区和学生发展的需求;从课程内容上看,新课程强调要加强与学生生活以及现代社会和科技发展的联系,关注学生的学习兴趣和经验;从课程实施上看,新课程强调学生的主动参与、乐于探究和勤于动手;从课程评价上看,新课程强调发挥评价促进学生发展的功能。从各门课程的课程标准看,新课程同样也体现了课程整体的育人功能。新课程改革提出了六大具体目标:第一,改变课程过于注重知识传授的倾向,强调形成积极主动的学习态度,使获得基础知识与基本技能的过程同时成为学会学习和形成正确价值观的过程。第二,改变课程结构过于强调学科本位、科目过多和缺乏整合的现状,整体设置九年一贯的课程门类和课时比例,并设置综合课程,以适应不同地区和学生发展的需求,体现课程结构的均衡性、综合性和选择性。第三,改变课程内容"难、繁、偏、旧"和过于注重书本知识的现状,加强课程内容与学生生活以及现代社会和科技发展的联系,关注学生的学习兴趣和经验,精选终身学习必备的基础知识和技能。第四,改变课程实施过于强调接受学习、死记硬背、机械训练的现状,倡导学生主动参与、乐于探究、勤于动手,培养学生搜集和处理信息的能力、获取新知识的能力、分析和解决问题的能力以及交流与合作的能力。第五,改变课程评价过分强调甄别与选拔的功能,发挥评价促进学生发展、教师提高和改进教学实践的功能。第六,改变课程管理过于集中的状况,实行国家、地方、学校三级课程管理,增强课程对地方、学校及学生的适应性。

（二）基础教育课程结构的重新建构与新课程标准的制定

根据基础教育课程的均衡性、综合性与选择性原则,重建新的课程结构。第一,建立由分科课程、综合课程、综合实践活动课程构成的新课程结构。课程设计的共同原则是:以学生的学习态度、能力培养为主线,精选对终身学习与发展必备的基础知识、基本技能,努力体现教育内容的现代化,以及与社会经济、学生生活的联系,强调实践与探究,同时提供广博的科学知识背景。第二,关于必修课与选修课。选修课的开设主要基于学生的兴趣与需要,占用地方、校本课程时间。高中选修课的多样性和高质量是改革的重点,目的是使课程具有多样性和选择性。第三,加强普通教育与职业技术教育的联系。在农村初中推行通过"绿色证书"教育及其他职业技术的培训让学生获得双证的模式,城市中学也要开设适合的职业技术课程。国家课程标准是国家对基础教育课程的基本规范和质量要求。它是教材编写、教学、评估和考试命题的依据,也是国家管理和评价课程的基础。课程计划规定了课程门类及课时分配,课程标准则是根据课程计划来确定学生预期的学习结果。教材是使学生达到课程标准所规定的质量要求的内容载体,是教师教学与学生学习的主要工具。我国一直沿用教学大纲的形式。教学大纲较多以学科体系为中心来表述本学科要求的知识与技能,教学要求的表述方式比较笼统和单一,往往限于"初步了解""理解""掌握""运用"等抽象描述,对教师具体了解学生应达到什么程度缺乏明确的指导,而知识点的表述方式却十分清楚、具体,占的比例也大。因此,教师更关注知识点学习的效果,忽视过程与方法、情感态度价值观的培养。这次课程改革力图通过制定标准的形式,从知识与技能、过程与方法、情感态度价值观三个维度阐述各门课程的目标。强调每一门课程对学生终身学习与发展的价值,注重学生经验、学科知识和社会发展三方面内容的整合,遵循学生身心发展的规律,突出课程为学生发展服务的理念。2001 年 7 月,教育部公布了《义务教育阶段课程标准(实验稿)》。

(三)基础教育课程改革逐步的实验推广及教学改善

新一轮基础教育课程改革总结了 1993 年以来中小学课程改革的经验与教训,旨在全国建立起一个涵盖学前教育、小学教育、初中教育、普通高中教育的新基础教育课程体系。这一次改革与前面历次改革不同的是,采取"积极进取、稳妥推进、先立后破、先实验后推广"的工作方针,在各省(自治区、直辖市)建立课程改革实验区,积极开展新课程的实验。利用改革实验区分层推进,滚动发展,逐步建立并运行新的基础教育课程体系。2001 年 9 月,20 个学科(小学 7 科、中学 13 科)49 种中小学新课程标准实验教材首次在全国 38 个国家级实验区试用。参加实验的小学校 3300 余所,小学生约 27 万人,初中校 400 余所,初中生约 11 万人。①
2002 年秋季,除上海、西藏外,全国范围内有 530 个省级实验区(以县区
为单位)开始新课程的实验,参加实验的学生数达 870 余万人,约占同年
级学生总数的 18%~20%;2003 年秋季,又有 1070 个县(区)参加新课程
实验。至 2003 年秋季开学,全国共有 1642 个县(区)、3500 万中小学生
(占义务教育阶段学生总人数 18.6%)使用新课程。到 2003 年,已有 147
套、近千册教材通过审查。② 2004 年新课程教科书进入全面推广阶段,全
国起始年级启用新课程的学生人数要求达到同年级学生的 65%~70%。
2005 年秋季,中小学阶段各起始年级都起用新课程教材。③2003 年 3 月,
教育部颁布了《普通高中课程方案(实验)》和语文等 15 个学科课程标准
(实验)。2004 年秋季,《普通高中课程方案(实验)》和各科课程标准(实
验)在广东、山东、宁夏和海南四省(自治区)普通高中起始年级开始实
验。参加实验的学生达 127 万人,约占全国普通高中当年招生人数的
15.5%。④2005 年,普通高中新课程实验已在全国 19 个省、市、自治区启
动。有调查显示,在对新课程与教材的适应方面,问卷调查数据显示,
90% 以上的教师表示能适应新的课程和教材。⑤ 对教材的使用,教师已
经突破了原有的视教材为圣经、原封不动地按照教材来教的做法。有
78% 的教师认为自己能够根据教学的实际情况对教材进行不同程度的
调适,完全按照教材教的人仅占 3.7%。⑥新课程改革要求改变学生的学
习方式,这是新课程改革的核心。调查发现,中学生主要的学习方式依
次为:听教师讲课,与同学讨论交流,自己预习复习,自习和作业,社会调
查,其他。小学生在学习方式上,除了听教师讲课外,动手操作和讨论交
流的机会也逐渐增多。可见,虽然学生学习还是以听教师讲课为主,但
是小组合作学习和社会调查已经成为重要的学习方式。⑦随着新课程改
革的全面进行,中小学在重建教、学、教材、教师与学生的概念,强调学习

---

　　①③　任长松:《新一轮基础教育课程教材改革与探究式学习》,(2008-03-21)[2008-11-
03]http://www.docin.com/p-6796790.html。

　　②④　中华人民共和国教育年鉴(2005-06-09)[2008-10-04]http://www.moe.edu.cn/
edoas/website18/95/info13595.htm.

　　⑤⑥⑦　马云鹏、唐丽芳:《对新课程改革实验状况的调查与思考》,《中小学管理》2004 年
第 1 期,第 12 页。

方式的转变，倡导信息技术在教学过程中的普遍应用方面有了重大的改善。

（四）基础教育课程改革教材建设与发展性课程评价体系

教材是根据一定学科任务，编选和组织具有一定范围和深度的知识技能体系，一般以教科书的形式来具体反映。[①] 基础教育课程改革十余年来，中小学教材建设取得了斐然的成绩。第一，中小学教材管理制度重大改革。2001 年，国务院体改办制定了《关于降低中小学教材价格深化教材管理体制改革的意见》，同时，经报国务院同意，教育部、国家计委、新闻出版署、国家质量监督检验检疫总局等部门先后印发配套的文件，对中小学教材的编写、审定、出版、发行、选用体制等方面做出系列改革，确立中小学教材编写立项核准制度、实行中小学教材两级审定制度、建立中小学教材市场竞争制度、规范中小学教材价格管理制度、执行中小学教材印制质量检查制度、试行中小学教材免费供应与循环使用制度。[②] 第二，出版了全方位立体化的中小学教材系列。《基础教育课程改革纲要（试行）》明确指出："完善基础教育教材管理制度，实现教材的高质量与多样化。"从传统纸介质课本到音像、电子以及基于计算机网络系统的多媒体、多模态的存储和呈现，中小学立体化教材系统蓬勃发展。如截至 2009 年春，共有 84 家出版社开发的新课标教科书通过教育部审定，其中包括六三学制小学 10 个学科 115 套、初中 19 个学科 116 套；五四学制小学 7 个学科 10 套、初中 11 个学科 20 套；普通高中 18 个学科 72 套。[③] 与此同时，以电子视听为主的音像及网络教材、以地方资源为主的乡土教材及校本教材、以民族语言文字为主的多民族教材，均呈现出繁荣发展的趋势。作为课程的一部分，"课程评价是在课程开发过程中通过对课程价值的调查、分析、协商、判断，逐步达成共识，促进课程不断改

---

① 中国大百科全书编辑部：《中国大百科全书·教育卷》，中国大百科全书出版社 1976 年版，第 146 页。

② 吴小鸥：《新课程改革教材建设十年回顾及趋势展望》，《教育科学研究》2012 年第 1 期，第 57—59 页。

③ 同上，第 59 页。

进和发展的反馈调节系统。"①20 世纪 80 年代以后,随着概念重建主义课程理论以及后现代课程理论的出现,"课程评价在课程中已经不再是一个独立的领域,在反思性课程实践过程中,评价就是赋予和了解教与学活动的意义,这一意义是通过人们在小组合作活动中相互协商、达成一致的过程中获得的。"②新课程的价值取向凸显了课程对于人的发展的价值,强调人的个性化生存以及对人的主体生命的终极关怀。以此为基本依据,新课改构建发展性课程评价,包括学生的发展及教师的发展。就学生发展来说,既指促使学生知识、技能的提高,也指促使学生情感、意志、个性和价值观的养成。对教师发展来说,既体现在促使教师的专业提高方面,也指通过课程评价拓展教师的生命意识,促使教师生命质量的提高。③

新一轮基础教育课程改革在特定的时代背景下启动,承载着特定的历史使命。因其深度、广度、难度均与以往的改革有着本质的不同,其复杂性、长期性、艰巨性是不言而喻的。

第三节　发达地区的课程变革的高位发展与创新

宁波位于东海之滨、长江三角洲南翼,是我国首批沿海对外开放城市、计划单列市和副省级城市,也是全国历史文化名城和全国文明城市。宁波历史悠久,7000 年前河姆渡文化发祥于此;文化底蕴深厚,天一阁系我国现存最古老的私人藏书楼;商贸经济繁荣,拥有货物吞吐量居全球第四位的宁波港,先后获得福布斯最佳商业城市、优秀会展城市、中国品牌之都称号。宁波的基础教育发展水平处于全国领先水平,1995 年全市实现"两基",2005 年全市普及从学前三年到高中段的 15 年教育。"十一

---

①　刘志军:《发展性课程评价研究》,2002 年华东师范大学博士后研究工作报告,第 30 页。

②　Shirley Grundy. Curriculum: Product or praxis. Philadelphia: The Falmer Press, 1987:127-128.

③　刘志军:《发展性课程评价研究》,2002 年华东师范大学博士后研究工作报告,第 86 页。

五"期间,宁波教育以"办人民满意教育和发展需要的教育"为中心目标,立足人民群众和经济社会对教育的需求,全力构建以服务地方经济社会发展为中心的服务型教育体系,开始了新的发展历程。"学前三年幼儿入园率达99.2%,98.97%的初中毕业生升入高中阶段学校,普通高考报名录取率在89%以上,高等教育毛入学率达50%,成人教育和社区教育年完成各级各类教育培训293万多人次。2010年,宁波全市教育总投入达164亿元,财政性教育经费支出119亿元。"①2011年,浙江省委常委、宁波市委书记王辉忠提出了宁波教育未来10年的发展目标。"到2015年,在全省率先实现教育现代化,教育竞争力水平居国内同类城市前列。到2020年,率先形成学习型社会,教育发展主要指标达到发达国家平均水平。"②目前,宁波市已初步形成了"人有所教""学有优教""教有所为"的教育发展格局,为促进地方经济社会发展和人的全面发展做出积极贡献。

一、新课程改革在宁波的实施图景

2002年秋季开始,宁波市北仑区与杭州市余杭区、义乌市一起在浙江省率先实施了新一轮基础教育课程改革。宁波作为新课程改革实验区的学校,义务教育课程设置不再按年级分段,而是按照九年一贯整体设置。从2003年9月份开始,宁波市教育局把海曙、江东、江北三个老三区和慈溪市及市直属小学、初中作为省级课程改革实验区开始实验。2004年9月,鄞州区、镇海区、大榭开发区和余姚市、奉化市及宁海、象山两县也开始实验。2006年,浙江省高中学校实施首轮新课程改革,从高一起,实施类似大学的学分制,并且把学科分为必修模块和选修模块。从2012年秋季起,浙江省深化课程改革,宁波市进行第二轮新课改。

(一)构建了以"综合实践活动课程"为特色的开放型课程体系

"综合实践活动课程"被视为新课程改革方案的一大亮点,集中体现了新课程的核心理念和价值追求。近几年来,宁波市从区域到学校都对

---

①② 苏泽庭:《率先实现教育现代化 率先形成学习型社会 宁波教育着眼增强城市竞争力》,《中国教育报》2011年4月10日,第1版。

综合实践活动进行了积极有效的探索，初步构建了以综合实践活动为特色的中小学开放型课程体系。首先，宁波市面向全宁波市中小学生搭建了公益性、实践性活动基地。如"全宁波大市迄今共成立了包括奉化市滕头村学生社会实践基地、宁波都市农业园区、镇海口海防历史纪念馆等在内的 35 家科普教育基地。"[①]有的地区还专门为本区学生开辟了综合实践活动场所。比如江东区教育局在通途小学内成立江东区小学生综合实践活动基地，重点进行劳动与技术教育，安排全区三、四年级学生每学期分期分批到该基地进行两天的集中学习，主要项目有金木工、烹饪、手工、陶艺、园艺、家电常识等。[②]其次，依托社区资源优势开展综合实践活动，如北仑淮河小学 2004 年 9 月建校之初因交通不便、生源不优、师资不够等问题，让家长望而却步。但短短几年，学校依托周边社区的优势资源，从学生特色出发，开发了"阳光城"综合实践活动课程，阳光城里的陶艺吧、车模馆、手工坊、机械室、数码港，让每一个学生在健康而富有活力的氛围里快乐成长，也让学校变成让人刮目相看的好学校。[③]再次，围绕问题多学科探究的综合实践课程。东恩中学"构建 e 时代的网上班级系列活动""校园植物资源调查""关注社区综合调查活动""宁波海上丝绸之路调查"等。效实中学开发了社区科技文化教育活动、社区环境建设活动、行业辅助性活动、志愿者活动、军训、家庭实践活动等。开放的教育是充满生机和活力的教育。宁波教育主动融入长三角，走向全国，面向世界，对外合作与交流规模逐步扩大，层次不断提高，模式也趋于多样化。在宁波开放教育的构建中，开放的课程体系已经初步形成。

（二）形成了"注重个性及能力发展"的多样化校本课程资源

地方教育有没有生命力，有没有竞争力，关键看它有没有别人偷不去、买不来、拆不开、带不走、溜不掉的东西，也就是说，要有自己的特色、

---

①②　沈海驯、李丽:《区域性综合实践活动课程实施问题剖析与对策思考——以宁波地区为例》,《上海教育科研》2009 年第 8 期,第 50 页。

③　严晶晶、闻晓明:《打造学生的幸福教育生活》,《中国教育报》2011 年 3 月 16 日,第 2 版。

自己的比较优势。"特色是'出色'的最大本钱,是打造竞争力的源泉。"[①]每所学校所处地域和社区的环境即课程资源,学校将这些内容以系列化的形式加以安排并使之课程化。如奉化武岭中学坐落在国家 AAAA 级旅游风景区——奉化市溪口镇,该校开发的"旅游风景区学校校本课程"就是充分挖掘了学校所在地的环境优势,使之成为独特的教育资源。鄞州区实验小学开展的"依托信息技术促进小学生自助式学习"活动,研究内容涉及学生生活、社会生活、人与环境的关系、文化与历史、健康与安全等领域,如"保护动物的家园""我们的奥运""我敬仰的古代诗人""大家一起来健身"等。北仑柴桥中学学生在"保护镇海棘螈"的研究性学习中,通过亲历考察、尝试繁殖、参与保护等活动,对镇海棘螈进行了跨生物、地理、化学、数学、艺术等多个学科的探究,提高了将生活探究与学科探究相结合的能力。蔚斗小学通过课堂之外的"活力教育",激发学生兴趣、发掘潜能,仅开设的特色课程就达 33 个,涵盖五大门类。此外,梅山中小学的武术、淮河小学的数码艺术、华山小学的乒乓球、绍成小学的钢琴等校本课程,都让学生有了一技之长。效实中学在"求适"办学理念的引领下,坚持"离生活近,离学生近,离理想近"的"三近"原则,为学生提供符合学生实际、注重学生个性发展和兴趣的丰富多彩的选修课程。2009 年,学校开设了"千古传世红楼梦""数学思维与方法""文化视角论科学""中学生人际关系学""街舞""跆拳道"等 30 门校本选修课程;2010年,学校开设了"科学殿堂的伟人""认识广袤的星空""合唱的艺术""动画的制作"等 34 门校本选修课程;2011 年,学校开设了"社交英语""走进生活中的化学实验""花卉植物的克隆""遇见未知的自己(心理学课程)"等 43 门校本选修课程。[②] 为贯彻落实《浙江省深化普通高中课程改革方案》,促进普通高中多样化和特色化发展,引导学生自主选择、自主学习、自主发展,为普通高中学生健康成长搭建多元化的学习平台和良好的发展空间,达到共育人才目的,镇海中学在 2006 年第一轮课改实施中开设了 51 门校本选修课供学生选学,高中三年修完 28 学分即可。2012 年,选修课增加到 48 学分,学校开出 110 多门选修课,其中 80 多门是新开

① 黄士力:《乘风踏浪立潮头正是扬帆快进时——发展中的宁波教育》,《中小学校长》2009 年第 11 期,第 9 页。

② 翟晋玉:《宁波效实中学:课程属于学生》,《中国教师报》2013 年 1 月 23 日,第 2 版。

课。按要求,选修课分为知识拓展(60 多门,不超过选修课程的 60％)、职业技能(17 门,不低于选修课程的 15％)、兴趣特长和社会实践(两项约 38 门,占选修课程的 30％)四大类。[①] 2013 年,宁波市推出首批普通高中职业技能类选修课程推荐目录,镇海中学与高校共同开发的"广告策划与创意""陶艺""定格动画""漫画""表演入门""管理学"和"组织行为学"等 7 门职业技能类选修课入选,其中,《广告策划与创意》已在高一、高二全面开设,其他 6 门课程已在高一全面开设。[②]

(三)营造了"教师专业发展"的支持性课程环境

支持性环境的营造并不意味着制定一个能够容纳每一个人意见、令每一个人都支持的改革方案。课程改革支持性环境营造的关键在于改变教师的认识与信念,赋予其改革的权力与地位。在深化教师专业队伍建设,推进区域教育优质均衡发展中,2006 年江东教育局与浙江大学教育学院全面合作。2009 年,江东区教育局开始与宁波大学教师教育学院启动"教授到校挂职和品牌学科建设、教育硕士培养、小学科学重点实验室建设"三大合作项目。[③] 为强力打造国际化高素质青年教师队伍,有效推进宁波教育现代化进程,2013 年年初宁波市教育局专门出台了《关于实施中小学(幼儿园)青年教师队伍建设"曙光工程"和"卓越工程"的若干意见》,计划通过外部体制创新与内在驱动力激发,造就规模宏大、素质优良、国际接轨的人才队伍,让广大青年才俊在教育现代化建设中脱颖而出。其中"曙光工程"作为基础性培养工程,面向宁波市中小学(幼儿园)全体 35 周岁以下的青年教师,通过实施五大计划,开展专项培训与培养,并鼓励青年教师提升自身学历水平,帮助每一位青年教师在成长道路上打好基础、起好步,找准目标,快速提升。"卓越工程"作为战略性开发工程,将重点选拔培养 500 名左右青年骨干教师,帮助其逐步形成富

---

① 新华网:《镇海中学开出 110 多门选修课平均每周要上 10 节》,(2012-09-13)又 http://www.zjedu.gov.cn/gb/articles/2012－09－13/news20120913085657.html。

② 《我校 7 门选修课入选宁波市首批普通高中职业技能类选修课程推荐目录》,(2013-06-24)http://www.zhzx.net.cn/News/Topic.asp? T_ID=4711。

③ 《江东区教育局.江东区教育局与宁大教师教育学院合作项目全面启动》,2009-03-13,http://www.nbedu.gov.cn/zwgk/article/show_article.asp? ArticleID=31945。

有个性的教育教学艺术、较强的教科研能力、开阔的国际视野以及较高的创新意识，真正成为实施素质教育、开展课程改革的中坚力量，并从中造就 100 名左右新一代甬城名师，其中若干名在全国范围内具有一定知名度的教育教学专家。① 未来五年，宁波市教育局将推出一系列的措施提升青年教师整体素质，增强我市教育可持续的竞争力。② 在优质教育资源的开发与应用中，宁波以"191 网校"项目为终端展示，从优质教育资源的组织、拍摄、编辑到进入 191 网校进行教学，扎扎实实做好每个环节，仅仅 2010 学年中，就拍摄了 250 余节宁波本地名特优教师的课堂录像或讲座，内容紧贴新课改的重点难点，受到了广大学子的欢迎，实现了"创新网络教学模式"的目标。③ 此外，为了促进教育的均衡发展，2010 年宁波市启动了远程视频教育工程，使教育质量相对较好的学校（效实中学）与相对偏远的学校（慈湖中学）建立合作关系，在两所学校内各自设立远程视频教育服务系统，通过对教师使用技能的培训，效实中学的老师可以通过远程视频教育系统给慈湖中学的学生授课，使更多的学生享受优质课程资源。此外，为切实增强教师培训工作的针对性与实效性，宁波市教育局建有"宁波市教师教育网"，宁波教育学院建有"宁波市教师文献信息服务平台"等公共资源。又在各类教师培训中，突出教师专业素养的提升，如 2013 年 7 月的宁波市农村初中科学骨干教师培训突出"专业"和"实在"两个主题，宁波市中小学教师培训中心围绕课程需要的调研、课程结构的制定、师资的配备，项目团队进行了前期的大量准备和科学论证；培训也务求"实在"，既有高校教师的理论指引，也有一线特级教师、名师的实践带动，通过理论和实践共同提升教师的专业素养。④

---

① 陈全英:《我市强力打造国际化高素质青年教师队伍》,(2013-07-05)http://www.nbjy.net/main/detail.aspx? id=16c34439-b278-4d8b-9829-466c62b4cb44。

② 《转变思路争创特色——2013 年宁波市师训工作联席会议召开》,(2013-07-20)http://www.nbjy.net/main/detail.aspx? id=c74acbc9-e12f-4f6f-9078-b1afa88f311e。

③ 张光明:《以校园数字化建设推进宁波教育信息化的策略与实践》,《中国电化教育》2011 年第 4 期,第 42 页。

④ 徐宪斌:《宁波市农村初中科学骨干教师培训班开始"专业之旅"》,(2013-07-10)http://www.nbjy.net/main/detail.aspx? id=11b674b9-d086-4af1-84ba-d0a0462e1468。

二、宁波市课程改革的问题与挑战

2010 年,宁波市第十一次党代会明确提出"十二五"时期宁波转型发展的战略重点就是"要加快打造国际强港、加快构筑现代都市、加快推进产业升级、加快创建智慧城市、加快建设生态文明、加快提升生活品质"①。从战略目标的实践进度来看,"宁波将于 2016 年推动实现基本建成现代化国际港口城市与提前基本实现现代化两大目标。"②在这一愿景中,"更加重视教育内涵,提升教育质量,推动宁波教育实现由大到强转变。"③为此,在教育现代化实现的背景下,认识到宁波市课程改革中的问题与挑战,以寻求区域性课程改革的高位突破。

(一)如何认识课程对生命的意义,建构课程目标的前瞻性与生长性

课程改革绝不仅仅是课程内容的更新或教科书的变换,更为重要的是基于新知识观的课程观的转变及课程目标重建问题。我们不能将课程中的知识本身看成是目的,也不能将其看作是学生谋求职业准备的手段。从本质上说,课程是生命自我发展与自我实现的动力系统。在学校教育中,课程可以为学生正确理解和把握生存的意义、生命本质、人生目的,提供相应的知识、理论、思想与智慧,课程应该帮助学生更好地认识自己,不断地充实自我、塑造完善的品格,体现个人的价值,帮助学生形成一种内在的精神活力,能够积极向上地追求有意义的幸福人生,以实现自己的真实人生。因此课程改革一直是教育改革的重点。所以"对课程赋予任何固定不变的定位、解释与追求都是僵化的、不具备辩护性的。因而,课程改革不仅是必要的而且是必需的"④。改革是使学校课程不断丰富、完善、合理、适切的根本途径。但课程改革不仅仅是课程内容的更

---

① ② 徐斌、翁逸群、王敏旋、姚伟杰:《从"六个加快"战略看宁波现代化之路》,《宁波通讯》2012 年第 17 期,第 24 页。

③ 黄士力:《乘风踏浪立潮头正是扬帆快进时——发展中的宁波教育》,《中小学校长》2009 年第 11 期,第 10 页。

④ 郝德永:《当代课程改革:方法的局限与症结》,《教育发展研究》2007 年第 6B 期,第 22 页。

新问题,更为重要的是对个体乃至一个时代人的生命品质、立场、实践范式的重塑与转换问题。如果说 21 世纪以前的课程改革具有明显的应时性的话,那么进入 21 世纪后则更多地呈现出前瞻性与生长性的特点。宁波是一个外来人口很多的城市,在建设国际化港口城市的进程中,宁波的课程改革目标只有立足于新旧宁波人生命成长的需求进行构建,也就是说通过课程知识学习必须具有个人意义并与人的需要、发展和生活相联系,只有这样,学生才能运用他所学习的知识不断地自我发展,自我实现,丰富现实人生。

(二)如何构建"必修、选修、免修"的弹性课程结构,优化课程体系的服务性与公平性

近年来,宁波在教育发展中始终坚持以促进公平和公益性为导向,全力构建和谐教育,强力推进教育公平和均衡,努力保证每位公民都能接受基本均衡的基础教育,获得相对均等的教育机会、教育条件和教育过程,并为之作了一系列行之有效的探索。课程作为教育内容的主要载体,宁波市课程体系建构过程中十分注重必修与选修课程弹性设置,但在必修课程中需要注重的是其不仅必须为每一个受教育者提供其作为未来公民必需的基本素养服务,还要为其作为世界人的普世价值服务。而且因为个体兴趣爱好及学科课程特点的差异,免修课程体系建构与必修、选修课程一样重要。目前宁波市有些学校已经在尝试,如效实中学 2010 年为在理科学习方面学有所长、学有所优的学生推出课程免修制度是值得推广的课改经验,学校将课程选择的主动权交给学生,让学生在图书馆、实验室自主学习,只在必要时为学生提供支持和指导。如何根据学校和学生的特点构建"必修、选修、免修"的弹性课程体系,是有效体现课程的公平性与公益性的重要问题。

(三)如何在有效、合理利用本土及外来教育性资源,实现课程资源的恰切性与共享性

就存在状态而言,课程主要表现为系列化的教育性资源,课程的研制就是对教育性资源的选择。因而,对教育性资源的重构与调整成为课程改革的核心内容。选择更多的、先进的教育性资源,一直是学校课程

研制的重要原则与根本追求。由于教育性资源的拓展没有止境、没有限度,而课程不可能无限制地扩张而不去掉过时的、不合适的内容,这就意味着学校课程必须永远面对"什么知识最有价值"这一基本的问题。所以为了避免课程"滚雪球式"的激增,课程内容的恰切性是值得关注的,并不断地通过改革的方式与途径进行重构、重组,以实现恰切性的存在状态。"浩瀚的文化资源使得教什么的问题变得如此棘手,的确,这就是为什么内容选择成了首要问题的原因。对于'应当教什么'的问题,我们特别难以给予精确回答,因为可选择用来作为学科材料的资源库如此之大,以至于没有人能够奢望教授或学习其中的全部内容。"[①]宁波市因其特定的历史文化和区域经济,有着丰富的教育性资源。从历史发展来看,河姆渡文化、浙东文化是宁波课程资源的坚实基础,宁波帮文化、藏书文化是宁波课程资源的别样特色,港口文化与海外文化是宁波课程资源的积极拓展,但目前以此为平台的立体化区域课程资源建设尚未有效构建。目前,宁波市很多学校开设的校本课程资源丰富,而现有的区域课程多为散发、零碎课程资源状态,各校之间的课程资源共享性较弱。

(四)如何加快课程实施环节规范与精品进程,确保课程评价的促成性和专业性

宁波基础教育课程在发展中不断锻造着自己的特色,以特色谋求更大的发展。但在课程实施环节存在一定的问题,如宁波市有诸如科普教育馆、历史纪念馆、绿色学校等多种形式的学生活动基地,一些学校对活动基地的使用仅仅停留于"表浅化"的参观和了解层面,没有使之成为探究性学习的素材,没能将其教育价值发挥到极致。有一项对慈溪4所中小学的674名学生调查的结果显示,"喜欢《综合实践活动》的只有72人,占10.68%。许多学生不知道有这些课,搞不清这是什么课。许多学生还误把《综合实践活动》课,看成是当地教育局统一组织的为期两天的'实践基地'训练。《综合实践活动》课要求的探究学习方式教学,实际上也很少有人真正实施。"[②]这就反映了综合实践活动在实施中因为学校对

---

① 阿伦·C.奥恩斯坦等:《当代课程问题》,余强译,浙江教育出版社2004年版,第64页。

② http://news.cnnb.com.cn/system/2009/03/28/006047416.shtml。

其课程本质理解的偏差而走样。因而,课程改革迫切需要将促进性环节作为课程实施的重要程序,加快课程实施环节规范化与精品化进程。同时,在课程改革过程中,失衡现象与问题主要表现为课程来源各个要素之间呈现对立与排斥状态,并从中做抛弃性选择,从而造成课程的某些使命与功能被消解。课程评价是一个复杂的过程,不仅包括对课程方案、课程标准、教材的评价,而且包括对课程方案的实施效果。其中,对课程方案的评价,包括对课程结构、课程设置及课时配比、课时总量及其安排等评价;对课程标准的评价,包括对课程标准的总纲和分科课程标准的评价。① 为此,课程评价作为专业性活动,不是一两次听课或问卷就可以完成的,必须在专业的引领下确保课程评价的促成性和有效性,实质性地解决教师担负课程改革能力能否促进学生发展的问题。

三、宁波市中小学课程的未来建构

当前和今后一个时期,宁波处于加快转变经济发展方式、全面建设小康社会的关键时期,经济社会发展对教育事业发展提出了新的更高的要求。加快打造国际强港、加快构筑现代都市、加快推进产业升级、加快创建智慧城市、加快建设生态文明、加快提升生活品质,迫切需要教育在人才支撑、知识服务上做出更大贡献,迫切需要教育在科技引领、创新驱动上提供新的要素保障,迫切需要教育在不断满足城乡人民群众多层次多样化的需求、促进社会和谐上有所作为。课程改革作为宁波教育改革的核心,其未来发展的趋势主要集中在以下几个方面。

(一)以培育世界公民为目标的宁波课程结构优化

全球化是当今世界的发展进程和趋势,人类已经进入包括经济、教育、文化以及政治等多个维度的加速融合阶段。1981年联合国教科文组织委员会编写了《国际理解教育指引》,对世界公民教育的目标进行了明确界定,认为世界公民教育的主要目标是:"培养和平处事的人;培养具有人权意识的人;培养认识自己国家和具有国民自觉意识的人;理解并

---

① 于洪卿:《关于上海中小学课程评价的实证化倾向》,《上海教育科研》1999年第3期。

增进其他国家、其他民族及其文化;认识国际相互依存关系与全球共同存在的问题,形成全世界的连带意识;养成具有国际协调、国际合作的态度并能实践。"①在世界公民教育的开展过程中,可以发现实施世界公民教育的主要途径就是借助于课程。各个国家和地区都把世界公民教育与世界公民的培养纳入到各级教育课程体系之中。钟启泉在《课程设计基础》中将世界公民教育作为课程设计的一个重要考量。从战略目标的实践进度来看,"宁波将于2016年推动实现基本建成现代化国际港口城市与提前基本实现现代化两大目标。"②世界公民将成为宁波未来市民新的身份。为此,宁波未来课程改革中,需要秉持"世界公民"的生存理念观,着眼于"世界公民人格"的养成与全球"公共价值"意识的化育,进行中小学课程结构的优化。

(二)以创生精品课程为引领的宁波课程多样特色

课程是学校教育的核心,学校的办学特色在很大程度上取决于课程特色的精品化建设,进而为学校特色奠定最重要的基石。课程特色的精品化建设是要求在具体的课堂情境中"创生"出优质、独特而又符合课程要求的课程经验,也就是说教师要在国家课程的实施过程中利用教学方法、教学手段、教学设计等的个性化与优质化将其特色化,其中蕴含着教师专业发展的水平及其反思智慧。在中小学阶段,虽然国家课程的内容选择、编排、呈现方式(教材)等多已既定,但并不意味着国家课程实施的同质化、模式化。课程的特色化实施注重把教学过程之中的思维、发现、探究等认识活动凸显出来,使教学过程更多地成为学生发现问题、提出问题、分析问题、解决问题的过程。课程特色一旦逐渐稳定下来,成为学校长期不断完善、持续开设且师资稳定、受到学生欢迎的优质课程时,就创生出精品课程。高质量的精品课程是学校特色发展的关键和抓手,是学校特色的生命力,其立足点是基于课程对学生的适应性,最终目标都应指向学生的发展,为不同天赋、能力、兴趣以及职业倾向性的学生实现

---

① 刘启红:《全球化时代中学生世界公民意识现状与世界公民教育》,2001年南京师范大学硕士学位论文,第4页。

② 徐斌、翁逸群、王敏旋、姚伟杰:《从"六个加快"战略看宁波现代化之路》,《宁波通讯》2012年第17期,第24页。

个性的最大发展提供可选择性的教育资源。

(三)以注重数字化为依托的宁波课程资源共享

《国家中长期教育改革和发展规划纲要(2010—2020 年)》(以下简称《纲要》)提出:"充分利用优质资源和先进技术,创新运行机制和管理模式,整合现有资源,构建先进、高效、实用的数字化教育基础设施。加快终端设施普及,推进数字化校园建设,实现多种方式接入互联网。"[①]宁波作为全国较早提出"科教兴市"的地市,2011 年,宁波市在全国率先提出制定《宁波市中小学"十二五"数字化校园规划》。根据规划内容,宁波市将建成一个基础网络(宁波市教育城域网)、两个平台(公共应用支撑平台和数据共享平台)、三大应用系统(教育电子政务体系、教育管理体系、教学服务体系)、四大基础数据库(组织机构信息库、教职员工信息库、教育资源信息库、教育专项资料库),全市 830 余所中小学将纳入数字化校园建设范围。[②] 由于宁波下辖各县(市、区)的发展水平与区域特色各有不同,而且并不是所有的中小学都具备研发优质的、系统的、成规模的课程资源的能力,所以宁波市中小学课程开发的重心不在大量拓展各种名目繁多、数量庞大的课程资源,而在充分利用数字化校园构建的各类平台,实现全市课程特色和特色课程的资源共享,从而促进各校充分调整具有结构特色的课程方案,以适应大多数学生的发展需要。

(四)以彰显港口商贸为取向的宁波课程文化选择

任何课程理性的合理运用是与适用的文化环境相结合的。"港口"是宁波最具发展潜力和竞争优势的战略资源。宁波在唐代已是"海上丝绸之路"的起点之一,与扬州、广州并称为中国三大对外贸易港口。宋时宁波又与广州、泉州同时列为对外贸易三大港口重镇,并与日本、新罗及东南亚、欧洲一些国家进行商务往来。16 世纪中叶,随着大航海时代的兴起,宁波成为全球最大的自由贸易港口之一。1994 年宁波正式提出"以港兴市、以市促港"战略。2010 年,宁波市委从宁波的发展基础和特

---

① 《国家中长期教育改革和发展规划纲要(2010—2020 年)》,人民出版社 2010 年版。

② 张光明:《以校园数字化建设推进宁波教育信息化的策略与实践》,《中国电化教育》2011 年第 4 期,第 40 页。

色优势出发,提出了加快打造国际强港、加快构筑现代都市、加快推进产业升级、加快创建智慧城市、加快建设生态文明、加快提升生活品质的总要求。① 如今的宁波港已与世界上 216 个国家和地区的 600 多个港口开通了航线,也是上海中国国际航运中心枢纽港的组成部分和功能区。宁波市课程改革需要依托宁波港口商贸历史文化的优质资源,加强课程文化的实践品格与宁波城市的文化品格之间的融合,激发教师和学生的文化自觉和生命自强。

---

① 王辉忠:《推动宁波现代化建设事业实现新跨越》,《政策瞭望》2011 年第 2 期,第 6 页。

第四章 社会转型期基础教育教学变革与发展研究

当前中国正经历世界历史上前所未有的、迅速变化的转型,中国社会正经历从静止到流动、从单一到多元、从集中到分化、从封闭到开放的巨大转型。社会转型将会对人们的思想观念、生产方式和生活方式等带来全新的变化。基于此,学校教学只有随着社会的转型而变革,才能促进而非阻碍社会转型和发展。传统封闭式的、单调的、传授式的线性教学方式显然不适合正处于大转型之中社会的需求。转型社会必然对学校教学提出新的要求。

第一节 社会转型与基础教育教学变革

改革开放以来,中国经历了并还在经历着从传统社会向现代社会、从工业社会向后工业社会、从封闭性社会向开放性社会的变迁和发展。不同地区发展水平也有所不同,如当前宁波市正处于加快转型升级的关键时期,从政府部门颁布的条令可以看出宁波正在着手推进智慧城市建设。"智慧城市的建设无疑为宁波社会形态的转型提供了必要的助力。智慧城市建设能够加快宁波社会从传统到现代变迁的步伐;智慧城市建设能够改变人的思想价值观念,不断培育出创新型人才;智慧城市建设能够加快宁波从工业社会向后工业社会转型的进程;智慧城市建设能够加快宁波从封闭性社会向开放性社会变迁的进程。"①建设智慧城市是实现社会和城市转型提升的支点和动力,并且离不开对教育的建设和发展。在社会转型期间,教育作为社会的元素必然发生着转变,一方面社会转型对教育直接或间接地提出要求与挑战,毫无疑问,智慧型城市建设需要创新型人才与开放型人才,这就对传统的授受式教学方式提出挑战;另一方面社会转型又为新的教学方式提供硬件、软件的条件和诱导因素。

一、社会转型对学校教学的影响

从根本上而言,智慧型城市就是创新型城市。以创新为根本特征的转型社会必然要求教学具有开放性与动态性,能够激发学生的好奇心与学习动机,促进学生积极建构知识,拓展学生思维的丰富性与深度性,能够充分发展学生的个性潜能,实现个人品性与社会责任的有机融合。社会转型对学校教学方式的影响主要体现在以下几方面。

(一)社会转型推动教学观的革新

传统的教学方式以教师的教授为主,课堂变成了教师的"一言堂",教师成为课堂这个舞台的"主角"。课堂教学类似于教师在课堂上发表公告、演讲,学生所需要做的就是在下面倾听,很难有机会在课堂上发表自己的看法,阐述自己的疑惑。保罗·弗莱雷在他的著作《被压迫者教育学》中就对这种传统的灌输式教学的基本面貌进行了生动描绘:"教师教,学生被教;教师无所不知,学生一无所知;教师思考,学生被考虑;教师讲,学生听;教师制订纪律,学生遵守纪律;教师做出选择并将选择强加于学生,学生唯命是从;教师做出行动,学生则幻想通过教师的行动;教师选择学习内容,学生适应学习内容;教师把自己作为学生自由的对立面而建立起来的专业权威与知识权威混为一谈;教师是学习过程的主体,而学生只纯粹是客体。"②当前的教学方式明显存在弊端,教师几乎主导一切,学生很难形成自己的独特见解,同时批判和质疑的权利和精神

---

① 刘华安:《智慧城市建设,引领宁波社会转型发展》,http://www.cnnb.com.cn。
② [巴西]保罗·弗莱雷:《被压迫者教育学》,顾建新等译,华东师范大学出版社2001年版,第25—26页。

也被扼杀,严重束缚学生个性的发展。

创新型人才与开放型人才的培养需要改变传统的灌输式教学方式,需要尊重学生的不同观点,教学不应是一个授受的过程,而应成为一个对话与探究的过程。在教学过程中,教师需要认真倾听学生的观点,特别是在学生不同观点的基础之上,不断反思自己的见解和前见,意识到自己见解的视域性和有限性,需要在与学生的对话中,通过视域融合,不断形成新的理解。教师需要给予学生充分的自由去探究、体验未知的世界,不应总是越俎代庖,师生之间应该平等地共同探究真理,交流人生体验。

(二)社会转型推动学生观的革新

传统的教学观把学生看成是一个待加工、被塑造的对象,认为儿童的心灵是没有任何东西的白板,可以任由教师选择不同的教学方式对其进行填充、涂写、改造,忽视了学生是具有独特个性的个体。传统的学校教学方式使学生缺失应有的学习过程——存疑、选择、批判、探索、想象、创造等,抑制了学生学习的主动性、积极性,剥夺了学生的主体地位,事实上忽视了学生作为人最需要发展的情感、价值和潜能的挖掘。学生情感的发展是促进学生认知发展的有效途径,缺乏情感的教学方式不可能培养出具有整体生命意义的人。同时过于强调知识传授的教学方式不利于学生创造能力、操作能力、表达能力、独立思维和解决问题能力、合作意识、组织管理能力的锻炼和提高,导致学生狭隘的视野和狭窄的知识观,并且脱离实践,从而忽视了对学生各自表现力和潜在力的多样性的尊重,导致学生整体素质培养上的片面性和强制性,阻碍了学生个性的发展。

创新型人才与开放型人才的培养需要关注学生个性的要求。学生是富有个性,需要平等、民主对待的个体,而不是一味灌输的对象。社会转型期间对"人"这一个体的尊重,要求教学方式要尊重学生的人格,人格需求是学生的本能。遵循学生个性发展的规律是实施素质教育和建立正确教育目标的有效途径。由于社会飞速发展,一方面,学生易于接受新鲜的事物,可能会异于传统的行为习惯;另一方面,学生把不同的背景、文化和社区资源带到学校,这些差异影响着学生的课堂学习方式。

而教学方式应该适应这种差异,以善意的引导为主。社会转型要求课堂教学建立在尊重学生个性的多样性与复杂性的基础之上,认为每个学生的充分发展是课堂教学的首要任务。

(三)社会转型推动师生关系的转变

传统的教学观认为师生角色是二元对立的,即教师权威身份化。所谓身份化的教师权威是指权威与教师的身份不可分割,这样的一种权威身份是固定不变的,而且仅赋予教师一方。教师权威身份化意味着在课堂教学中,教师永远是权威的一方,永远是正确的一方,永远是有特权的一方。教师角色具有两大功能:一是灌输;二是管理。教师把自己对教材的理解,作为客观真理强加给学生,不管是通过讲授的方式,抑或是交流的方式。如果学生的回应或反应超出了教师的期望,教师就发挥其管理角色的功能,使学生回到教师所预设的轨道上。用福柯的话来说,教师充当了监督者的角色。福柯指出:"监督的作用就是去发现一个人是否称职,去评定他、处罚他。通过监督,人们可以对个体的行为做出区分和评判,其中夹杂了权力的因素。"[①]教师总是希望学生遵守并且按照学校的规章制度行事。教师总是期望在维持某种秩序,而不是增进新的理解,教学成为一个线性过程。

一方面,社会转型要求转变这种二元对立的师生关系,构建一种动态的平等的师生关系。"教师作为平等者中的首席,教师的作用没有被抛弃;而是得以重新构建,从外在于学生情境转化为与这一情境共存。权威也转入情境之中。"[②]关系化的教师权威是指权威是在教学过程中逐渐形成的,权威与身份地位无关,而且师生的身份是可以互换的。教师并不意味着总是权威,权威是动态的。实际上,在某些情况下,学生也可以成为教师的权威。当然这种承认和认可是需要经过理性思考的,而不是通过霸权或武力强加的。教师在教但同时也在学,学生在学但同时也

---

① Foucault, M. Discipline and punish: The birth of the prison. (A. Sheridan, Trans.). New York: Vintage Books,1995:184-185. 转引自希尔兹,马克・爱德华兹著:《学会对话:校长和教师的行动指南》,文彬译,教育科学出版社 2009 年版,第 111 页。

② [美]小威廉姆・E.多尔:《后现代课程观》,王红宇译,教育科学出版社 2000 年版,第 238 页。

在教,师生双方都敞开自己,这样师生双方都能从教学中获益。所以教师不能仅仅因为制度上的教师角色就永远以权威自居,教师需要认识到真正的权威是需要学生认可的,而不仅仅依赖特定制度的赋予。而且,学生也不应该盲目地接受教师的权威地位,任何教师的见解都需要经过自己的理性的检验。

另一方面,教学方式的创新需要课堂管理的革新,传统的、专制的"一言堂式"课堂管理模式不适合创新型教育的需求,而应该采取民主的管理。课堂管理是指为实现预定的教学目标而建立并维持课堂秩序的师生互动过程。民主的课堂管理不是教师的单方面行为,而是师生双方的共同参与、相互作用的过程。在这一过程中,教师的行为是决定学生行为的一个重要因素,学生的行为则反作用于教师的管理行为。随着社会的转型发展,人们逐渐认识到学生在教学中应有的地位,教学的目标不再局限于知识的传授,而集中于学生的全面发展。这就促进了课堂管理的民主化,要求教师实行高效、民主的管理。

(四)社会转型为学校教学方式的演进提供物质基础

社会生产力的发展可以为学校教学提供良好的物质基础,从而更有益于学校教学方式的现代化演变。在经济落后的时代,学校教学方式很单一,一块黑板、一支粉笔、一个黑板擦的简陋设备下,教师就组织了教学。社会转型带来的经济发展正好为教学的变革提供了物质条件,可以促进硬件设施的更新,以及教学方式的灵活使用和变革。社会转型将为学校提供充足的教育经费,将会有更多经费投入到教学设施的建设与改进中,特别是信息技术的发展将会带来学校教育的信息化,例如多媒体设备的投资,促进教学方式的多元化。现代化教育教学手段的运用将给我们学校教学增添新的亮点,如多媒体课件教学,情景体验式教学,教学软件的应用等,这将让学生的体验更加直观、更加丰富,大大提高了教学效果和效率。多媒体以及其他现代教育教学手段所特有的视听效果,能够向学生展现逼真的画面,同时还有声音的配合,给学生创造一个立体的教学情境,激发和深化了学生的情感体验。

二、学校教学方式变革价值取向

学校教学方式的变革是社会转型时期教学改革的核心任务,也是推进素质教育深入实施的关键。教学方式的变革离不开正确的价值引导，基于智慧化城市建设的需求，社会转型期学校教学方式的变革需要以下价值观进行引导。

（一）促进学生的全面发展

创新型人才与开放型人才的培养需要转变传统的以掌握知识为目标的教学评价方式，需要以人的全面发展作为课堂教学的评价目标，传统的"目中无人"的学校教学方式已经不能适应当今社会转型期对学生"人"的地位的重视。而"教育者首先要把学生作为一个人，一个主体的人，一个有情感有智慧的人……一个在生理与心理、智力与非智力、情感与意向诸方面协调发展、具有较高综合素质的人。总之，让他们成为一个完全的相对完善和完美的人，而不是'机器'或者'半个人'"[①]。学校教学方式的变革正符合这样的目标，"使学生发展成为全人，是真正全面发展的人、完善的人，是具有主体性并能够把握自己命运的人，是作为人的人而非作为工具的人，是整全的人而非残缺的人。"[②]教学方式的变革能够减少当今学校教学方式的弊端，教师在课堂上不再对学生一味地灌输知识，而采用一些新的教学方式来与学生交流沟通，这样有助于学生思维能力、创新力、沟通能力等发展。

师生双方应该从生活经验出发来理解知识的意义以及生命的意义。作为精神科学的教育科学不可能以逻辑的形而上学作为自己的基础，只能以个体与群体的具体生活经验为旨归。应该从人的全部身心发展、从人的心灵的内宇宙出发，去发展作为主体的人感受世界、体验生活世界、表达自我意识、理解人类历史，从而追问人是如何获得自己潜能全面伸张的，最终成为"整体的人"。推行素质教育是当前我国教育改革的总目标。中共中央、国务院在《关于深化教育改革，全面推行素质教育》的决定中指出，实施素质教育，就是全面贯彻党的教育方针，以培养学生的创新精神和实践能力为重点，造就"有理想、有道德、有文化、有纪律的德、智、体、美全面发展的社会主义事业的建设者和接班人。全面推行素质

---

①　文辅相：《文化素质教育应确立全人教育理念》，《高等教育研究》2002 年第 1 期。

②　刘宝存：《全人教育思潮的兴起与教育目标的转变》，《比较教育研究》2004 年第 9 期。

教育,实施创新教育是个重要的突破口"①。因此在社会转型的关键期,教学方式的变革要考虑国家的人才培养目标,这就突出了教学方式的价值取向。

（二）促进教师的专业发展

社会转型时代飞速变化,教育环境也随之发生变化,教师不得不面对社会和时代提出的新要求。教学方式变革是课堂教学改革的关键和重点,对教师的专业发展也有价值。教学方式的变革可以使教师更加了解以前教学方式的某些弊端,从而对教学方式做出变革,有助于教师对教学方式的认知。变革所带来的新的教育观念、教学方式有助于教师自身教学理论的提高,并能指导教师的教学实践。同时,变革所提出的新要求、高标准可以督促教师自身的学习,教师在这种情形下不得不转换自己的角色、思维与行为,放低姿态,学习充电。因此教师一方面必须通过学习新知识来经受时代考验,优化自己的教学;另一方面必须摒弃传统的、落后的教学方式,采取适应社会转型、促进学生全面发展的教学方式。教学方式的变革要求教师个体的、内在的专业化提高,从而提高教师从业素质和专业能力,这个动态的过程正是教师的专业发展。

（三）为社会变革提供新动力

社会转型期间,从社会结构到社会行为,从社会体制到社会观念都在发生着变化,也必然要求学校教学适应这种变化,进行全方位、深层次的变革。在社会变革的强大冲击下,学校教学也不断调整,为跟上时代发展的步伐并成为社会发展的动力而不断变革。首先,学校培养的人才服务于社会转型,作为社会各个领域培养人才基地的学校,通过采取创新的人才培养方式,注重受教育者智力、能力和潜能的激发,注重适应能力、创造精神、合作意义的培养,这些人才进入社会后构成了社会变革的强大动力。其次,学校教学方式的变革与社会变革相互促进,学校教学方式进行变革,从而更多地为创造未来社会做贡献,而社会的飞速发展又对学校教学提出了深层次发展的要求,这正是一种相互的动力体制。

_____

① 李年终:《关于课堂教学民主性的思考》,《广西社会科学》2002 年第 2 期。

第二节　社会转型期基础教育教学方式的特征与样态

　　智慧型城市需要创新型人才与开放型人才,新型人才的培养必须对传统的教学方式进行革新。这就要求教学方式一方面必须尊重学生的主体作用,让学生积极主动地参与到教学与学习中;另一方面又需要充分利用现代教学技术的优势,改进、丰富和优化教学方式,使教学变得生动、直观,提高教学的实效性,从而实现教学方式的多样化,并在多样化基础上进行优化综合,使教学方式发挥整体功效,以便达到最优化的教学效果。创新型人才与开放型人才的培养需要转变传统线性教学模式,需要构建一种非线性教学模式。"线性模式与非线性模式的不同之处在于:线性的模式属于预先设置的测定方法和受控制的均衡性,而非线性模式出现于对话的互动中。非线性模式并非一条线,而是一个矩阵或范围或网络。在线性的模式中,刺激(问题)和反应(答案)都是预先被设置好的。学习者的活动就是'猜那个正确的答案',以及事先收集教师想要的东西。在非线性的模式中,教师'种下一枚种子'(该说法既适用于农业也适用于混沌数学),这枚种子包含丰富的疑问或可能的解释、分析、步骤。从学生给出的各种各样的反应中,教师选择一些来进行更深入的探索(课程设置就此开始进行或出现),且鼓励学生探讨所给出的各种反应。一段时间后(在这个对话过程模式中,发展的时间是极为重要的),一个关系的矩阵、范围、网络就发展起来了。在多层次的学习领域或范围内,各种各样的视角以及互相联系的关系开始出现了。在一起共同学习的时候,一个学生或多个学生很可能会去钻研一个主题的某个特别方面,通过相互交流,学生开始把他们研究的方面与别人的联系起来。在这种方式下,一个整体的形象就出现了。线性模式经常与还原主义的方法论联系在一起,而非线性模式则与整体的、矩阵的方法论联系在一起。"①

---

　　①　Doll,W.,Fleener,M. J.,Trueit,D. & St. Julien,J. Chaos,complexity,curriculum,and culture. New York:Lang,2005:132-135.

一、社会转型期学校教学方式的特征

社会转型要求转变传统线性教学方式，而采纳一种非线性教学方式，具有开放性、平等性、合作性、叙述性等特征。

(一)开放性

线性教学方式下的学生在课堂上学到的通常是在封闭的、静态的体系中的孤立的、原子式的知识。非线性教学展示的则是一个完全不同的画面，它提供了一个开放的体系。在该体系中，相互联系的知识和学生对知识的理解是通过学生思维结构与课程结构的互动而被不断建立起来。通过不断思考和对话互动，学生们带着新的理解回到最初的疑问。结果，新的联系就被建立起来。用这种方法，虽然教学和学习的过程仍然是系统的，但却是建立在新的层次上的系统，即这个系统不是预先设置的，而是建立于一个不断运行的过程之中。在这个过程中，学生与文本、教师与文本、学生与教师、学生与学生之间的多层次联系不断地转变，不断地产生新结构。在课程、教学单元或者备课计划的设计阶段，应该有足够的问题意识嵌于这种非线性设计之中，目标应该有适度模糊性，学生将被激励去推测和思考。在教学阶段，教师应当不仅仅倾听学生的推测，而且也要倾听他们所融入其中的情境。

(二)平等性

传统的线性教学方式是以教师为主体，在教学过程中，教师对学生进行指导性学习并且把握教学进度，教师侧重的是对学生传授系统的知识，实行的是"填鸭式"教学方式。而社会转型要求转变传统的教学方式，将学生变为主体，增强学生的主体精神和意识。这就要求教师走到学生之中，帮助引导学生学习。新的教学方式不仅要求生生平等，更重要的是师生平等。教学在本质上将成为师生之间、生生之间的对话与交流过程。教学过程不只是传授知识的过程，更重要的是通过师生之间、生生之间的对话，取得心灵的沟通，实现双方主体性建构与发展。师生关系应以民主平等为基本原则，从而达到爱心与教育责任感的有机统一。教育应成为一种民主的生活方式，尊重学生的主体地位，让学生得以生动、活泼、自由地发展。师生之间不是命令与服从的关系,而应该是平等的"你—我"关系,双方互相尊重、互相信任、真诚交往,共同探求真理、交流人生体验。在教学活动中,除了教师和学生之间的互动,还有学生和学生之间的互动。学生和学生之间的互动,又包括学生个体与学生群体、学生群体与学生群体、学生个体与学生个体等彼此间的互动。总之,教师与学生、学生与学生,彼此之间要相互尊重,展开自由交往和民主对话。

（三）合作性

社会转型期课堂教学不仅仅注重学生个性的培养,同时亦重视学生社会性以及合作品德的养成。在科技高度发展的今天,合作已成为人们相互作用的基本形式之一,成为人类社会赖以生存和发展的重要动力。"合作学习"既不是以往课堂里广泛普及的"集体学习",也不是"班组学习",合作学习中学习的主体是个人。在小组活动中绝不强求"一体化",恰恰相反,它追求的是学生的思考与见解的多样性。学习并不是从同一性中产生,恰恰是蕴藏于差异之中。

从我国教育现状看,学生缺乏合作意识和技能的现象比较普遍。目前的中小学教育过多地强调竞争,而忽视合作。在这种情况下,一个人的成功建立在其他人失败的基础之上,学生们视别人的成功为自己的失败,在这样一种氛围中,学生养成的是一种被扭曲了的竞争意识和与之相对应的利己行为。以往的课堂教学中,交往仅限于师生之间的互动,而忽视了生生之间的互动。社会转型要求教学活动是一种双边和多边的活动,既有教师和学生之间的互动,也有学生和学生之间的互动。同学之间相互交流、相互尊重,既充满温情和友爱,又充满互助和竞赛。同学之间通过提供帮助而满足了自己影响别人的需要,同时,又通过互相关心而满足了归属的需要。每个人都有大量的机会发表自己的观点和看法,也乐意倾听他人的意见。

无论学生知识经验的获得、心智的开启、能力的发展,还是教师课堂教育教学质量的提高,都有赖于课堂活动中信息的有效传递和交流。只有实现了课堂中人与人之间、人与环境之间自由的信息交流,课堂才会迈出僵化和泥淖,从而走向生机。课堂活动不仅仅是一个教学活动过程,而且还是生活与成长过程,是学生人生中一段重要的生命经历,是他们生命中一个有意义的构成部分,它的质量直接影响学生当前及今后多方面的发展。因此,课堂活动对于学生具有个体生命价值,蕴含着巨大的生命活力。只有生命活力在课堂中得到有效挖掘,才能有真正的课堂生活,才能真正实现课堂中人的生长。

(四)叙述性

非线性教学另外一个显著特点是它的叙述性。因为它的文化的、个人的叙述性,非线性教学成为一个高度当地化、情景化的过程。在这个过程中,创造性和想象力都被用来支撑教学策略。学生把他们自己的教学和生活体验带到课堂,共同分享他们的故事。尽管学生所带来的故事是无法预测的,但是,教师与学生之间以及学生与学生之间的互动构成了一个妙趣横生的背景,以供大家讨论和调查。在一个灵活的、相互支持的教室氛围之中,学生变得愿意分享他们的挫折和失败,也唯有如此,才能共同找到解决问题的办法。

二、社会转型期学校教学新方式样态

传统线性教学方式一方面是以知识的传授为核心,把学生看成是接纳知识的容器,虽然强调了教学过程的阶段性,但却是以学生被动地接受知识为前提的,没有突出学生的实践能力和创新精神的培养,没有突出学生学习的主体性、主动性和独立性,最终导致学生依赖性强,缺乏独立思考能力,没有创造力,过于依赖老师,依赖标准答案;另一方面,由于仅仅关注知识的学习而忽视了人的品性以及责任的培养,忽视了人的全面发展。转型社会要求教学具有开放性、动态性与创新性,能激发学生的好奇心与学习动机,促进学生积极地建构知识,拓展学生思维的丰富性与深度性,能够充分发展学生的个性潜能。我国基础教育课程改革纲要(试行)中明确指出:改变课程实施中过于强调接受学习,死记硬背、机械训练的现状,应倡导学生主动参与,乐于探究,勤于动手,培养学生搜集和处理信息的能力,获取新知识的能力,分析和解决问题的能力以及交流与合作的能力。这与非线性教学的精神是一致的。具体而言,非线性教学具有如下样态。

（一）教化性教学

社会转型期学校教学既要注重学生个人品性的形成，又要注重学生的社会责任，从根本上讲，这种教学具有教化性。教化被视为一种通过教育而自我形成的过程，创造性的自我活动成为教化的核心形式。教化不同于一般培养或教育，"教化"这一概念具有悠久的历史，它最初是指某种外在形态的完美，并且一般是指自然生成的形式，具有自然造就的意蕴；后来教化的发展则与人的修养密切相关，被视为人类发展自己的天赋和能力的特有方式；随着时代的变化，教化概念逐渐呈现出与修养概念的差别，意指某种更高级和更内在的东西，"教化没有自身之外的目的……教化概念超出了对天赋的自然素质单纯培养的概念，尽管它是从这样的概念推导出来的"①。一般的教育或培养只是发展人类自己本身的自然素质和能力的特定方式，而教化主要指一种自己存在或品性的获得。一般的教育或培养仅仅是一种单纯的手段，本身不是目的，而教化在自身之外没有目的，它本身就是目的。教化不仅塑造了一种超出本能的个别性状态，而且使得个体超出了他的原始的、本能的状态，获得了极其深刻的精神性转变，获得一种具有普遍性意义的存在。教化的本质特征就在于使人脱离人的本能状态，而向精神性或道德性的存在状态提升。美国课程论学者韦斯特伯里（Ian Westbury）明确指出这种自我形成从根本上讲是一种精神形成，"教化最好被翻译为'形成'，一方面暗示个性形成一个整体的过程，另一方面也暗示了这种形成的结果，而这种特定的'形成'，只能由那个人表征。'精神形成'这一观点中的形成完美地体现了这种德育的意蕴。"②个体性并非先天给予的，而是一种需要养成的精神。

教化性教学所主张的自我形成并非是完全开放的，而是与个体的社会责任以及公民身份融为一体的。从一开始，教化通过将受尊重性与市民身份融合在一起，作为毫无疑义的美德，使开放性受到限制。克拉夫基则认为教化不仅仅是一种自我教育，更是一种包含着责任与理智的自

---

①　［德］伽达默尔：《真理与方法》，洪汉鼎译，上海译文出版社 2004 年版，第 13 页。

②　Westbury, Ian. Teaching as reflective practice: What might didaktik teach curriculum? In: Westbury, I., Hopmann, S. & Riquarts, K. (eds.). Teaching as a reflective practice: The German didaktik tradition. Mahwah, NJ: Lawrence Erlbaum, 2000:15-39.

我教育,"教化的主要成分包括:自我教育、自由、解放、自主、责任、理智与独立。"①因此,教化不仅涉及人与自身的关系,也涉及主体与世界的关系。总之,教化让主体性与社会重建成为可能。

(二)对话教学

21世纪初,为了培养适应社会转型所需求的新型人才,我国进行了一场规模宏大的课程改革。与此同时,"对话教学"作为一种与之相适应的教学方式也走向中国,引起了教学目的、教学伦理、教学方式和教学思维上的空前革命。"对话教学"指的是以对话为基本特征的一种教学方式,是突破传统教学中的"灌输式"和"独白式"而提出的,它注重合作与探究,呼唤人类合作精神的回归,主张实行多元化的评价体系。对话教学反映了新课程对教学的要求,是一种崭新的教学方式。同时,智慧型城市建设需要将传统的灌输式教学转变为对话式教学。

我们传统教学中以"尊师重道"为准则,尊重教师的确是一种美德,但由于教学过程中教师地位的高高在上一定程度上限制了学生的发展,从而形成了教学上的绝对权威。长此以往,学生就缺乏自信心,服从权威,缺少质疑的精神,这都不利于学生创新意识的培养。在当今的社会变革下,教师应该转变观念,逐步从绝对权威向学习伙伴转化,教师应成为学生学习过程中的合作者,引导者和参与者。教学过程是师生交往,共同发展的过程。学生不应该盲目地接受教师的权威地位,任何教师的见解都需要经过自己理性的检验。

美国伊利诺斯大学教育学者博布勒斯(Burbules,N.C.)从对话与知识的关系及其对待对话伙伴的态度这两个维度对对话类型进行区分,他认为至少可以分为四种类型:"即谈话型(conversation)对话、探究型(inquiry)对话、辩论型(debate)对话和指导型(instruction)对话"。② 首先,

---

① Klafki, Wolfgang. The significance of classical theories of *Bildung* for a contemporary concept of allgemeinbildung. In: Westbury, I., Hopmann, S. & Riquarts, K. (eds.). Teaching as a reflective practice: The German didaktik tradition. Mahwah, NJ: Lawrence Erlbaum: 2000: 85-107.

② Burbules, N. C. Dialogue in teaching: Theory and practice. New York and London: Teachers College, Columbia University, 1993: 112.

从对话与知识的关系方面进行区分,可以分为向心型对话和离心型对话。所谓向心型对话是指:"至少从原则上讲,对话者的不同立场都能够消解在一个合意中,获得一个正确的答案中。"①所谓离心型对话主要是由巴赫金(Bakhtin)在他有关"复调"的观点中提出。在巴赫金看来,对话必须是离心型的,即对话中的每一个主张都具有多元性。其次,从对待对话中的对话伙伴的不同态度上进行区分,可以分为包容型对话和批判型对话。所谓包容型对话是指:"仅凭对话伙伴认可某一主张,就至少暂时承认对话伙伴所说的话似乎存在合理性。"②与包容型对话相比较,持批判型态度的对话者"更加怀疑和质疑对话伙伴的主张"③。博布勒斯所主张的对话类型具体如表 4-1。④

表 4-1　对话类型

对话类型	与知识的关系	对待对话伙伴的态度
指导型	向心型	批判型
探究型	向心型	包容型
辩论型	离心型	批判型
谈话型	离心型	包容型

在博布勒斯看来,这四种对话类型各有优缺点,很难抽象地评判哪一种较好,哪一种较差。对话者只有根据具体的情境、具体的主题以及对话者相互之间的关系来选择一种合适的类型。

(三)探究教学

社会转型要求教师应注重探究性教学。探究性教学,是指教师不把现成结论告诉学生,而是学生自己在教师指导下自主地发现问题而获得结论的过程。当教师注重探究学习模式的时候,他们首要的任务就是给学生各种形式的问题,将原先的学习过程转化为探索过程,即:提出问题、分析问题、解决问题的过程,另外,教师可引导学生有效地利用学习

---

① Burbules,N. C. Dialogue in teaching:Theory and practice. New York and London:Teachers College,Columbia University,1993:110.

②③④　同上,111.

资源,针对每个学生的学习特点以及个性去选择不同的学习内容和活动,使学生的学习富有个性,进而提高他们的学习效率。在教学过程中,教师要抓住时机,给学生点拨引导,使学生在"问题解决"的过程中,获得知识,发展能力。

教师把自己的意见强加给学生的做法是傲慢的、天真的和愚蠢的,教师应该采用不同的方法,给学生自由,鼓励并指导他们培养自己的经验。教师应该允许并鼓励学生与正在学习的课程进行游戏。通过游戏,用杜威的话说,学生们就探究了这些课程,了解了课程的构成。对于这些探究活动,教师要引导学生亲历探究过程,给学生自主活动提供机会和空间。不要越俎代庖,代为探究,更不要以"讲授探究"代替"亲历探究"。当然,探究学习强调学生的自主性,但并不忽视教师的指导,应该特别强调教师适时的、必要的、谨慎的、有效的指导。以追求真正从探究中有所收获,包括增进对世界的认识和学生探究素质的不断提升,从而使学生的探究实践不断提高和完善。

教师不仅要创设问题情境,巧设问题和悬念,还要满腔热情地鼓励学生提问题。要知道,提出一个问题往往比解决一个问题更可贵。教师对学生的各种问题都要有针对性地予以疏导、释疑、解惑。有一些问题可以留给学生自己思考,然后教师再总结。要提倡探索精神,鼓励发现,树立创造意识。对学生提出的问题,不管是否正确,都要给予鼓励,使师生之间产生和谐的情感交流和融洽合作的气氛。实践证明,学生的心情越愉快,思维就越活跃,聪明才智就越能有效发挥,教学效果也就越好。探究教学需要从教师和学生的情感、认知等因素综合考虑,才能实现较好的效果。

（四）体验教学

社会转型要求转变传统机械式的教学方式,而采用一种有意义的教学方式。有意义的教学不会通过把自己的方法和价值观强加给别人而产生。新的教学方式不仅仅关注知识的获得,更注重的是学生对所学知识的认知过程的一种体验,主张学习是学生自己在这个过程中对知识本身的建构,是一种体验式的学习,尝试并体验探索的这个过程。教学要从学生的经验与体验出发,密切知识与生活之间的关系,引导学生不断深入地观察和体验真实的社会生活。我们每一个人都必须通过自己的亲身体验而走向学习。建构学习理论认为,学生以自己的方式来建构事物的意义,不同的人理解事物的角度是不同的,这种不存在统一标准的客观差异性本身就构成了丰富的资源。通过与他人的讨论、互动等形式的合作学习,学生可以超越自己的认识,更加全面深刻地理解事物,看到那些与自己不同的理解,检验与自己相反的观念,学到新东西,改造自己的认知结构,对知识进行重新建构。学生在交互合作学习中不断地对自己的思考过程进行再认知,对各种观念加以组织和改组,这样的学习方式不仅逐渐地提高了学生的建构能力,而且有利于今后的学习和发展。"体验教学强调学生对学校生活以及社会生活的参与,关注学生对学习活动的体验和反省,突出学生的个体性、差异性、独特性和多样性,把学生看作是非常具体的、历史的个人。"[1]体验教学中的体验既是一种活动过程,也是活动的结果。课堂教学过程既是学生的认知过程,又是学生的思维能力发展的过程。

(五)差异教学

基于创新人才培养的新教学方式需要摒弃传统的单一化、公式化的教学模式。在经济全球化的今天,全球范围内都充满着挑战,显然我们传统的教学模式培养出来的千篇一律的人才已经无法适应这个社会了。一个教师往往同时面对几十个甚至上百个学生,同样的教材,一成不变的方法,将所有的学生都按照教师或者学校的目标统一培养,显然是无法培养出真正的创新型人才的。相反,教师应该注重学生的个体差异,扬长避短,培养有智慧、有创造力的一代学生。叶澜教授曾指出:"承认每一个学生都具有自己的独特性,承认他们每个人都是唯一的这一个,相互之间存在差异,这是学生观中'差异性'的主要含义。有了这样的观念,就能注意克服教育中追求完全趋同、整齐划一的弊病。因为每个人不可能都站在同一起跑线上,不可能用同样的速度,沿着同一的途径,达到相同的终点。"[2]尊重学生差异,就需要教师认真研究学生个体,选择合

---

① 靳玉乐:《新课程改革的理念与创新》,人民教育出版社 2003 年版,第 110 页。

② 叶澜:《叶澜自选文集》,广西师范大学出版社 2002 年版,第 12 页。

适策略,让课堂真正成为彰显学生个性的舞台。充分考虑到学生的个体差异性,因材施教,调动各层次学生的学习积极性,激发学生的学习情感和兴趣,让每一位学生都能奋发上进。

(六)多媒体教学与翻转课堂

随着社会的转型,教学手段在不断地改进。"人类进入21世纪,信息技术已经成为信息社会的一种背景文化,成为新世纪公民赖以生存的环境文化。在学校教育中,我们必然要在学科教学中,运用信息技术来检索、收集、分析、处理所学学科的有关资料,促进该学科的教与学。因此,现代化教育手段支持下的教学即多媒体教学,不仅有利于提高教学效率,也有助于提高学生信息素养和文化水平。"[1]所以,在社会转型之后,学校教学中要加强现代教育技术的运用。

20世纪90年代以来在美国逐渐形成的"翻转课堂"可视为信息技术对传统课堂教学的变革,"翻转课堂借助于信息技术实现了对传统课堂教学教师知识传授和学生知识内化在时间和空间上的颠倒,让学生在课堂外观看教师的'教学视频'或'讲座',学生自主选择学习内容和安排学习进度。教师设计开发精简、明晰、个性化的'教学视频'上传网络平台,并提供在线辅导,以满足'能者多劳'从而'多劳多得'。利用网络在线学习不仅便于学情反馈和统计,家长的参与和监督,而且改变了家庭了解和辅导学生学习的被动现状,家长通过观察学生的学习'教学视频'的情况对其进行更深的了解,更好地配合教师采取一定的干预措施提高学生学习效果,促进学生全面发展。"[2]

"翻转课堂"试图颠倒传统课堂的教学结构,以教师设计开发的"教学视频"通过网络平台实现在线导学、辅学,实现知识传授通过信息技术辅助在课外通过观看"教学视频"来完成,知识内化则在课堂时间以师生、生生之间协作方式完成练习或家庭作业的学习任务。在课堂教学中,把课堂作为师生间进行面对面的讨论和作业辅导,学生展示、提问题,师生间共同解决问题的方式进行互动和对话,在课外以"教学视频"

---

① 黄宇星:《信息技术与课程整合策略》,《电化教育研究》2003年第1期。
② 张旸、蒙泽察:《"导学案教学"与"翻转课堂"的价值、限度与共生》,《全球教育展望》2013年第7期。

平台为媒介通过信息网络实现学生与"教学视频"的对话,教师与学生和家长三者之间的互动与对话。从知识传授与互动的课堂空间扩大至网络空间的传授与互动,延伸了课堂教学对话,实现教学对话主体的多极化,扩大了传统意义上"教"与"学"的空间。

第三节　社会转型期基础教育教学方式的实施

为适应社会转型,需要对传统的教学方式进行革新,而当前宁波乃至全国都存在着阻碍新教学方式实施的课堂制度、师生关系、教师的专业发展模式以及更大范围的教育制度和社会文化环境等。当前宁波乃至我国课堂教学的最为重要的目的是为了学生能够在各种类型的考试中获得好成绩,而非培养创新型人才和开放型人才,这就造成了教师或学校打着"为了学生的成绩"的旗号处处维持教师对学生的控制,在课堂教学之中,只要不利于"考试"或"升学"这个共同目的的行为都是被禁止的。这样一种管理取向的制度必定造成师生的二元对立,造成师生关系的紧张与对立,并且造成教师忽视学生的"不同声音",这必将成为智慧型城市所需求的新教学方式实施过程中的障碍。由此可见,新教学方式的实施需要新型的师生关系观、教师专业发展观以及学生观。

一、构建新型师生关系,让课堂成为异质化共同体

社会转型期带来了教学方式的变化、师生关系的变化、课堂观念的变化,如何更好地适应这些变化,需要我们认真思考。

(一)新的教学方式需要一种课堂学习共同体

新教学方式需要师生之间的互惠与相互尊重,这是师生双方在教学过程中首先需要拥有的一种态度和道德情感。如果在课堂中存在着控制关系,那么就会不可避免地限制和阻碍师生之间的交流和理解。如果许多学生的不同声音被压制或被噤声,那么社会转型所要求的新教学方式只能是一个美好的幻想,成为一种理想化的自欺欺人之事。新教学方式需要一种既尊重多元声音又遵守人性化的规范的"道德文化","这是

一种鼓励和支持通情达理的、爱好和平的、真诚的、参与自由的、平等的和相互尊重的文化"。[①] 让这种道德文化的追求成为一个可以公开探讨的话题,能够经常鼓励参与者思考他们的行为是否符合这些标准。对交流过程的反思是一种重要的方法,通过这种方法,一群毫无联系的分离的个体能够开始形成一个共同体。课堂就是师生共同生活的地方,课堂中应该充满友谊与团结,而非对立与疏离。正如伯恩斯坦所说:"如果形成一种公众生活,它能够增强团结、公众自由、愿意言说和倾听、相互辩论、投身于理智的劝说,那么它就预先假定了一种早期的共同体的生活形式。"[②]伯恩斯坦所言的早期共同体就是指古希腊时期的人类共同体,它以团结和友谊为基础。但是当前我们的课堂管理制度人为地制造对立与疏离,这必然导致许多学生的话语权被剥夺,许多学生的真实声音被压制或被排除在外。

　　共同体应该成为未来的学校形式。著名教育学者塞尔乔万尼(Sergiovanni)认为,人们只有把学校视为一个共同体,而不是组织机构,学生的学习生活才能得到根本的转变。日本学者佐藤学也指出,未来的学校应该是一种学习共同体的形式。佐藤学认为课堂就是一个微型社会,有三种基本形态:"第一种形态是对班集体直接性归属意识与对课堂之规范的无意识承认结合而成的原始共同体社会。第二种形态是课堂中权利义务的契约关系与制度性的角色关系所构成的群集性社会。也可以说是以个人自主为前提的市民社会那样的课堂社会。第三种形态是靠语言(知识)与信息(伦理)的共同拥有所产生的社会亲和与知性想像力这一纽带,所结成的自觉化的共同体。"[③]佐藤学指出,在第一种形态的课堂中,每一个儿童埋没于集团之中,其意识与行为具有同化于班级规范并使之均质化的取向。而在第二种形态中,每一个儿童形成着私人的世界,其活动与经验依存于课堂这一制度的目的手段关系与角色关系,共同体的性质被剥夺了。在第三种形态中,每一个儿童在各自自主的个人

---

① Bridges,D. Education, democracy and discussion. New York:University Press of America,1988:21-24.

② Bernstein,R. J. Beyond objectivism and relativism:Science, hermeneutics, and praxis. Philadelphia:University of Pennsylvania Press,1983:226.

③ [日]佐藤学:《课程与教师》,钟启泉译,教育科学出版社 2003 年版,第 143—144 页。

世界中生活,同时也通过同他人的社会亲和,在课堂的共同体世界中生活。

（二）课堂学习共同体是一种异质化共同体

共同体可分为同质化共同体和异质化共同体。同质化的共同体追求团体意见的一致,而那些持异见者或者就范,或者被排除在团体之外。佐藤学所指出的第一种形态的课堂就是一种同质化的共同体,其特点是内部强调划一性,对外强调排他性。"在这种课堂教学中的知识内容及其文化,在课堂之外是不开放的,在课堂内则具有排斥异己、使之同质化的倾向这一特征。"①同质化的共同体追求共同认识和共同文化的形成,虽然主张师生之间的齐心协力和彼此合作,但是由于其对异议的排斥,是很难适应新教学方式所主张的对话的要求。扬认为"这种共同体更重视同一而非不同,更重视直接而非斡旋,更重视同情而非承认从他们的视角理解他人的局限性"②。很显然,同质化的共同体是不适合新教学方式的,但是需要注意的是,同质化的共同体并非是唯一的共同体类型。除此之外,还有一种异质化的共同体概念。"那些导致理解、合作、和解的对话在更广泛的宽容和尊重的联合体中继续维持着不同。所以,我们所需要的不是否认共同体,而是把共同体建立在更加富有弹性的和更少的同质化的假设之上。"③

异质化的共同体能够让背景各异、观念多样的人相互理解,亲密和谐地生活在一起,但并不奢求有共同目的。无论教师还是学生都作为一个完整意义的人来到课堂中,一方面,他们自己独特的观念、习俗、文化、价值观和传统受到尊重;另一方面,他们依靠礼仪和道德维系着共同体的规范,只有这样一种异质化共同体才能使师生之间真正地融合。佐藤学所提出的"学习共同体",从根本上讲就是一种异质化共同体,"'学习共同体'是通过针对'同一性'的格斗而实现的尊重'差异'的共同体,是

---

① ［日］佐藤学:《课程与教师》,钟启泉译,教育科学出版社 2003 年版,第 145 页。

② Young,I. M. Justice and the politics of difference. Princeton,NJ:Princeton University Press,1990:300.

③ Burbules,N. C.,&Rice,S. Dialogue across difference:Continuing the conversation. Harvard Educational Review,1991,61:393-416.

'交响乐般的共同体'。音色、音阶都不同的乐器发挥其差异,和谐地发出音响的表象"。① 异质化的共同体以民主为基石,在充分尊重每个人的个性和自主的前提下,建立起的一种具有亲和性的社会关系。杜威的共同体概念更接近于异质化共同体。杜威指出,共同体不仅仅包含共享和同一,而且还应该宽容视角的丰富性和复杂性,对于那些继续在共同体生活中扮演角色的人来说,个人的充分发展是最伟大的。"杜威拒斥的另外一个可能的误解是这样的信念,即一个共同体必须要展示其同质的以及它的某些批判者赋予它的单色的一致性。他承认,没有高度的共享,一个共同体就不成其为一个共同体。然而,这个共同体同时也应当包含着一个可能的视角的丰富性或复杂性,此丰富性或复杂性能够被容纳,而非得到简单的认同。他相信,共同体的发展不需要'牺牲个体性;其成员自身没有得到发展的共同体将是一个贫乏的共同体'。"②另一位美国学者格林(Green,J. M)也指出了在共同体中应该宽容歧见,他说,人们在共同体中总是不可避免地想去追求团结和一致,这种想法是错误的。在打着追求"合意"的幌子下,有些教师就会试图把自己的观点强加给学生,或者消除不同观点的分歧。人们应该做的是"对那些价值观虽然与我们不同,但是并非绝然敌对的人,抱着一种尊重、虚心倾听和合作的态度"③。这就是一种民主的精神。格林的观点同时也暗示着,对他人的尊重和宽容并不是无限度的。

异质化共同体并不排斥规范。在课堂教学中,有些学生的行为严重干扰了他人的正常学习,或者有些学生的观点违背了明显的道德伦理,教师也不能一味地尊重与宽容,否则就是懦弱。课堂作为一种公众生活的社区,某些课堂规范还是必不可少的。规范与自由并不是彼此排斥、彼此对立的概念。涂尔干(Emile Durkheim)认为,"自由是规定的结果,规范的实践,规定和支配着人的能力,赋予人们权威和力量,这是自由的

---

① [日]佐藤学:《学习的快乐——走向对话》,钟启泉译,教育科学出版社2004年版,第384页。

② 王成兵:《一位真正的美国哲学家:美国学者论杜威》,中国社会科学出版社2007年版,第85页。

③ Green,J. M. Deep democracy:Diversity, community, and transformation. Lanham, MD:Rowman&Littlefield,1999:60.

全部实在"①。但是课堂规范或管理制度的制定不能是学校或教师单方面的强制行为,不能以贬低人性或破坏人性的方式制定,在制定过程中,需要学生的参与,教师或学校需要倾听学生的观点,这样的一种规范应该是师生合作的符合人性的产物。

　　(三)异质化课堂共同体的构建

　　当课堂变为异质化共同体之后,"在教学过程中,推进个人活动与合作活动的统一,寻求个性认识的交流与共享的共同知识的形成。在人际关系上,通过自我探索与社会性联合,寻求主体性与共同体的相互媒介的形成"②。教师是这个共同体中平等的一员,既是教育专家,但同时也是一个学习者。师生之间的交流是一个共同确立的意义,建构一种关系的、文化的和社会的实践。

　　异质化课堂共同体的构建需要开放性的课程设计与民主化的课程管理。开放型的课程能够激发学习者的想象力,能够促使多元声音的产生。波兰哲学家罗曼·英伽登(Roman Ingarden)认为一部好的作品必须经常打破读者的期待水平,让读者感到作品出人意料的变化,这就要求作品中留有许多"未定点",等待读者用其想象力来填充。激发读者的想象,就要靠文本中故意留出的空白。正如伊赛尔(Wolfgang Iser)所说:"就象我们看见山就无法想见山一样,只有眼前没有山的时候,我们才可能在想象中描绘出秀丽或嵯峨的山岭。文本也是这样,我们只能想见文本中没有写的东西;文本写出的部分给我们知识,但只有没有写出的部分才给我们想见事物的机会;的确,没有未定成分,没有文本中的空白,我们就不可能发挥想象。"③同样,如果课程中缺乏"未定点",就不能激发学生的想象,就会只允许存在唯一的"正确"观点,那就没有对话的必要了。正如著名教育学者多尔指出的那样,"就激发对话而言,隐喻比

---

　　①　[法]爱弥儿·涂尔干:《道德教育》,陈光金等译,上海人民出版社 2001 年版,第55 页。

　　②　[日]佐藤学:《课程与教师》,钟启泉译,教育科学出版社 2003 年版,第 145 页。

　　③　Wolfgang Iser. The reading process:A phenomenological approach. In:Jane. P. Tompkins(ed.). Reader-Response-Criticism,Baltimore,1980:58. 转引自张隆溪:《二十世纪西方文论述评》,生活·读书·新知三联书店 1986 年版,第 198 页。

逻辑更有效。隐喻是生产性的:帮助我们看到我们所没有看到的。隐喻是开放性的、启发性的、引发对话的。逻辑是界定性的:帮助我们更清楚地看到我们已经看到的,它旨在结束和排除"①。多尔提出了设计后现代课程的四 R 标准,其中首要的就是"丰富性"。"这个词是课程的深度、意义的层次、多种可能性或多重解释……课程内在的疑问性、干扰性、可能性不仅赋予课程以丰富性,而且带来存在乃至此在的意义。"②封闭型的课程设计只允许一种解读,排除其他的声音。这样,课程设计者的声音或观点将成为唯一正确的观点,这不但限制了学生的解读,而且也限制了教师的解读,导致课堂中只有一种声音。

开放型的课程应加强与学习者的生活以及个人经验的联系。杜威说:"只有当学科不光是作为局外学科提出来,而是从学科同社会生活的关系这一观点提出来时,它才能获得最大的感染力和儿童生活的全部意义。"③而且,设计课程时应该加强不同学科之间的联系。日本学者佐藤学区分了两种类型的课程设计:"一种是以目标、达成、评价为单位的活动单元构成的阶梯形课程。这种课程是一种封闭型课程,学习经验狭隘、划一,评价一元化,适合传递大量的知识和技能的教育。另一种是以主题、探求、表现为单位的登山型课程。"④在这种类型的课程中,首先设定作为教学内容核心的主题,这个教学主题的设定不能由教师或课程设计者一手主导,而是需要学生的积极参与;然后学生用各种各样的方式,展开活动的、合作的、探究的学习,在这个过程中,教师作为"对话的他者"或者"平等者中的首席"与学生展开对话,同时生生之间也可以以小组的形式展开对话;最后学生们相互表现,共同展示学习成果。

开放型的课程设计离不开民主化的课程管理政策。我国的课程管理长期以来具有中央集权制的特征,存在着权力过于集中的状况,突出国家课程在课程体系中的独特地位。《基础教育课程改革纲要(试行)》明确提出了课程管理变革的方向:实行国家、地方和学校三级课程管理……学校在执行国家课程和地方课程的同时,应视当地社会、经济发展

---

① [美]多尔著:《后现代课程观》,王红宇译,教育科学出版社 2000 年版,第 240 页。

② 同上,第 251 页。

③ 褚宏启:《杜威教育思想引论》,湖南教育出版社 1998 年版,第 194 页。

④ [日]佐藤学:《静悄悄的革命》,李季湄译,长春出版社 2003 年版,第 103—104 页。

的具体情况,结合本校的传统和优势、学生的兴趣和需要,开发或选用适合本校的课程。这就是要充分发挥地区、学校在课程管理与开发方面的创造性,特别是鼓励学校在执行国家课程和地方课程的同时,根据当地特色,开发合适的校本课程。

开放型的课程设计与民主化的课程管理都要求重新看待教师的作用,需要把教师的作用置于一种关系的框架中。"教师作为平等者中的首席,教师的作用没有被抛弃;而是得以重新构建,从外在于学生情境转化为与这一情境共存。权威也转入情境之中。"①关系化的教师权威是指权威是在师生交流的过程中逐渐形成的,权威与身份地位无关,而且师生的身份是可以互换的。在教育情境中完全消除权威是不可能的,但是从另一个方面讲,权威并不意味着是一个否定概念,实际上,权威未必是平等的交流关系的一个威胁。我们经常从一个信息灵通的人那里寻求信息,从一位有经验的长者那里寻求建议,从一位了解得更多更好的朋友那里寻求指导,这些都是一些权威的例子。"可靠的、可信赖的权威不能被想当然地认为而是应该被定期仔细检查和重新确立。在特定时刻,这些权威在持续的对话关系中将会以一种未言明的因素发挥作用。问题不是否定权威的存在,而是询问什么样的权威是合理的?"②如果我们完全否定权威的作用与价值,那么学校也就没有存在的必要了,但是这并不意味着教师总是一个可以依靠、可以信赖的权威,绝不意味着作为学生只能盲目地接受教师的见解,而是需要运用我们的理性不断检验和重新确立权威。换言之,教师并不意味着总是权威,权威是动态的,是在持续的交流过程中不断形成的。权威不是现成给予的,权威是需要得到他人的承认和认可的。实际上,在某些情况下,学生也可以成为教师的权威。当然这种承认和认可是需要经过理性思考的,而不是通过霸权或武力强加的。

从另外一个角度来说,教师权威的关系化也意味着教师权威身份化的消解,因为教师身份与权威已经没有必然联系了。所以新教学方式需要一种动态的权威观,教师的角色并不是固定不变的。在教学过程中,

---

① 〔美〕多尔:《后现代课程观》,王红宇译,教育科学出版社2000年版,第238页。

② Burbules, N. C. Dialogue in teaching: Theory and practice. New York and London: Teachers College, Columbia University, 1993:32.

师生的角色是来来回回不断变换的,权威地位不是教师所独享的。教师不能仅仅因为制度上的教师角色就永远以权威自居,教师需要认识到真正的权威是需要学生认可的,而不仅仅依赖特定制度的赋予。权威不是在教学之前就已经存在的,而是在对话过程中逐渐生成的,而且在师生之间不断发生变化。既然权威是在关系中生成的,师生双方都可以互为教师和学生,那么评价权就不应该仅由教师独享,师生双方都有同等权力做出解释、主张、建议和论证,并对话语的有效性规范提出疑问、提供理由或表示反对,任何方式的论证或批评都不应遭到压制。

二、尊重教师的专业自主,让教师成为反思性实践者

教学的情境是动态的、模糊的,没有任何现成的规则或技术可以应用到所有的情境中。仅仅遵循某些所谓的秘诀或者规则是远远不能确保教学成功的,必须进行不断的实践,反思自己的实践经验。把教学视为一种方法就会构成一种危险:把教学变为一种更多策略性的、指导性和更少开放性结局的过程;而且会过分夸大教师在教学中的责任。

(一)作为反思性实践者的教师

倘若把教学仅仅视为一种教学方法或教育手段,那么就很难保证师生能够平等地参与课堂交流,这是因为从根本上讲教师主宰了课堂的话语权,教师决定对话的开始、过程以及结束。教师既不会敞开自己,也不会以一种虚怀若谷的平等心态倾听学生。这就是一种科技理性的思维方式,伽达默尔在《真理与方法》的第二版序言中说:"当科学发展到全面的技术统治,并因而导致'在的遗忘'的'世界黑暗时期'这种尼采曾预言的虚无主义时,难道我们要目送黄昏落日那最后的余晖,而不欣然转身去期望红日重升的第一道朝霞吗?"[①]伽达默尔认为,当今社会科技理性的兴盛使人们失去了自由的心灵和独立的思考能力与判断力。从根本上讲,伽达默尔并非反对科学技术本身,也不反对科学技术的生活作为人类现实生活的一个方面,他所指出的是,必须把这种科学的生活置于理性思考的基础之上,即必须对人类社会行为加以实践理性的反思。但

----

① ［德］伽达默尔著:《真理与方法》,洪汉鼎译,上海译文出版社 2004 年版,第 14 页。

是现实的状况是,科技的迅速发展,使人类越来越依赖于科学技术,依赖于掌握科学技术的权威和专家,淡化甚至失去了独立思考能力。

　　教学不是一种技术行为,它需要教师的自我理解,在课堂教学中,表面上只有教师和学生之间的言语互动,但实际上,教师还需要不断地与文本、情境以及自我进行对话。自从舍恩提出教师作为反思性实践者这一观点之后,反思性实践几乎成了教师专业发展的代名词。这一观点的提出有助于人们深刻理解教育教学行为的本质,深思 RD&D(Research, Development and Dissemination Model)模式等技术理性模式的弊端。事实上,反思性实践并不是一个新概念,杜威在《我们怎样思维》一书中提出了反思性思维的概念:"这种思维乃是对某个问题进行反复的、严肃的、持续不断的深思,并进一步解释为对于任何信念或假设,按其所依据的基础和进一步推导出的结论,对其进行的主动的、持久的和周密的思考。"①而舍恩将杜威的反思性思维的概念进一步发展,将其应用于职业培训当中,并将反思性实践划分为"行动中的反思"和"对行动的反思"。舍恩更强调行动中的反思,强调对个体自身独特情境的深入理解。舍恩将实践工作者对情境的理解视为与情境的反思性对话:"实践工作者特别是借由他与情境对话的能力,创造了一个可理解的、和谐一致的构思。在反思性对话中,实践工作者解决重新框定问题的努力,将会衍生出新的行动中的反思。"②当教师在自己的框架内努力塑造教学情境的同时,他必须随时准备接受情境的回话。教师必须愿意进入新的困惑和不确定感。因此,他必须接纳一种双重视域的观点。他必须按照自己所采纳的观点来行事,但他也必须了解到,他随后随时都可以再把它打破,甚至是必须把它打破,以便让他与情境的互动产生新的意义。所以教学实践不能脱离与情境的对话,教师的"知"和"行"是密不可分的。

　　(二)教师教学实践行为的变革:从技术行为到实践智慧

　　实践智慧的概念来自于亚里士多德。他在《尼各马可伦理学》中曾区分了人类认识事物和表述真理的五种知识形式:理论知识(episteme)、

---

① [美]杜威:《我们怎样思维》,姜文闵译,人民教育出版社 2005 年版,第 11 页。
② [美]舍恩:《反映的实践者》,夏林清译,教育科学出版社 2007 年版,第 114 页。

实践智慧(phronesis)、技术知识(techne)、理论智慧(sophia)和直观理智(nous)。因为认识论太强调理论知识和实践知识的区别,结果最终实践智慧和技术知识被简化为一种:实践知识。技术知识和实践智慧的区别变模糊了。伽达默尔区别了认识论中被模糊的技术知识和实践智慧,实践智慧包含技术知识中所不需要的自我知识。在认识论哲学中,实践智慧经常被简化为一种技术知识,一种详细告诉人们如何去做的知识。实践智慧不同于技术知识,具有三个重要特征:"首先,实践智慧的本质是一种不同于生产或制作的践行,而实践智慧的践行本身就是目的,也就是使人趋善避恶;其次,实践智慧考虑的乃是对人的整个生活有益的事;再次,实践智慧不只是对普遍事物的知识,更重要的是对特殊事物的知识,而且经验在其中起了重要的作用。"①实践智慧追求在具体的情境中去实现最大的善,需要实际生活经验和特殊事物的知识,所以实践智慧又被称为"德性知识(moral knowledge)"。

从本质上讲,教学不是一种简单的技术行为,而是一种反思性实践,需要教师的实践智慧。教师的实践智慧首先具有很强的情境敏感性,指教师在具体的教学情境中的推理、洞察和顿悟,是一种具体情境中的实践理性,并不具有普遍性和客观性,这与那种可以简单应用的技术知识是不同的。施瓦布的教师形象就是一个复杂的和有很高要求的技艺的实践者。教学的技艺的实践要求教师在如下方面具有做出决定和选择的责任:做什么、如何做、和谁一起做以及节奏的快慢等。李·舒尔曼(Shulman,L. S.)指出了教师所需要的五种类型的知识基础,并且列举了教师知识基础的四个主要来源,其中之一是"实践本身的智慧"②。舍恩(Schon)在《反思性实践者——专业工作者如何在行动中思考》一书中指出了实践情境的不断变化的特质:复杂性、不确定性、不稳定性、独特性和价值冲突性,由于实践情境的这些特征,科技理性在实践情境中是有局限性的。专业工作者应成为反思性实践者,运用行动中的反思。

但教师的实践智慧绝非仅仅是一种实践理性,更重要的还与教师是一个什么样的人不可分割地联系在一起,是实践理性与道德性的融合。

---

①　洪汉鼎:《诠释学——它的历史和当代发展》,人民出版社 2001 年版,第 314 页。

②　Shulman,L. S. The wisdom of practice:Essays on teaching, learning, and learning to teach. In:Wilson, S. M. (ed.). San Francisco:Jossey-Bass,2004:228.

实践智慧是一种德性,是与人的品行不可分的。杜威说:"智慧是'一个道德术语,智慧不是意味着系统的和被证实的关于事实和真理的知识,而是一种关于道德价值的信念,一种引向那种更好生活的意识'。"①杜恩(Dunne)写道:"实践智慧与美德之间的关系是相互的。"他说没有美德就没有实践智慧,同样没有实践智慧也就没有美德。杜恩进一步指出:"实践智慧是一个知道如何生活幸福的人的基本特征⋯⋯它是一种关于个人的知识,这是因为它体现和表达了那个人属于什么样的类型的人。"②范梅南指出:一切教育都是极其规范性的,准确地说正是因为这一伦理基础,我们的教育实践才是智慧性的和反思性的。③

三、尊重学生的不同声音,让教学变为一种复杂对话

处于转型期中的宁波中小学,学生背景日趋多元化、经验日趋多样化、兴趣日趋复杂化。这种复杂的多元的背景和兴趣不应成为一种负担,反而应顺势而为,视为一种重要的资源,尊重学生的不同声音,让教学变为一种复杂对话。

(一)个体性产生于交往之中

个体性的形成不是在孤立中产生的,而是产生于与他人的交往之中,通过认可或不认可的过程。狄尔泰(Wilhelm Dilthey)指出,自我的形成以及对自我的认识,不是靠内省,而是依赖于与文化和世界的交往。个体在与世界交往中,达到其人格的整体性和思考的独立性。克拉夫基指出了外在的主体性或他者性对个体自我形成的必要性,"只有通过学习外在的主体性:人性、文化和世界,自我决定、思想和行动自由才能实现。"从这种意义上讲,自我形成只有通过与充满活力的外在世界的联系才能发生。事实就是我们每个人都是独立的个体,都是不同的,让我们

① 王成兵:《一位真正的美国哲学家:美国学者论杜威》,中国社会科学出版社 2007 年版,第 94 页。

② Dunne, J. Back to the rough ground:Practical judgment and the lure of technique. Notre Dame:University of Notre Dame Press,1993:244.

③ [加]范梅南:《教学机智——教育智慧的意蕴》,李树英译,教育科学出版社 2001 年版,序言Ⅱ。

彼此分离，但是也正是因为不同，又让我们彼此相连。学生与教师都是不同的个体这一事实使对话颇具复杂性，因为每个人都把他或她的前知识、当前的情形、感兴趣和不感兴趣的事情带来成为正在研究的对象。跑的过程（课程的运动）——currere——只有通过对话才能发生，不仅仅存在于课堂话语之中，而且存在于每个学生与教师相互之间以及内在的自我对话。学校课程的对话是非常复杂的，而且能够也必须保持下去。

尽管每个人都是与众不同的，但是每个个体总是由与他人共享的一些东西所构成。希尔沃曼（Kaja Silverman）指出："我们所共同拥有的就是共享这种'有限'的体验。每个人只有一次生命，每个人都会死亡。死亡为生活提供了焦点。"每个人都只有一次的生命，那是一种有限的期限，我们不但与其他人共享，而且与其他生物共享。有限是让我们能够与他人所共享的容量最大的和最有能力的特质，因为它能够让我们与每一个其他的生命连接。这就是生命的关系性。对话是复杂的，这不仅仅是一个教育学问题，而且提供了一种理解不同差异的机会，不仅仅穿越我们的人类，而且是在地球上的所有生命的物种之间，也在我们的每个人的个体之中，因为主体性本身就是一个持续的对话。

（二）教学即倾听

美国哈佛大学著名教育学者达克沃斯更是提出了"教学即倾听"的观点，教学就是去倾听学习者，并让学习者告诉我们他们的思想。达克沃斯指出了倾听学习者的三个主要目的："首先，这是其他人（教师和其他学生）了解他们心中在想什么的好办法，这一点最明显。其次，当他们努力就某事说出自己的想法时，他们的思想经常变得更加清晰。再次，这也鼓励他们认真对待自己的观念……我们认为，一个人的知识——尽管它可能是尝试性的和不完备的——是一个人所拥有的一切。"[1]

传统的教学观的基本特征就是认为教学的目的在于获得一个客观真理，而且教师从根本上讲是不宽容学生歧见的，即使宽容，也是一种暂时性的。然而教学的目的不在于获得教师的预设答案，而在于教化或理

---

① ［美］达克沃斯：《多多益善——倾听学习者解释》，张华等译，高等教育出版社2004年版，第165—168页。

解;教师应该以一种宽容的态度对待对话学生的不同观点。"今天从根本上讲教育问题不再是这样一个问题:把学校变为更好的引擎,从而提高经济的生产力和增长速度或者发现越来越多的指导方法,把我们认为学生们所需要的'事实知识'灌输给他们。教育的问题从根本上讲就是探寻方法,使学校创造和维持让包容性的、民主的和结局开放的对话繁盛的条件。"①教师不应压制学生的不同声音,而应与其展开对话。在对话过程中,由于背景、经验的多样化,激进的不可通约性是会偶然存在的,但是这一事实不应该模糊更为重要的事实:尽管存在着巨大的不同,我们对于我们这个世界的思考和表达方式也总是展现出惊人的相似之处。这些相似之处可以让我们有充分的理由去努力克服这些存在的误解或不解,而不是放弃努力。更为重要的是,即使追求理解的努力失败了,对话也能够促进对于差异的宽容和尊重。"没有任何理由认为具有不同观点的人之间的对话只能产生如下结果:或者消除这些差异或者把某一个或某一群体的观点强加于另一个或另一群体之上。对话能够在一种更加宽广的宽容和尊重精神之中将不同的观点保持下去。"②有时,一种外在视域是很有帮助的,正是因为这种外在视域不同于自己本身视域。作为个人和群体,我们能够通过从一种新的立场来考虑我们的信念、价值观和行动从而扩大和丰富我们的自我理解。这并不意味着接受他人的立场或者让他人的立场代替我们自己的立场,而是强调把那种立场融入一种更为复杂和多面的理解框架之中的价值。教师只要与学生的不同声音进行对话,那么就会彰显学生的个体存在意义,就是对学生的主体性与独特性的尊重,就是追求一种创新性教育。

在现实的课堂教学中,有些教师总是要求学生单方面理解教师的观点,而不愿意去倾听学生不同声音,这样一种态度就会忽视学生"不同声音"的可对话性,结果不但严重挫伤学生的发言积极性,而且还会错失许多教学生成的机会,戕害课堂教学的创新性。

---

① Burbules, N. C. Dialogue in teaching: Theory and practice. Teachers College, Columbia University New York, 1993: 151。

② Burbules, N. C. & Rice, S. Dialogue across difference: Continuing the conversation. Harvard Educational Review, 1991, 61: 393-416.

这是一堂二年级的数学课,老师刚刚教了乘法,于是老师提出一个问题,"今有一个小组,三个小朋友,小张、小李、小王,三个人。小张有两个苹果,小李有两个苹果,小王有两个苹果,请问他们一共有几个苹果?"同学们列式计算:$2+2+2=2\times3$。然后这位教师就随口提了一个问题,"哪种算法更好?"这种问题按照老师的预设答案肯定是乘法,谁知一位同学站起来说是加法。这位老师跟其他的很多老师一样,用了一个技巧,把这个注意转移,依靠群众的力量来讲他自己想讲的答案,"你们说呢?"然后学生们都说"乘法"。然后老师说"对了"……然后我就问那位老师,你有没有想过问个"为什么"。那位老师说,"为什么要问为什么?"我说这个"为什么"很有意思,他说乘法都已经教过了,还说加法啊,那小孩有问题……下课后,我就去问那个男孩,"你为什么要用加法?"那小孩很害怕,马上说"错了错了,老师我错了"。我说,你别说自己错了,你告诉我当时你是怎么想的。他才告诉我真实的想法,他说:"我觉得 $2+2+2$ 肯定能做对,2×3 我现在还不太熟。"学生的观点是否有道理呢? 如果教师听到了学生这样的回答,教师就需要反思你出的题目是不是有问题? $2+2+2$ 这个题目突出不了乘法的优越性,加法能做的为什么要用乘法。如果这位老师能够具有宽容学生的不同观点的理念,让学生拥有解释自己观点的机会,那么他听到学生这样的回答以后,他的课堂的话语结构就不一样了。可以在原来的基础上,宽容并聆听这位学生的想法,看他说得有道理,很好,那现在又来了几对鹅,那这样 $2+2+2+2+$……这么长,这时候运用乘法就水到渠成了,这时候就需要修正我们的教学。所以我们这个课不能完全是预设的,要在和学生的互动中生成,这就需要我们老师一定要把自己的思维打开,宽容学生的各种观点。[①]

在上文的案例中,由于教师想当然地认为乘法比加法优越,而且又不能宽容学生的异议,所以就错过了一次很好的反思并改进教学内容的机会。对教师而言,只有具有宽容的精神才能创设自由的学习环境,使课堂具有生成性,并且激发学生的创造力。教师对学生"不同声音"的倾

---

① 引自王涛博士于 2009 年 6 月 26 日在华东师范大学的学术讲座。

听正体现了一种宽容的态度,一种对各种异议兼容的态度,这样的一种态度正是科学精神的本质规定。那种只要求学生通过反复做练习或死记硬背的方式而熟记教材中或教师的观点的教学方法是与科学精神背道而驰的。

（三）教学需要对学生"不同声音"本身的寻求

我国当前课堂教学中既存在着教师不倾听、不宽容学生的"不同声音",不愿与之进行对话的问题,亦存在着缺乏学生"不同声音"的问题。学生的"不同声音"是教学生成和创新的重要原动力。正如罗蒂所说,没有"反常话语",我们就不能超越自身,就不能产生创新。在课堂教学中,导致学生"不同声音"缺乏的原因主要有两个:一是教师所提问题的封闭性;二是学生刻意压制自己的"不同声音"。首先,由于教师所提问题的封闭性,或者说主要提一些事实性的问题,这些问题在教材中一般都有标准答案,所以这些问题不需要学生进行独立思考,学生只要记住标准答案就可以了,除非学生由于记错了或者没有记全标准答案,否则师生的答案就是一致的。其次,由于教师在课堂中固定化的权威角色和拥有制度赋予的某些特权,学生即使有不同于教师标准答案的观点,学生也不敢或不愿意表达自己的"不同声音",这是因为学生担心自己会被其他同学嘲笑,或者被教师批评。这就会导致某些声音被压制,导致师生之间交流的"扭曲"。

首先,课堂教学将"真问题"置于优先地位是学生"不同声音"产生的重要原因。课堂教学主张教师所提问题的开放性或者说所提的问题是"真问题"。这是一些教师没有预设答案的问题,这些问题在教材中没有标准答案,单凭记忆是无法回答这些问题的,而且学生也就不再有猜测标准答案或预设答案的必要性。相反,学生必须从自己的情境出发,进行独立思考,如此一来,学生也敢于表达自己的真实想法,对同一个问题必定会出现不同的回应,这样无疑会增加产生学生"不同声音"的可能性。正是因为问题的开放性,才能促使学生的"不同声音"的产生,才使课堂教学有了生成性。

其次,强调"理想的话语环境"的构建,这也是导致学生"不同声音"产生的重要因素。新的教学方式主张师生关系的平等性,希望师生双方的交流是非扭曲的，是不受霸权所限制的，希望学生能够把自己真实的声音表达出来。根据哈贝马斯的观点，构建"理想的课堂话语环境"至少需要满足以下四项条件，即师生具有同等的话语参与权、同等的话语论证权、同等的话语协调权以及同等的话语表达权。虽然在现实的课堂情境中，师生在这四项权力方面达到完全的平等还有一段很长的路要走，但是这样的一种批判反思精神才是对话教学中所真正需要的。只有师生都具有批判反思精神，才能对那些影响师生交流的意识形态的、社会关系的、经济关系的以及文化制度等方面的不平等因素进行不断修正，确保师生都敢于表达自己的真实声音。

第五章　社会转型期基础教育德育变革与发展研究

　　社会转型就是社会形态的转换，从大的方面说，包括社会政治形态、社会经济形态和社会文化形态的转型。社会文化形态的转换主要是社会价值观念及建立于其上的生活方式的转换。从教育的角度来说，社会转型，尤其是社会文化转型，对学生价值观和学校德育的影响甚大。从德育内容来说，西方价值观极大地冲击和重构了中国传统伦理价值体系，原有的封闭性的、脱离学生生活的德育内容需要融合新的价值内容。从德育方式来说，说教式的价值灌输、应试性的教学方式和权威性的德育管理均不适应转型期社会对学校德育的要求。除此以外，德育评价、德育活动等都面临着新的挑战和机遇，亟待人们关注和研究。本章试图遵循由宏观到微观、从抽象到具象的"剥茧式"研究方式揭示社会转型对青少年德育的影响，探明社会转型对青少年价值观的影响及学校德育的变革和发展。

第一节　社会转型期德育变革的学理分析

　　社会转型在很大程度上改变了人们的价值观。对社会变迁影响甚大的经济制度和经济形态的改变将直接影响其经济参与者的思维方式和行动方式。原有社会的基本价值模式将受到现实阻碍，人们不得不在冲突、调整和重塑中重新确认并形成价值体系。由此社会转型带来了新的价值逻辑。

一、社会转型对社会价值观的影响

当前我国社会转型带来了社会文化价值观的变迁,这种变迁在根本上改变了人们的思想和行为方式。社会现代化不仅造就了物质环境的现代化而且也造就了人的现代化。按照英格尔斯的理解,"现代人"指的是一个具有十二种优秀品质的人的形象,例如:乐于接受新的观念和行为方式、准备接受社会改革和变化、思路广阔头脑开放、守时惜时、有个人效能感、充满信心等等。[①] 除了这些优秀的品质之外,还有一些为人所诟病的现代社会中的人的危机,如人们对物质的极大诉求、人异化成"生计组织"(machinery)的一部分[②]、人的各种心理危机等等,复杂情况共同构塑着现代人的思想和道德。

从我国当前的社会现实来说,计划经济向市场经济的转变不仅仅改变了人们的生产、消费和生活方式,而且还改变了人们的思想和行为方式。随着市场经济的发展,价值冲突则集中于利益和伦理的冲突。这些冲突产生于社会结构性变迁过程之中,它是本源性的价值冲突,是关于什么是好、什么是善、什么是对、什么是应当、什么是幸福等问题的重新思考。在新的价值体系确立以前,人们似乎难以找到行动标准,各种理论或思想不过是人们为自己的行为寻找借口的庇护所。人们能够为自己的行动,甚至是完全反向的行动找到合理性的理由。这种情况导致了形而上学意义上的意志统一性发生解体,各种价值之间出现了竞争,而且无法再用一种高高在上的统一秩序来消除这种竞争,生活领域相互之间出现紧张。[③] 人们暂时丧失辨别是非对错的标准,完全对立的思想或行为在不同的逻辑体系中可能都具有合理性。比如按照"差序原则",人

---

① [美]阿历克斯·英格尔斯:《人的现代化》,殷陆君译,四川人民出版社1985年版,第22页。

② 张汝伦:《如果泰戈尔今天来华》,《读书》2011年第3期。

③ [德]哈贝马斯:《交往行为理论》,曹卫东译,上海人民出版社2004年版,第234页。

们应该主动给老人让座，但是按照"公平原则"，人们可以不给老人让座。[1] 还比如众所周知的"范跑跑事件"，人们可以从制度（教师身份）和伦理（道德责任）的角度来批判他不负责，但是从利益的角度来说，他不必然承担帮助"他人"避难的责任。从表面上看，目前我国存在着比较明显的利益与伦理的冲突，这种冲突可以从"不管白猫黑猫，抓到老鼠就是好猫"这句名言来分析。"白猫""黑猫"指的是两种不同的制度、规则、行动方式等（一般暗指计划经济、市场经济）；"老鼠"指的是效果、结果、回报、功效等（一般暗指经济发展），"好猫"则是价值判断。这句话隐含着典型的"效果论"和"功利主义"思想，即只要能够有效（有回报）则任何行动方式都被允许（好的），经济逻辑僭越了伦理逻辑，开始重新界定："好"指的是"有效"；"成功"意味着"有钱有地位"；"幸福"就是富足的生活；"公正"指的是"合理回报率"；合作则是为了共赢等。至此，人类行为的目的理性代替了价值理性。西方的理性文化看起来就是在朝着这样一个方向发展并对整个社会结构产生了深远的影响。

二、新时期青少年价值观变迁

新时期青少年的文化随着转型期社会价值观而产生了一些特殊的变化。人们常常用"独生子女综合征"来概括当代青少年的特征，这一概括隐含一些用以描述青少年特征的词，如自私、叛逆、浪费、怕吃苦、霸道、缺乏合作精神、个性张扬、独立、追求自我等等。人们可以在生活中轻易地比较出青少年与他们的父辈和祖辈之间的诸多差异。

（一）青少年的"文化圈地运动"

人们似乎很难找到一个词来全面地概括当代青少年的文化特征。社会转型期的青少年文化充满了其独特的性状。他们"刻意"地彰显这个时代所推崇的价值观——保持个性、追求变化、主张自我、崇尚自由。他们努力地与这个时代的成人价值体系保持着忽远忽近的"暧昧"。他们既传承传统和主流的价值观，又总是"出人意料"地让成人发现"'他'

---

① 针对"公交车上要不要给老人让座？"这个问题，作者在 2009 年参与教育部"青少年一般状况调查研究"课题的时候访谈过一名高二的学生。他认为没有必要让座，因为座位是自己排队得来的，让座是对自己的不公平。

与'我们'不同"。这种由青少年群体所表现出的与成人价值系统不同的现象可以用"青少年文化圈地运动"来表征。这种文化表征深刻地体现在青少年的消费价值文化中。

改革开放以来,人们能够体验到的最深刻的社会变化就是市场经济的发展以及商品的极大丰富,人们选择商品已经不仅仅是为了满足日常生活所需,而是为了彰显自己的社会地位或个人价值观。人们通过选择不同价值的商品进行社会纵向分层;同时通过选择不同风格、类型的商品进行社会横向分层。由此,商品消费成了标识个人文化特征的重要手段之一,这种手段在青少年文化定位中应用得尤为普遍。班建武博士在《符号消费与青少年身份认同》一书中援引了多项调查论证青少年的消费文化特征,如麦肯锡公司 2006 年 7 月发布的一项最新调查显示,中国城市青少年每年的零花钱高达 600 亿元,而家庭每年在青少年子女身上的花费近 2300 亿元,消费总额达 2900 亿元(360 亿美元)。该项调查将青少年分为"时尚型""好孩子""休闲型"和"穷孩子"四大类,并根据每个类型的特点量化消费能力。随着青少年消费能力的提高,消费之于他们的意义也逐渐发生了变化:消费的目的不仅是为了满足需要,而且还要能够充分地表现自我、张扬个性,要能跟得上时代发展的潮流。除了使用价值以外,商品的另外一种价值属性——符号价值正受到当代青少年的重视,并开始被他们有意无意地纳入了自己的消费决策中。2000 年,国家统计局所属的新生代市场监测机构的调查显示:青少年群体中普遍存在着追求时尚、追求名牌的行为。耐克、阿迪达斯、彪马等世界知名运动鞋和苹果、LEE 等世界知名休闲牛仔衣,都是青少年所向往的。有30.1%的中学生表示,他们拥有耐克运动鞋,有 18.2%的中学生拥有苹果牌的休闲牛仔衣。国产商品中,李宁牌运动鞋的拥有比例高达23.6%。另据报道,目前青少年在消费方面呈现出以下特点:饮食消费跟着广告走,服装消费跟着名牌走,娱乐消费跟着新潮走,重复消费不再老土,等等。① 中学生追求物质,这种追求不是量的索取,而是对特定品牌的追求。这些品牌对学生来说意味着"档次""身份""文化标签"等。因此有中学生在接受访谈时指出:我们篮球社的同学都喜欢 NIKE,每次

---

① 班建武:《符号消费与青少年身份认同》,教育科学出版社 2010 年版,绪论 3。

聚在一起简直就像是 NIKE 的专属球队似的。我们社里有个叫 Allen 的,呃……他今天没有来……他上学期就有次不知道哪根筋不对,买了双 Adidas,被我们笑成是叛徒,被"亏"了很久,后来就没再看见他穿那双鞋。①

上述青少年的消费文化特征只有在经济转型之后才可能出现,物质的极大丰富已经改变了人们的价值观。拥有物质的标准开始从"有"到"好"到"品牌化"到"身份化"。青少年已经不再满足于有某种物质,也不再像他的前辈那样重视"质量好",甚至不再盲目地追求品牌,而是开始追求品牌所代表的文化价值。用这种文化价值来表征自己的"族群"。这是那些从计划经济走来的成人所难以理解和接受的。

(二)青少年基本价值观的典型表现

社会转型期整个社会文化的变迁以及人们日常生活中所使用的价值观变化不仅重塑了青少年的文化形态,同时也深刻地影响着青少年的价值观形成。在成人与青少年交往过程中不难发现:新一代的孩子有着与自己当年甚为不同的价值观和行为方式。举例来说,人们通常认为当代青少年有一些普遍的价值观变化,如更加关注物质条件的满足,而缺乏对传统道德的关注;更加具有叛逆精神,更加要求公平公正;更加强调自我的独特性;更加容易形成"拖延症",缺少学习的动机和自觉性等等。这些评价有积极的一面也有消极的一面,尽管这些评价尚未得到实证材料的证明,但总体可以推论当代青少年价值观在社会转型和文化变迁中逐渐形成了独有的时代和群体特征。

1. 小学生基本价值观的特征

在很多成人看来,现在小学生与当年的自己有着巨大的不同。从物质观的角度来说,当代小学生们的物质生活得到了极大的满足,完全不是短缺经济时代的窘迫,因此小学生们的物质观也相对缺乏"节俭""节省""惜物"等品质,反而容易形成"攀比""拜金"等不良的个性。从文化观的角度来说,当代小学生身处一个文化多元的社会中,相比较 30 多年前的文化来说,现在的文化更加具有交融度和多维性,小学生们的交际

---

①　班建武:《符号消费与青少年身份认同》,2005 年北京师范大学博士学位论文。

文化、娱乐文化、见识面等可能会让他们的老师家长感到惊讶。他们对很多事情的理解和观念往往更加复杂、更加变通、更加多元。这种文化体系孕育出各种价值共存的状态往往会导致小学生们缺乏稳定的价值标准而感到"混乱",并学会"狡辩"和"逃避责任"。从具体价值观的表现来说,当代小学生的基本价值素养可能与社会转型之前有着显著差异。在热爱祖国、服务人民、崇尚科学这些基本价值纬度上看,计划经济时代的小学生们可能早已深入心中,表示认同,然而根据赵志毅教授的一项实证调查,我们或可发现当代小学生的巨大变化。[①]

(1)关于热爱祖国的调查

小学生总体上对中国传统节日的认同率不高,甚至低于圣诞节,小学高年级对中国传统节日的认同比小学低年级稍强。

在国际比赛中,大部分学生有较强的国家荣誉感,仅有极少数人显示出不关心。

对科技发展的祖国,大部分学生有祖国自豪感,仅有极少数人显示出不关心。

对国家政治的关注,大部分学生是有时关注,有少部分同学从不关注。

在对小学生爱国的知情意着重点上,大体上呈平均趋势,爱国情感、爱国意志略高。小学高年级爱国情感比小学低年级略强;同时小学高年级的爱国意志比小学低年级稍弱。

(2)关于服务人民的调查

对于处于劣势地位的工作,小学生们都很尊重,很少有歧视的看法。在认知层面上,大部分小学生认为像清洁工这样的工作是必要的,不是丢人的职业。

对于是否愿意帮助需要帮助的人,多数孩子的表现很积极,很愿意向他人伸出援助之手,然而,也有一小部分同学表示没有想过或不会,这是不容忽视的。

对于是否会主动让座这一常见现象,近九成以上的小学生表示愿意

---

① 赵志毅:《中小学当代主流价值观教育研究》,《南京师大学报》(社会科学版)2011年第7期。

"主动让座"。

对于参加志愿者活动,近一半的同学表示没有参加过,相当比例的学生也只是有时参加,经常参加的学生则很少。

对于是否要为人民服务这一项知情意的调查,大部分学生表示愿意或决定这样做。

（3）关于崇尚科学的调查

星座的说法是否科学,选择"科学"的学生占32.5%,选择"说不清"的学生占33.8%,选择"不科学"的学生占33.7%,这说明只有1/3的小学生能理性、科学地看待"星座学",清醒地认识自己,积极地对待生活。

对"有人到庙里烧香拜佛求神保佑"的态度,认为"对"的学生占29.1%,选择"说不清"的学生占29%,选择"错"的学生占42%。

对"我们要崇尚科学"态度,选择"我知道这很重要"的学生占25.2%,选择"我愿意这样做"的学生占35.8%,选择"我决定这样做"的学生占39%,选择后两项选项的人数明显高于前一项。

当问及"有人跟你说他遇到鬼了,你相信他说的话吗?"时,选择"相信"的学生占2.2%,选择"说不清"的学生人数占4.9%,选择"不相信"的学生占92.9%。

当问及"某风景点,敲击塔上的石块就会产生蛙鸣的声音,你认为这是什么原因?"时,选择"自然现象"的学生占74.9%,选择"不知道"的学生占21.8%,选择"神灵的作用"的学生占3.3%。

2. 中学生基本价值观的特征

当代中学生的言行举止往往成为社会舆论关注的焦点,从舆论积极面看来,当代中学生更有自主性、创造力,更有主见,更加具有现代公民的一些基本素质,如民主、公正、慈善等价值观。从舆论消极面看来,当代中学生对国家政治、经济、文化的看法和观点往往令人错愕。关于中学生的价值观问题,笔者针对宁波地区的特点,于2013年实施了一项问卷调查（具体内容见第二节）,本节挑选几个具有代表性的案例来表征当代中学生价值观特点。

案例一:这钱该赚吗?

我儿子和小方是同桌,平时关系很好。一日小方看见我儿子用了一支新圆珠笔,觉得很好看。于是问他从哪里买的? 多少钱? 儿子答:"从家门口小店买的,两元一支。"于是小方请我儿子都他代买一支。

我儿子去小店和老板说这是第二次买,想要便宜一点,和老板讨价还价后的结果是老板同意以一块五的价格卖给他。

儿子很开心,拿着五毛钱回家对我说:"妈妈,我今天赚了五毛钱。"

我当时愣住了,不知道如何接话? 因为按照我当年所受的教育。帮同学代买一支笔是同学友爱的表现,尤其好朋友之间。所以这五毛钱应该还给小方。

这个真实的案例来自于一位博士在德育研讨会上所陈述的她儿子的事例。争论明显分成两派,一派人支持"儿子",认为这是市场经济体制所支持的"劳动所得",这五毛钱利润是"儿子"凭借智慧争取来的,如果"儿子"不争取,就不会有这五毛钱。另一派则支持"妈妈",认为市场经济的逻辑不适用于同学友谊,友谊是一种道德表现,是友爱的代名词。这种道德性应该自觉地抵制金钱的冲击。如果鼓励"儿子"赚钱,他以后可能会成为"代售商",而"同学友谊"就会变成赚钱的工具,这是无法容忍的。

这个案例深刻地揭示了社会转型期的价值观冲突问题。同一个事件按照不同社会经济和伦理体系,人们的价值和行为标准可能完全不同。就像前文提到的按照差序原则应该给老人让座,可是按照公平原则不给老人让座也是理所应当。很明显,市场经济的利益至上价值原则冲击了中国传统以忽视物质利益为基本特点的价值原则。令人无奈的是中国传统的"非物质化"伦理观往往成为市场经济的牺牲品,以至于社会伦理无序,价值失衡。

我们特别选择了一个与教育有关的真实案例,来讨论在与当代学生相遇过程中的教师生存状态。

案例二:教师何以自处?

我大学快毕业的时候去某学校实习,和另一个同学分在一个班,接受同一个师傅的指导。我想毕业以后去他们学校工作,所以我鼓励自己一定要好好表现、尊敬师傅、爱护学生,尽力地帮助他们,让他们喜欢我。

实习第一天,我和同学各坐在教室的后排两侧听师傅讲课。下课后学生纷纷冲到后面来围着我和我同学。有一个学生忽然大声问我："老师,你有没有 iPhone?"我说:"没有。"他撇撇嘴,立刻回头对其他想要围到我身边的学生嚷起来说:"这个老师没有 iPhone!"而我同学那边的学生却大声招呼其他学生说:"这个老师有! 快来! 快来!"于是本来还和我有说有笑的学生一下子都挤到我同学那边了。更让我感到委屈的是在后来学生评价调查中,学生们都说更喜欢我同学。我很难过。

这个案例分析起来较为复杂,从中不难看出当事人作为一个准教师在即将成为教师时的敏感和惴惴不安。她可能过分地在意和夸大学生对自己的态度,这是每个初入职教师都可能面临的心理状态。抛开当事人本身的问题,该案例确实在一定程度上反映了当前中学生对教师态度的变化。他们对教师外表和物质属性的关注可能优先于(或甚于)他们对教师的学识、修养、能力、德性、人格魅力等内在方面的关注。这显然不同于 30 年前人们对教师身份的定位——教师的精神存在要远远高于他的物质存在。当代中学生似乎更加热衷于讨论教师的服饰、装扮、家庭背景,这种关注度的变化说明了市场经济所衍生的"物质化评价标准"已经侵蚀到师生交往关系之中。这显然会削弱了教师作为"传道授业解惑"的角色力量。

第二节 基础教育学生道德现状调查与分析

本调查希望通过实地调研的方式,对宁波地区中学生的基本价值观进行一个基本了解,为学校德育和相关德育政策管理机构提供一手的资料支撑。本调查的主要目的是:了解宁波地区中学生基本价值观状况,尤其偏重其对国家政治、经济和文化方面的理解、态度和行为。本研究将选择若干固定点作为调查对象进行滚动研究。本调查采取的是抽样调查方式,采用了 PPS(Probability Proportionate to Size Sampling)抽样技术。综合考虑取样的科学性以及研究经费、人员等条件的限制,本调查的样本总量设计为 669 份。本调查的调查方式是派调查员到宁波当地学校进行实地调查,调查学校为完中一所,高中一所,初中一所,鉴于本研究调查内容的特殊性,本报告隐去具体学校名称。实地调查的时间是:2012 年 11 月。本调查采用的具体方法是:问卷法。本调查实际发放问卷为 700 份,回收 680 份。回收问卷里剔除无效问卷 11 份,有效回收问卷为 669 份,有效率 95.6%。本次调查初中生占总数的 49.8%,高中生为 50.2%。具体情况见表 5-1。

表 5-1　样本年级构成

		频数	百分比	有效百分比	累计百分比
		样本年级构成			
有效	初中生	333	49.8	49.8	49.8
	高中生	336	50.2	50.2	100.0
	合计	669	100.0	100.0	

本地调查男生占总数 56.5%,女生为 43.5%。男生多于女生 13 个百分点,这是由于调查时是整班抽样,而对于班级内的性别比例未做要求的原因。具体情况见表 5-2。

表 5-2　样本性别构成

		频数	百分比	有效百分比	累计百分比
		样本性别构成			
有效	男生	378	56.5	56.5	56.5
	女生	291	43.5	43.5	100.0
	合计	669	100.0	100.0	

鉴于家庭经济收入的地区差异以及学生对家庭收入的了解情况,本调查对学生家庭经济背景的调查采用的是相对性的指标,即根据学生家庭收入与所在地经济情况进行比较,将学生家庭经济水平分为最高、较高、中等、较低和很低五个档次(由于调查中家庭经济水平是学生自己填写,代表学生对自己家庭经济状况的判断)。在本次调查中,家庭生活水平在当地处于中等的学生人数比例最高,为 64.6%,其次是中等偏上,为 25.1%。具体情况见表 5-3。

表 5-3　样本生活水平构成

样本生活水平构成		频数	百分比	有效百分比	累计百分比
有效	较差	18	2.7	2.7	2.7
	中等偏下	39	5.8	5.8	8.5
	中等	432	64.6	64.6	73.1
	中等偏上	168	25.1	25.1	98.2
	较高	12	1.8	1.8	100.0
	合计	669	100.0	100.0	

　　本研究报告中对问卷调查的所有数据分析采用的百分比均是有效百分比，即用总人数减去某一题人数的缺失值，也就是用选项回答的人数除以实际上答题的人数得出，做法是：选项回答的人数÷（总人数－缺失值）×100％＝有效百分比。本研究报告对某些数据进行了列联表（多维频数）相关分析。相关分析的项目是性别和家庭收入水平。

一、中学生对中国的整体评价

　　国家认同从最直观的层面来看，首先反映在个体对自我国民身份的评价以及对中国人身份的感情和国家未来发展的信心上。

（一）对中国人的评价

1. 对中国人评价的整体描述

　　对中国人评价的高低，可以体现个体对自身国民身份的认同程度。本调查以问题"如果你要评价中国人，你会打多少分？"进行考察。从统计数据来看，整体而言，所调查的中学生对中国人的评价并不高。在 0～100 分的评价区间中，将近 36.3％的学生对中国人评价分数低于 60 分。仅有 12.1％的中学生给予中国人的评价高于 80 分。51.6％的中学生评价中国人的分值是 60～79 分。具体情况见表 5-4。

表 5-4 对中国人的评价

		频率	百分比	有效百分比	累计百分比
	如果你要评价中国人,你会打多少分?				
有效	0～19	30	4.5	4.5	4.5
	20～39	42	6.3	6.3	10.8
	40～59	171	25.6	25.6	36.3
	60～79	345	51.6	51.6	87.9
	80～100	81	12.1	12.1	100.0
	合计	669	100.0	100.0	

数据显示男女中学生对于中国人的评价差距不大,女生对中国人的评价略高。具体情况见表 5-5。

表 5-5 对中国人评价的性别差异

性别	均值	N	标准差
如果你要评价中国人,你会打多少分?			
男生	3.5873	378	0.98200
女生	3.6289	291	0.88175
总计	3.6054	669	0.93788

数据显示随着家庭生活水平提高,对中国人的评价有逐步提高的趋势,其中生活水平最低的中学生给中国人的评价最低,而生活水平最高的人给中国人的评价最高。具体情况见表 5-6。

表 5-6 家庭生活水平与对中国人的评价的相关性

生活水平	均值	N	标准差
家庭生活水平对中国人评价的差异			
较差	3.1667	18	1.16905
中等偏下	3.5385	39	1.05003
中等	3.6389	432	0.88981
中等偏上	3.5714	168	1.04198
较高	3.7500	12	0.50000
总计	3.6054	669	0.93788

那么,在中学生的眼中,他们对中国人的国际形象又是如何看的呢?本调查以问题"要是让外国人评价中国人,你觉得他们会打多少分?"进行考察。统计数据表明,在所调查的中学生中,超过一半(57%)的人认为中国人在外国人的眼中是不及格的,即得分低于60分。认为中国人在外国人的评价中得分高于80分的学生人数比例仅为7.6%。具体情况见表5-7。

表 5-7　外国人对中国人的评价

要是让外国人评价中国人,你觉得他们会打多少分?					
		频数	百分比	有效百分比	累计百分比
有效	0～19	57	8.5	8.5	8.5
	20～39	105	15.7	15.7	24.2
	40～59	219	32.7	32.7	57.0
	60～79	237	35.4	35.4	92.4
	80～100	51	7.6	7.6	100.0
	合计	669	100.0	100.0	

通过比较我们发现,中学生对中国人的评价虽然整体不高,但比他们对中国国际形象的评价还是相对要高。通过性别数据对比和家庭生活水平对比,我们发现了与评价中国人类似的规律,即生活水平最高的人给中国人的评价最高。

2. 中学生对移民的看法

移民意愿是中学生对国家整体认同的重要维度,调查以问题"如果有条件,我想移民到国外"来了解中学生的移民倾向。数据显示,42.2%的中学生有意愿移民国外,另有三成中学生持不确定态度,只有27.4%的中学生没有移民意愿。我们把赞同强度从非常赞同到很不赞同分成五个等级进行赋值,1为最小值,5为最大值,所有调查学生平均值为2.7,总体处于中等偏上水平的赞同强度。具体情况见表5-8。

表 5-8　中学生的移民意向

如果有条件,我想移民到国外					
		频数	百分比	有效百分比	累计百分比
有效	完全符合	150	22.4	22.4	22.4
	基本符合	132	19.7	19.7	42.2
	不确定	204	30.5	30.5	72.6
	基本不符合	129	19.3	19.3	91.9
	完全不符合	54	8.1	8.1	100.0
	合计	669	100.0	100.0	

数据显示男女中学生之间对移民问题的差距不大,强度均值分别为2.78和2.61,女生比男生有略多一点的移民意愿。具体情况见表5-9。

表 5-9　移民的性别差异

移民的性别差异			
性别	均值	N	标准差
男生	2.7857	378	1.28129
女生	2.6082	291	1.17754
总计	2.7085	669	1.23765

数据显示随着家庭生活水平提高,中学生的移民意愿逐步加强,从生活水平从低到高,强度均值分别为3.0、2.5、2.7、2.6、1.7。也就是说,家庭生活水平高的中学生更有意愿尝试去国外生活。对比对中国人整体评价的调查结果,我们发现中学生的移民意愿与对中国人的评价是反向的,即对中国评价高的中学生更有移民意愿。具体情况见表5-10。

表 5-10　生活条件与移民意向的相关性

如果有条件,我想移民到国外			
生活水平	均值	N	标准差
较差	3.0000	18	1.54919
中等偏下	2.5385	39	1.26592
中等	2.7778	432	1.24846
中等偏上	2.6071	168	1.15489
较高	1.7500	12	1.50000
总计	2.7085	669	1.23765

二、中学生对国家权力的看法

政治认同是社会成员对政治系统及其运作的同向性情感、态度和行为,首先表现为对国家权力的认可与服从,具体体现在对国家制度的认可,对国家的归属感,以及对国家权力代表的支持与服从,国家权力认同是政治认同的基础。本部分从中学生对于国体、政体、国家标志、公权代表以及政治信仰等几方面的认知与态度来考察他们对国家权力的认同情况。

(一)对我国社会主义制度认同的整体描述

本调查以问题"社会主义制度比资本主义制度好"进行考察对我国社会主义制度认同。从总体统计情况来看,对于"社会主义制度比资本主义制度好"这一问题,34.1％的中学生赞同,20.6％的中学生表示不赞同,45.3％的中学生表示说不清楚。具体情况见表5-11。

表 5-11　对社会主义的态度

	如果有条件,我想移民到国外			
		频数	百分比	有效百分比	累计百分比
有效	非常赞同	117	17.5	17.5	17.5
	比较赞同	111	16.6	16.6	34.1
	说不清楚	303	45.3	45.3	79.4
	不大赞同	75	11.2	11.2	90.6
	很不赞同	63	9.4	9.4	100.0
	合计	669	100.0	100.0	

我们把赞同强度从非常赞同到很不赞同分成五个等级进行赋值,1为最小值,5为最大值,所有调查学生平均值为2.78,总体处于中等水平的赞同强度。

(二)对我国基本政治制度——人民代表大会制度的看法

对于"人民代表大会制度符合我国国情"这一问题的认同情况统计表明,将近六成(55.2％)的中学生表示非常赞同或者比较赞同,8％的学生表示不太赞同或者很不赞同,超过三分之一(36.8%)的学生回答"说不清楚"。具体情况见表5-12。

表5-12　对人民代表大会制度的态度

人民代表大会制度符合我国国情

		频数	百分比	有效百分比	累计百分比
有效	非常赞同	153	22.9	22.9	22.9
	比较赞同	216	32.3	32.3	55.2
	说不清楚	246	36.8	36.8	91.9
	不大赞同	33	4.9	4.9	96.9
	很不赞同	21	3.1	3.1	100.0
	合计	669	100.0	100.0	

我们把赞同强度从非常赞同到很不赞同分成五个等级进行赋值,1为最大值,5为最小值,所有调查学生平均值为2.33,总体处于中等偏上的赞同强度。

(三)对我国国家标志的态度

国歌和国旗是国家的重要象征,调查采用问题"每当听到国歌我就肃然起敬"来了解中学生对国歌与国旗这两个重要国家标志的认同程度。统计表明,超过五成(58.3%)的中学生对于"每当听到国歌我就肃然起敬"这一问题表示符合或基本符合。具体情况见表5-13。

表5-13　对国歌的态度

听到国歌肃然起敬

		频数	百分比	有效百分比	累计百分比
有效	完全符合	144	21.5	21.5	21.5
	基本符合	246	36.8	36.8	58.3
	不确定	162	24.2	24.2	82.5
	基本不符合	81	12.1	12.1	94.6
	完全不符合	36	5.4	5.4	100.0
	合计	669	100.0	100.0	

以上表明,受访中学生整体上对我国国家标志的认同感比较强。

（四）对我国国家公权代表的看法

公权代表是代表国家政权机关行使国家公共权力的国家人员,具体包括我国立法机关组成人员——人大代表、司法机关和行政机关公职人员等。

1. 对立法机关权力代表的理解

调查数据显示,27.4％的中学生对于"人大代表能够代表人民的利益"这一问题表示符合或者比较符合,43.9％的中学生表示不确定,28.7％的中学生表示不太符合或很不符合。也就是说,有将近四分之三被调查的中学生认为我国的人大代表名不符实。我们按照符合程度从高到低赋值,1 为最大值,5 为最小值,受访学生平均值为 3.05,说明受调查中学生对人大代表总体认同程度不高。具体情况见表 5-14。

表 5-14　对人民代表的看法

		频数	百分比	有效百分比	累计百分比
	完全符合	48	7.2	7.2	7.2
	基本符合	135	20.2	20.2	27.4
有效	不确定	294	43.9	43.9	71.3
	基本不符合	117	17.5	17.5	88.8
	完全不符合	75	11.2	11.2	100.0
	合计	669	100.0	100.0	

人大代表能够代表人民利益

2. 对司法机关权力代表的看法

警察是执法机关重要公职人员。对于"警察能保护我们的安全"这一问题,不到四成的中学生表示非常符合和比较符合(39％),36.8％的学生表示不确定,24.2％的学生表示不大符合或者很不符合。我们按照符合程度从高到低赋值,1 为最小值,5 为最大值,被调查学生平均值为2.84,总体上来说,受调查中学生对警察信任程度中等。具体见表 5-15。

表 5-15　对警察的态度

警察能保护我们的安全					
		频数	百分比	有效百分比	累计百分比
有效	完全符合	69	10.3	10.3	10.3
	基本符合	192	28.7	28.7	39.0
	不确定	246	36.8	36.8	75.8
	基本不符合	96	14.3	14.3	90.1
	完全不符合	66	9.9	9.9	100.0
	合计	669	100.0	100.0	

统计表明,学生对国家司法权力代表的认同程度有随家庭生活水平上升而下降的趋势。按照家庭生活水平从最低到最高,其符合程度均值分别为 2.7、3.1、2.8、2.8、3.2。

3. 对公职人员清正廉洁的理解

从调查情况来看,仅有一成(11.2%)中学生认为"我国官员清正廉洁",超过八成(88.8%)的中学生表示不确定或不符合,符合程度均值为3.7,说明中学生对我国国家公务人员的评价总体上是很低的,具体情况见表 5-16。

表 5-16　对官员的态度

我国官员清正廉洁					
		频数	百分比	有效百分比	累计百分比
有效	完全符合	33	4.9	4.9	4.9
	基本符合	42	6.3	6.3	11.2
	不确定	222	33.2	33.2	44.4
	基本不符合	159	23.8	23.8	68.2
	完全不符合	213	31.8	31.8	100.0
	合计	669	100.0	100.0	

在政府依法行政方面,调查还发现,超过六成(62.8%)的中学生赞同或比较赞同"政府只能做法律规定内的事情",只有少部分(12.5%)中学生认为政府可以做法律规定以外的事情,具体情况见表 5-17。

表 5-17　对政府职权的看法

		频数	百分比	有效百分比	累计百分比
政府只能做法律规定内的事情					
有效	非常赞同	249	37.2	37.2	37.2
	比较赞同	171	25.6	25.6	62.8
	说不清楚	165	24.7	24.7	87.4
	不大赞同	45	6.7	6.7	94.2
	很不赞同	39	5.8	5.8	100.0
	合计	669	100.0	100.0	

中学生对公职人员的低评价带来的当然是对政府权威的低信任度，统计分析表明，只有不到四分之一的中学生(22.9%)认为政府发布的信息是可信的，绝大多数的中学生(77.1%)认为不确定或者不可信。具体情况见表 5-18。

表 5-18　对政府公信力的态度

		频数	百分比	有效百分比	累计百分比
政府提供的信息是可信的					
有效	完全符合	42	6.3	6.3	6.3
	基本符合	111	16.6	16.6	22.9
	不确定	309	46.2	46.2	69.1
	基本不符合	138	20.6	20.6	89.7
	完全不符合	69	10.3	10.3	100.0
	合计	669	100.0	100.0	

（五）对我国政治价值的看法

公民政治价值认同是政治认同的最高形式，它表现在对政府或执政党政治理念和政治信仰上的一致状态。在我国，公民政治价值认同主要体现在与社会主义核心价值观的一致性。调查结果分析显示，对于"我不了解社会主义核心价值观"这一问题，有超三成(34.1%)的中学生选择非常符合或者比较符合，只有 32.2% 的中学生选择不太符合或者很不符合,还有 33.6% 的中学生表示不确定,也就是说,受调查中学生中半数以上不了解社会主义核心价值观。具体情况见表 5-19。

表 5-19　对社会主义核心价值观的看法

我不了解社会主义核心价值观

		频数	百分比	有效百分比	累计百分比
有效	完全符合	90	13.5	13.5	13.5
	基本符合	138	20.6	20.6	34.1
	不确定	225	33.6	33.6	67.7
	基本不符合	132	19.7	19.7	87.4
	完全不符合	84	12.6	12.6	100.0
	合计	669	100.0	100.0	

从家庭生活水差异来看,家庭生活水平最高的那部分学生政治认同水平也最高,中等和中等偏上生活水平这部分学生政治认同水平最低。具体表现在,按照家庭生活水平从低到高排列,总体均值分别是 3.7、3.2、3.0、2.6、2.5,呈现有规律的政治认同水平升高趋势。具体情况见表 5-20。

表 5-20　家庭生活水平对社会主义核心价值观的相关性

家庭生活水平影响社会主义核心价值观的看法

生活水平	均值	N	标准差
较差	3.6667	18	1.36626
中等偏下	3.2308	39	1.09193
中等	3.0417	432	1.17595
中等偏上	2.6964	168	1.24929
较高	2.5000	12	1.29099
总计	2.9731	669	1.20404

三、中学生对公民政治权利的看法

公民政治权利和自由指的是公民依法参与国家政治生活、管理国家事务和社会事务、表达意愿的权利和自由。当代中学生对我国公民的基本权利是一个怎样的认识态度和认同情况？本部分从公民选举权、监督与参与国家事务管理权利、公民平等自由权等几个方面，考察当代中学生对我国公民政治权利及其真实度的认同情况。

（一）对我国公民选举权真实度的认同

选举权是公民最基本的政治权利。调查发现，总体而言，受访中学生对我国公民享有选举权真实度的认同程度不高。对于"在我国，选举只是走过场"这一问题，中学生选择非常和比较符合的占 43％，选择不确定的占 38.6％，选择不太符合或者很不符合的占 18.4％。总体均值为2.62，显示出多数受访中学生质疑公民选举权利的真实性。具体情况见表 5-21。

表 5-21　对选举的看法

在我国，选举只是走过场		频数	百分比	有效百分比	累计百分比
有效	完全符合	126	18.8	18.8	18.8
	基本符合	162	24.2	24.2	43.0
	不确定	258	38.6	38.6	81.6
	基本不符合	81	12.1	12.1	93.7
	完全不符合	42	6.3	6.3	100.0
	合计	669	100.0	100.0	

（二）对我国公民平等权利真实度的态度

中学生是怎样看待公民的平等权利呢？调查结果显示，接近一半（46.2％）的中学生对认为法律面前人人平等，表示不确定的中学生比例约四分之一（26％），表示不太符合和很不符合的占 27.8％。说明大部分受访中学生对我国公民的法律平等权表示认同，也有部分学生持否认态度，总体评价中等。具体情况见表 5-22。

表 5-22　对法律的看法

在我国,法律面前人人平等				
	频数	百分比	有效百分比	累计百分比
有效　完全符合	135	20.2	20.2	20.2
基本符合	174	26.0	26.0	46.2
不确定	174	26.0	26.0	72.2
基本不符合	120	17.9	17.9	90.1
完全不符合	66	9.9	9.9	100.0
合计	669	100.0	100.0	

为了进步一步了解中学生对此问题的看法,我们设计了"社会不公现象严重"这一问题。调查结果表明,超过六成(68.5%)的中学生认为目前我国社会不公现象非常严重,选择不太符合和很不符合的比例仅为9%。具体情况见表 5-23。

表 5-23　对社会公正的看法

社会不公平现象严重				
	频数	百分比	有效百分比	累计百分比
有效　完全符合	219	32.7	32.9	32.9
基本符合	237	35.4	35.6	68.5
不确定	150	22.4	22.5	91.0
基本不符合	33	4.9	5.0	95.9
完全不符合	27	4.0	4.1	100.0
合计	666	99.6	100.0	
缺失　系统	3	0.4		
合计	669	100		

（三）对我国公民自由权利的理解

一个有责任,有素质的公民,不仅仅以法律,还应该以社会公德为标准来确定自己应该做和不该做的事情。统计显示,有超过一半(52.5%)的被调查中学生认为在法律允许范围内公民可以做任何事情,17.5%的中学生表示不确定,30％的中学生表示反对。在对公民自由权利的认识上,相当部分中学生能够理性看待法律所赋予的自由权。具体情况见表5-24。

表 5-24　对公民自由与法律的关系的态度

	法律范围内可以做任何事				
		频数	百分比	有效百分比	累计百分比
有效	非常赞同	204	30.5	30.5	30.5
	比较赞同	147	22.0	22.0	52.5
	说不清楚	117	17.5	17.5	70.0
	不大赞同	120	17.9	17.9	87.9
	很不赞同	81	12.1	12.1	100.0
	合计	669	100.0	100.0	

对于中学生对公民自由权利的理解,在性别、家庭所在地、家庭生活水平等方面的差异影响不大。

(四)对我国保障公民基本权利的看法

结果分析显示,有45.7％的中学生认为我国公民的基本权利都能得到国家的尊重和保护,30.9％的中学生选择不确定,大约两成多(22.9％)的中学生选择不太符合或者很不符合。应该说总体上受调查中学生对我们国家保障公民基本权利较有信心。具体情况见表5-25。

表 5-25　对公民基本权利的看法

	公民基本权利得到尊重和保护				
		频数	百分比	有效百分比	累计百分比
有效	完全符合	102	15.2	15.2	15.2
	基本符合	204	30.5	30.5	45.7
	不确定	207	30.9	30.9	76.7
	基本不符合	99	14.8	14.8	91.5
	完全不符合	54	8.1	8.1	99.6
	缺失	3	0.4	0.4	100.0
	合计	669	100.0	100.0	

四、中学生对公民义务的看法

我国宪法和法律在赋予公民基本权利的同时,也赋予了公民应尽的义务。公民义务是公民对国家和社会必须履行的职责,其中依法服兵役和依法纳税是贴近中学生生活实际的义务条目。本部分主要通过问卷调查和访谈来考察中学生对义务的认同情况。

(一)对依法服兵役的义务态度

保护国家安全,依法服兵役是公民的神圣职责。通过调查中学生对"服兵役是每个公民的义务"的赞同情况来考察中学生对服兵役的义务认同情况。

从总体统计情况来看,中学生对服兵役的义务认同情况很乐观。具体而言,对于"服兵役是每个公民的义务"这一题目,79.3%的中学生表示赞同,其中认为维护国家安全是公民的义务的中学生占到63.2%,9.4%的中学生态度不明确,11.2%的中学生不太赞同或很不赞同。说明中学生对于义务兵役制度非常支持。具体情况见表5-26。

表 5-26　对服兵役的看法

对服兵役的看法		频数	百分比	有效百分比	累计百分比
有效	反对,这是国家对公民的强迫	51	7.6	7.6	7.6
	反对,现在是和平时代,没有这个必要	24	3.6	3.6	11.2
	支持,因为参军能得到一定的好处	108	16.1	16.1	27.4
	支持,因为维护国家安全是公民的义务	423	63.2	63.2	90.6
	其他	63	9.4	9.4	100.0
	合计	669	100.0	100.0	

五、中学生对国家经济的看法

中学生对一个国家的经济政策的认可,以及他们的家庭是否从社会经济发展中受益,影响他们对国家的认同感。由于经济包含的范围极广,很难全面涉及,因而本调研从中学生对我国社会主义特色的分配制度认识情况以及中学生对家庭生活水平的满意程度这两个方面来了解他们对我国的经济认同情况。

（一）对我国现行分配制度的公平性的看法

国家的经济政策涉及的内容比较多,而分配政策是其中与人民切身利益非常相关的部分。经济分配制度反映一个社会如何处理效率与公平的关系,它既能反作用于经济生产,也直接关系到每个家庭的经济利益。因而,公平的分配制度不仅能够维护生产的效率,又能够公正地分配社会财富,它是社会健康发展、国家繁荣富强的重要保障。

从统计数据来看,仅 30.9％的中学生赞成我国现行的分配制度是公平的,40.8％的中学生表示对于"我国现行的分配制度是否公平"说不清,28.3％的中学生不赞同或不太赞同这一观点。在总分为 5 分的赋值中,中学生对我国现行分配制度的公平性的认同度为 2.98 分。值得注意的是,选择"说不清"的中学生占比很大,这也从一个侧面表明我国中学生对于经济问题的认识程度不高。具体情况见表 5-27。

表 5-27　对分配制度的看法

		分配制度是公平的			
		频数	百分比	有效百分比	累计百分比
有效	非常赞同	57	8.5	8.5	8.5
	比较赞同	150	22.4	22.4	30.9
	说不清楚	273	40.8	40.8	71.7
	不大赞同	123	18.4	18.4	90.1
	很不赞同	66	9.9	9.9	100.0
	合计	669	100.0	100.0	

在我们所调查的样本中,家庭生活水平最高、较高、中等、较低、很低的中学生对分配制度的公平性的认同度分别为 3.0、2.9、2.9、3.0、4.0。前四个等级的中学生对分配制度公平性的理解差距不大,但是生活水平为较差的中学生对分配制度的公平性极不认可,显示出其可能将生活水

平低归因于分配制度不公平。具体情况见表 5-28。

表 5-28　家庭生活水平对分配制度看法的相关性

家庭生活水平影响中学生对分配制度的评价			
生活水平	均值	N	标准差
较差	4.0000	18	1.54919
中等偏下	3.0769	39	1.11516
中等	2.9583	432	1.04363
中等偏上	2.9286	168	1.09307
较高	3.0000	12	0
总计	2.9865	669	1.07167

（二）对家庭生活水平的看法

与对分配制度的不太认同形成鲜明对比的是,中学生对家庭生活水平的评价较高,64.1%的中学生认可我家生活条件越来越好,只有25.6%的中学生选择了不确定,10.3%的中学生选择了基本不符合或完全不符合。这说明中学生对家庭生活水平总体比较满意,持比较乐观的态度。具体情况见表 5-29。

表 5-29　对经济发展的信心

我家的生活条件越来越好		频数	百分比	有效百分比	累计百分比
有效	完全符合	87	13.0	13.0	13.0
	基本符合	342	51.1	51.1	64.1
	不确定	171	25.6	25.6	89.7
	基本不符合	51	7.6	7.6	97.3
	完全不符合	18	2.7	2.7	100.0
	合计	669	100.0	100.0	

调查结果显示,中学生对家庭生活水平判断和家庭生活水平变化趋势判断高度吻合,其均值随着家庭生活水平提高而降低。这也说明中学生对家庭生活水平的认识比较理性,评价也比较客观。具体情况见表 5-30。

表 5-30　家庭生活水平对经济发展信心的影响

家庭生活水平对经济发展信心的影响			
生活水平	均值	N	标准差
较差	2.8333	18	1.47196
中等偏下	2.5385	39	0.96742
中等	2.5000	432	0.88500
中等偏上	1.9643	168	0.71260
较高	1.5000	12	0.57735
总计	2.3587	669	0.89870

六、中学生的文化认同

文化认同就是指对人们之间或个人同群体之间的共同文化的确认。使用相同的文化符号、遵循共同的文化理念、秉承共有的思维模式和行为规范，是文化认同的依据。拥有共同的文化是民族认同、社会认同的基础。本调研试图分析中学生对传统思想文化、节日习俗文化、民族语言文化与以电视剧为代表的流行文化的认同度。

（一）对传统思想文化的态度

中学生对中华传统文化的体认与学习是文化传承的重要途径，也是涵养民族根性的重要方式。中学生对学习传统文化的必要性的肯定以及他们对传统文化的兴趣度，是他们对传统文化认同的重要表征。调查用问题"开设中国传统文化课程是必要的"来考察学生对于传统文化的兴趣。75.8%的中学生表示对中国传统文化有兴趣，15.2%的中学生表示不确定，仅有9%的中学生表示基本不符合或完全不符合。在总分为5分的赋值中，中学生对传统文化的兴趣度为1.9，表明中学生对传统文化的学习有非常浓厚的兴趣。具体情况见表5-31。

表 5-31 对中国传统文化的态度

		频数	百分比	有效百分比	累计百分比
		开设中国传统文化课程是必要的			
有效	完全符合	255	38.1	38.1	38.1
	基本符合	252	37.7	37.7	75.8
	不确定	102	15.2	15.2	91.0
	基本不符合	54	8.1	8.1	99.1
	完全不符合	6	0.9	0.9	100.0
	合计	669	100.0	100.0	

在对中学生的传统思想文化认同的考察中,研究者以我国传统文化的经典四书五经为例来探究中学生对传统文化的态度。在所调查的中学生当中,35.4%的中学生认为学习四书五经是必要的,24.2%的中学生表示不确定,超过 4 成(40.4%)的中学生持反对意见。具体情况见表5-32。

表 5-32 对"四书五经"的态度

		频数	百分比	有效百分比	累计百分比
		学习"四书五经"是必要的			
有效	非常赞同	51	7.6	7.6	7.6
	比较赞同	186	27.8	27.8	35.4
	说不清楚	162	24.2	24.2	59.6
	不大赞同	171	25.6	25.6	85.2
	很不赞同	99	14.8	14.8	100.0
	合计	669	100.0	100.0	

结合中学生对学习传统文化兴趣的调查,可以看出中学生对于四书五经与传统文化直接的认同并不一致,中学生所理解的传统文化教育并不等同于学习四书五经。

(二)对节日习俗的看法

传统节日蕴涵着丰富的思想道德教育资源,随着社会的开放而在我国悄然流行的西方节日对于青少年的思想品德培养也有利有弊，而国庆节也应当对中学生的爱国主义等品德产生影响。我们试图在调研中分析中学生对传统节日、西方节日和国庆节的态度，以及哪些因素影响了中学生对节日习俗的认同。

据统计结果显示，75.8％的中学生表示自己喜欢过中国传统节日，17％的中学生表示不确定，7.2％的中学生表示不喜欢或很不喜欢。在总分为5分的赋值中，中学生对传统节日的喜爱度为1.93。这表明绝大多数中学生喜爱传统节日。具体情况见表5-33。

表 5-33　对中国传统节日的态度

		频数	百分比	有效百分比	累计百分比
			喜欢过中国传统节日		

		频数	百分比	有效百分比	累计百分比
有效	完全符合	279	41.7	41.7	41.7
	基本符合	228	34.1	34.1	75.8
	不确定	114	17.0	17.0	92.8
	基本不符合	24	3.6	3.6	96.4
	完全不符合	24	3.6	3.6	100.0
	合计	669	100.0	100.0	

调查用问题"国庆对于我只是个假期，意义不大"来调查中学生对于国庆节的看法，34.5％的中学生赞同国庆只是个假期的说法，接近六成（57.4％）的中学生认为国庆节有超越一般假期的内涵和意义。具体情况见表5-34。

表 5-34　对国庆的态度

		频数	百分比	有效百分比	累计百分比
		国庆对于我只是个假期，意义不大			
有效	非常赞同	81	12.1	12.1	12.1
	比较赞同	150	22.4	22.4	34.5
	说不清楚	54	8.1	8.1	42.6
	不大赞同	189	28.3	28.3	70.9
	很不赞同	195	29.1	29.1	100.0
	合计	669	100.0	100.0	

据统计结果显示,15.7％的中学生表示自己不喜欢过西方节日,18.4％的中学生表示不确定,66.0％的中学生表示喜欢过西方节日。这表明绝大多数中学生也喜爱西方节日。详细情况见表 5-35。

表 5-35　对西方节日的态度

我不喜欢过西方节日				
		频数	百分比	有效百分比	累计百分比
有效	完全符合	60	9.0	9.0	9.0
	基本符合	45	6.7	6.7	15.7
	不确定	123	18.4	18.4	34.1
	基本不符合	252	37.7	37.7	71.7
	完全不符合	189	28.3	28.3	100.0
	合计	669	100.0	100.0	

与传统节日喜好程度进行数据对比,表明喜欢传统节日的中学生更多(传统节日 75.8％,西方节日 66.0％),表示不确定的中学生数量非常接近。

(三)对汉语学习重要性的态度

语言是人类最重要的交际工具,也是民族凝聚的重要媒介之一。汉语是中华民族的母语,承载着厚重的传统文化,中学生学习汉语,不仅仅是掌握一门交际工具,更重要的是能加深对我国传统文化的理解,形成自己的文化归属感。因此,考察中学生对汉语学习重要性的认同程度也能在一定程度上反映着对我国文化的认同程度。

调查数据显示,不到一半(45.3％)的中学生认为汉语学习比英语学习更重要,只有两成(21.5％)的中学生认为汉语学习不及英语学习重要,另有三分之一(33.2％)的中学生表示不确定哪个更重要。具体情况见表 5-36。

表 5-36 对汉语学习的态度

和英语学习相比,我认为汉语学习更重要

		频数	百分比	有效百分比	累计百分比
有效	完全符合	132	19.7	19.7	19.7
	基本符合	171	25.6	25.6	45.3
	不确定	222	33.2	33.2	78.5
	基本不符合	105	15.7	15.7	94.2
	完全不符合	39	5.8	5.8	100.0
	合计	669	100.0	100.0	

通过赋值统计分析发现,在总分 5 分的汉语学习重要性的强度中,所调查学生的平均得分为 2.6 分,处在中等水平。从性别的角度来看,男女生对汉语学习重要性的评价存在着较大差异。男生的总体评价均值为 2.4,而女生则为 2.8,显示出男生更加重视汉语的学习。具体情况见表 5-37。

表 5-37 性别对汉语学习态度的影响

性别对汉语学习态度的影响

性别	均值	N	标准差
男	2.4365	378	1.14190
女	2.8660	291	1.09572
总计	2.6233	669	1.13970

(四)对流行文化的态度

流行文化是中学生接触较多的文化形态,也在不知不觉中塑造着中学生的世界观、人生观和价值观。我们也可以从中学生对流行文化的类型的偏爱中间接推测出他们对国家的认同程度。美剧、韩剧大肆进军中国文化市场,被一些极具忧患意识的人界定为"文化入侵",有损民族根性,缘由正是源于此。

在"最喜欢看的电视剧"的选项中,22.9%的中学生选择了国产剧,不到总人数的一半。喜欢欧美剧、日韩剧、港台剧的中学生的比例则分别为39％、16.1％、9％,另有13％的中学生选择了"其他",包含泰剧、印度剧等,表现出中学生对流行文化的认同呈现出多元格局。具体情况见表5-38。

表5-38 对不同地域电视剧的态度

		频数	百分比	有效百分比	累计百分比
	我更喜欢看的电视剧				
有效	国产剧	153	22.9	22.9	22.9
	欧美剧	261	39.0	39.0	61.9
	日韩剧	108	16.1	16.1	78.0
	港台剧	60	9.0	9.0	87.0
	其他	87	13.0	13.0	100.0
	合计	669	100.0	100.0	

综上所述,当代青少年的基本价值观,尤其是对国家的认同感、对社会的基本态度、对文化的理解方面都值得人们反思。在一些重要的指标上,如对中国人的评价、移民、社会公正、流行文化等,青少年的态度和表现令人忧心。学校德育必须正视可能存在的青少年基本价值观滑坡的问题,并采取积极的策略帮助青少年梳理正确的价值观念。

第三节 社会转型期德育改革的实施建议

社会转型必然带来青少年价值观的变化,与之相适应,德育也必须做出相应的调整。2008年深圳大学罗石教授发表《适应社会转型的德育转型是否可能》一文论证:随着我国社会转型,德育转型不仅必要,而且可能。[1] 可能的路径包括:德育理念、德育模式、德育内容和德育评价的德育全面改革。

---

[1] 罗石、宋佳:《适应社会转型的德育转型是否可能》,《深圳大学学报》(人文社会科学版)2008年第2期。

一、以"欣赏型德育"为基点的德育理念变革

"欣赏型德育"的理念是由北京师范大学檀传宝教授提出的一种全新德育理念,它为当代德育的全面转型提出了一种可能路径。"欣赏型德育"模式的核心追求是使道德教育的价值引导与道德主体的自主建构这两个往往相互对立的方面能够在自由"欣赏"过程中得以统一和完成。这一模式反对灌输,要求解放教育对象;反对放任,要求提升教育对象;力图走一条"中庸"的教育道路,让德育成为"一幅美丽的画""一曲动听的歌"。① "欣赏型德育"希望解决道德教育中始终存在着的巨大矛盾——教师价值引导与学生道德自主建构之间的矛盾。"欣赏型德育"的目标是"道德学习在欣赏中完成"。这一具体目标的实现从逻辑角度可以具体表述为:建立参谋或伙伴式的师生关系;德育情境的审美化;在"欣赏"中完成价值选择能力和创造力的培养。"欣赏型德育"的前提是在德育过程中存在可以被学生欣赏的审美对象即"德育美"。德育过程诸要素的审美化是这一模式建构的关键。为此必须进行道德教育活动的形式美、作品美和师表美的创造与欣赏。②

"欣赏型德育"在全国诸多中小学开展试验工作,取得了良好效果。以珠海湾仔中学为例。

地图上旅行活动

初一(4)班有一半学生是随父母离乡南下打工或因父母工作调动而入读湾仔中学,他们来自全国20多个省市。由于初来乍到,他们见识不如本地学生,有的甚至连普通话也不会说,因而与本地学生格格不入。这批同学的共性是自卑、内向、离群,学习不主动、不积极。这些情况很自然地导致了班集体向心力不强、凝聚力不足。为此,班主任高永霞老师根据实验要求,在班上开展了"请到我的家乡来做客"等地图上旅行系列活动。比如来自四川康定的同学,他要在班上介绍自己的家乡并热情地邀请大家去家乡做客。这样,即使不提爱家乡、爱祖国,祖国最伟大、

---

① 檀传宝:《欣赏型德育模式的核心理念》,《中国德育》2006年第5期。
② 檀传宝:《让道德学习在欣赏中完成——试论欣赏型德育模式的具体建构》,《北京师范大学学报》(人文社会科学版)2002年第2期。

最优秀、最具有闪光点的东西也已呈现给了同学；不提自尊、自爱、自信、自强、团结友爱、集体主义，同学们在活动中就已经懂得并做到了这些。

这一活动主要是针对湾仔中学移民学生较多、彼此关系不融洽甚至对立的实际德育问题而设计的，目的是让移民学生通过展示家乡的各种美好事物来增强自己的自信心；让当地学生在欣赏移民学生家乡的美好景色、特色风俗的过程中，学会悦纳他人、欣赏他人的美好。活动既给那些外来学生带来了自豪感，也给他们与当地学生进行交流提供了一个新鲜而亲切的话题，消除了因地区差异而带来的陌生感；使所有的学生都能够在班级里得到尊重，彼此融洽地相处；使学生们学会了自我欣赏，也学会了欣赏他人，学会了让自己的心有更多善意、更多包容。①

二、以"德育主题班会活动"为依托的德育教学模式变革

所谓的德育主题班会，是指教师（多指班主任）或学生围绕某个（某些）主题开展的旨在提高学生道德素养和文明习惯的班级活动。这些活动具有极强的德育价值，是学校德育的重要组成部分。在德育实践中教师应很好地借助德育主题班会活动的形式提高学生的道德修养。在德育主题班会活动过程中要做到以下三个方面的要求。

（一）指向德育：德育主题班会活动的目标特征

一般而言，主题班会都有一个或多个较为明确的目标。这些目标与主题班会的类型和具体内容有关，如"感恩的心"主题班会，其核心目标是启发学生领悟和践行"感恩"这一品质。"阳光总在风雨后"主题班会活动则是鼓励学生正确面对挫折，在失败中吸取教训，战胜困难等等。这些主题班会活动的目标指向似乎很难概括。然而，深入分析来说，几乎所有的主题班会活动的目标都指向一个深层的目标——促进学生的道德成长和人格发展。这一目标由学校的教育任务所决定，因为"学校不仅要教会人们改变环境（客观世界），还要教会人们改变自我（主观世界）；它既赋予受教育者以对象化活动的品质，又要使之具有非对象化

---

① "欣赏型德育模式建构研究"课题组：《美丽的德育在成长——"欣赏型德育模式建构研究"的案例述评》，《中国德育》2006 年第 5 期。

（对象性）活动的品质,并使这两方面的品质在个体的人格上得到和谐协调发展。"①主题班会活动可以看作为学校道德教育的集中表现。因此,任何主题班会活动不能仅仅局限于某个具体目标的实现,而应该与学校教育的宏观目标相联系,充分利用每一次活动启发学生对道德的向往、确认和践行,从而塑造自己的主观世界。从理论上来说,这种"道德属性"天然地蕴含在所有主题班会活动之中。从现实上来说,人们几乎很难找到与道德无关的主题班会活动。真正的问题在于,在一些主题班会活动中,人们忽视了对"道德"的开发,从而使得主题班会活动缺少了对"德性成长"的关照。因此,组织者在设计开展主题班会活动的时候应当关注于开发这种活动的"道德价值",避免一味地迁就于某个具体任务的完成。例如,评选班干部的班会活动,其重要性不仅仅在于选出班委会成员,而更在于选举的公正性、选举的民主性、选举的程序合法性等等。传达这些道德价值对于学生来说意义更为重大。它将直接为学生提供道德的实践场域和行为范本。当然,从某次班会活动来说,道德价值的传达及其效力似乎很难在短时间内表现出来,但是这种"深层目标"应该成为人们组织主题班会活动的重要立意指标。它对学生的影响将会更加深刻、长久。

（二）蕴含德性:德育主题班会活动的内容特征

通常情况下,组织者在选择主题班会活动的主题时,比较倾向于选择具有道德教育属性的内容,这主要是由于主题班会活动与德育之间存在着天然联系。即便是日常的班级管理事务,看似与道德教育关系不大,其实也蕴含着德性的因素,如选举的"民主之意"、评优的"公正之维"、班规制定的"程序合法"等。人们会在选择班会活动的主题、搜集材料和设计过程中较多地关注富有情感和蕴含德性的内容。这些主题和材料容易令学生感动,引起学生的共鸣,从而有利于学生进入讨论和体验的情境。

除此以外,蕴含德性的主题班会活动内容往往以正面激励为主,以期待唤醒学生的内部自觉。这种正向的激励能够对学生的情感和道德

---

①　鲁洁:《通识教育与人格陶冶》,《教育研究》1997年第4期。

发展产生积极的影响。以内容为切入口的显性道德教育内容往往能够激发学生产生道德承诺和道德执行力。

(三)道德过程:德育主题班会活动的过程特征

任何"关于道德"的教育本身必须是道德的。这种道德最集中地体现在道德手段的使用和道德过程的人本性。有些德育活动缺乏对学生主体体验的关注而让学生感受到压抑和痛苦。这种活动不可能真正发挥道德教育的作用,学生也不可能通过这样的活动获得道德成长和人格发展。主题班会活动应该让学生在身心舒适的状态下进行,不应该采用任何强迫、灌输或压制的手段让学生接受某些价值观或践行某些行为。主题班会活动在实施过程中应该充分发挥其道德性。

首先,德育主题班会活动一般为集体活动,全员参与。通过集体讨论、演讲、辩论、表演等等方式,学生可以充分地阐述自己对某个问题的看法。这种全员参与的特点要求组织者应当平等地对待并尊重每个学生的言论和感受。主题班会不能成为教师的"独角戏"也不能成为少数学生的"秀场"。

其次,主题班会活动应该体现民主、公开、友善和美的价值。教师要利用各种手段,如美文、图片、音乐、动画等来启发学生的思维和心灵。那些精心设计的班级布景、富有感情的美文朗诵、令人深思的画面等等都将成为提升主题班会活动价值的重要内容。

最后,主题班会活动的过程是一个师生互动和生生互动的过程。每个人将在参与、聆听和分享过程中获得可能的启发。每个学生都可以充分地表达自己的意愿和思想。能够自由地表达并得到他人的尊重对于学生来说是一个重要的体验。他们将在这一过程中不断地思考和领悟某个主题的价值和力量,这是道德学习较为有效的一种方式。

三、以"传统文化和普适价值"为基础的德育内容变革

社会转型期德育要具有面向未来和全球化的视野,开放、革新、进取地"前进",同时也要回望过去,保留民族传统道德中质朴、单纯、富有人性光芒的内容。社会转型期价值混乱的源头之一可能是:社会经济全面变革"迅速"推动了与之相应的价值观。人们甚至还没有来得及认真思

考新的价值观的绝对合理性，以及如何处理新老价值观冲突，便"迅速"地被卷进一场尚未沉淀、尚未与中国传统价值观和谐共存的"价值冲突"中。当代德育需要慎重地反思这一问题。人们期待新一代青少年能够成长为"面向世界的中国人"。因此，对新一代青少年的道德教育内容必然需要结合两个层面：传统文化和普适价值，不可偏废其一。

（一）以传统文化教育为立足的德育内容变革

当代"传统文化"所蕴含的内容颇具争议性。这主要是传统文化中存在由封建时代所延传下来的一些不合时宜的内容，尤其在清末救亡图存、西学东渐之际，传统文化往往被指责为导致国破家亡、民生凋零的祸首，成为与"西学"相比较的落后之物。这种定位几乎贯穿了整个中国近现代的文化发展脉络，从五四新文化运动到"文革"再到改革开放初期激进的价值"西化"运动，传统文化一直承受着极大的压力。尽管期间众多有识之士号召以"扬弃"的态度对传统文化进行重建和发扬，但是这种努力在整个社会的经济化大潮下举步维艰。直到最近几十年，随着中国社会价值混乱和价值失衡现象的凸显，人们开始认识到完全依赖西方价值观无法完成社会道德伦理的重构和完善。国人开始重新思考并试图寻找中国社会的伦理根本——不同于其他种族和人民的，适用于中国社会和民族特性的文化根源。人们从传统文化中可以汲取诚信、正义、友善、良心、孝悌等价值营养，这些基本的伦理价值在任何时候都不会过时。由此，我国很多地方的中小学都开始开展传统文化教育，如宁波镇安小学、宁波栎木小学等等。把传统文化引入学校德育是当代中小学德育内容变革的一个突出特点之一，是德育工作者试图从传统文化中找寻重启社会伦理秩序的一个重要尝试。

（二）以普适价值为指向的德育内容变革

这里的"普适价值"主要指不被传统文化提倡，但又具有时代特征和全球化视野的一些人类共同遵循的价值，如竞争、开放、创新、平等。在全球化时代，每个公民都深刻感受到一体化的经济、生活模式、价值范式的趋同和相互影响性。计划经济时期的保守、僵化、服从等思想观念受到了前所未有的挑战，与时俱进、开拓创新、勇于进取、争创先进成为时代思潮。这种富有时代特征的文化要求德育在培养新公民时，必须着眼未来，培养具有普适价值的，符合全球化生存的新一代青少年。诚然，在信息时代，包括普适价值在内的西方所有的文化形态都通过各种信息通道，尤其是网络全面地扑向中小学生，其中不乏糟粕，如物质主义、享乐主义、极端个人主义等等，学校德育内容必须对其进行修改和重造。在选择普适价值的过程中，学校教育者要谨守：这种普适价值是适用于所有国家和民族的，是经过人类历史证实和完善的，是作为一个人的最根本的精神存在。一方面不能因为这些价值来自异国而盲目地贴上"先进"的标签，另一方面也不能因为这些价值"非我族类"而简单地拒斥，应当培养学生在文化纷扰中的"明辨能力"。

四、以"教师鼓励和学生自省"为重点的德育评价变革

檀传宝教授曾批评过以分数为基准的传统德育评价方式。他指出：过去我们给学生品德打分，就像数学老师给数学成绩一样。这种品德评价一直延续到今天，仍然是我们德育中最主要的形式，它包括课业（德育课程）评价和操行评价两种形式。这两种经验评价形式简单易行，对评价学生的品德发展有一定帮助，但其存在的问题也不可忽视。从课业评价和品德评价的关系来看，二者的相关度极低。20世纪80年代中国就有人做过高考成绩与品德发展的相关性研究，他们得出的结论是零。从操行评价的科学性来看，班主任一学期下来常常会给学生下一个评语，这个评语一方面有一点参考价值，但另一方面在集体教学的情况下（一个老师要面对几十个学生），其结论常常是不可靠的。况且，品德这个概念很奇怪，虽然我们可以将它分解为知、情、意、行等要素，但是这几个要素相加却不一定是品德，因为一个人的道德认知不一定能转换为他的道德品质，而他的外在表现也不一定能够证明他是否具备某方面的品德。比如，某位学生在学校非常爱劳动，可是回到家以后，他可能连自己的房间都不打扫，被子也不叠。那能否证明这个人到底爱不爱劳动？品德测评发展到科学测评阶段以后，有了很大进步，但是人们对于测评的科学性和有效性依然意见纷纭。[①]

---

① 檀传宝：《品德评价的否定之否定》，《教育测量与评价》（理论版）2009年第2期。

在中国基础教育改革不断深化的今天,人们越来越发现完全数字化方式不可能完成对一个青少年完整人格的评价。品德评价需要转向充分尊重学生主体反思的,以积极鼓励为评价导向的品德评价方式。这种评价需要注意以下几点:

第一,品德评价是促进学生品德发展的手段而不是成人对青少年的道德审判。教师应谨慎对待自己做出的评价,同时应减少对学生大而化之的总体道德评判,而应具体到某件事情,就事论事地评价。

第二,品德评价要以鼓励和建议为主,为学生发展提供改进的建议和空间,而非"一批了事",在批评的同时为学生指出一条具体的改进路径。

第三,品德评价要注意启发学生的自省能力,为学生提供自我反省的机会。以"点到为止"代替"说教灌输",要相信学生有基本的道德反省意识,过多地讲大道理和唠叨反而容易引起学生的叛逆和反感。

总之,在学校教育中,品德评价是一个需要慎重考虑和谨慎处理的问题。因为品德评价对一个学生的影响可能是终身的。因此在测评的时候,教师确实需要以更加积极、信任和期待的态度去进行学生品德评价,使之更具人文性和教育价值。

第六章　社会转型期基础教育教师
教育变革与发展研究

中国正处于社会转型时期,市场经济体制有待完善,城镇化道路仍需推进,文化价值观面临重塑,信息化技术对社会发展提出了新要求,等等。作为国家发展和社会进步的重要推动力量之一,教育改革势在必行。教师是推进教育变革与发展的重要力量之一,是转型期教育需要关注的重要群体,"提高教师的质量和积极性应是所有国家的一项优先任务"①。作为教师专业成长达成的重要方式,教师教育在社会转型期必须做出积极回应,特别是教师职后培训存在的诸多问题急需解决。本章将从教师教育的整体出发,重点阐释基础教育在职教师参加培训的若干问题,以促进教师的专业成长,提升基础教育的师资队伍水平,进而推进基础教育变革的纵深发展。

第一节　社会转型期教师身份与教师观的重审

社会转型要求传统的教师身份与教师观亟待重塑。传统教师教育将教师作为"受教育者",而不是"学习者",对教师专业化理念理解不够

---

①　联合国教科文组织总部中文科译:《教育财富蕴藏其中(由雅克·德洛尔任主席的国际 21 世纪教育委员会向联合国教科文组织提交的报告)》,教育科学出版社 1996 年版,第 140 页。

深入,教育教学内容单一、教学形式呆板和管理方式威权主义明显等,这些导致了教师教育的低效或失效。就一定意义而言,深入认识与解决这些问题,关系着基础教育改革的成败。

一、教师身份的再认

学者布洛(Bullough)曾指出:"教师身份认同对于教师教育非常关键,它是意义产生和进行决策的基础……教师教育必须从探讨教师身份认同开始。"①那么,究竟该如何看待教师的身份? 有些人认为,教师主要的工作对象是学生,主要场所在学校,教师是教育教学活动的实施者,学校工作是其生活的主阵地。有些人称呼教师是:点亮了别人却燃烧了自己的"红烛"、辛勤的园丁、人类灵魂的工程师、到死丝方尽的"春蚕"……这是从精神层面出发提出的,认为教师忘我的奉献品格是无私而伟大的。上述这些观点从不同角度对教师的身份给予了认定,都不无道理。然而,随着社会条件的变迁,经济、文化价值观等方面的流转,涌现出的诸多新元素潜移默化地影响着教师的观念与言行,也不可避免地影响着人们对教师身份的重新认识。

(一)"学校人"应该是教师的"首要"身份

自从学校教育产生开始,教师与学生一并作为核心要素共同承载着教育教学活动的始终,教师的"学校属性"可以说是天然的、与生俱来的。教师是学校各项活动的策划者、组织者与实施者,不仅包括师生的日常性管理、学校发展规划的制定等,也包括教学活动的展开、师生的成长与发展等,每项工作都离不开教师的参与乃至定夺,就一定意义而言,教师花在学校的心思是最多的,当然这也是其负责任的一个重要体现。与此同时,教师的发展也离不开学校这一平台,学校是教师成长的重要场所,"学校各项工作的实践所涉及的各种政策规范、各类人际关系、各种资源配置状况、各种教育教学现象和各种问题等都是教师学习活动的基本环境"②。借助这一载体,教师可以充分施展自身才华、挖掘自身潜能,进而

---

①　魏建培:《教育学基础》,清华大学出版社 2011 年版,第 142 页。
②　林正范:《论生态取向教师学习的校园环境特征》,《教育研究》2012 年第 9 期,第129 页。

提升自身的专业发展水平。

(二)教师也是"家庭人"

家庭是人们生存于世所属的社会组织的基本单位,教师作为家庭成员是不可否认的事实,他们已经为人子女,有的已经为人夫妻、为人父母,抑或是与人为亲属关系。孝敬长辈、关爱配偶、抚养子女、帮扶兄弟姐妹等,这些都是教师应该承担的责任。他们的成长牵动着每个家庭成员的心,反之亦是如此。一方面,教师平时在校工作繁忙,但不能总是因为忙碌而无暇顾家,应该在情感、物质等多方面对家人给予关心,应该付出大量的精力照顾家庭。另一方面,家庭是教师每天忙碌结束后休憩的港湾,教师可以在其中得到宽慰与支持,休整后的教师可以更好地投入到学校工作中。因此,教师需要合理地处理好学校工作与家庭生活的关系,"对于工作时空界限模糊的教师来说,如果其专业发展与家庭生活对立或竞争,会受到很大的制约;如果其专业发展能够取得家庭的支持,形成一致的心理关系,教师没有后顾之忧,会产生一种职业的轻松感,这样才能充分发挥其创造性"[①]。

(三)教师还应该是"社会人"

作为个体的人,教师生活在社会群体中,面对纷繁复杂的人际关系,教师已然不能局限于学校这个小空间,需要积极地回应社会大环境所带来的挑战。作为社会成员,教师在维护社会秩序、推动经济发展、传承与革新文化等方面都需要参与并发挥重要作用,这是社会对教师的期望与要求。同时,社会政治、经济、文化大环境时刻影响着教师的发展,如规章制度是教师发展的约束与保障,经济投入与教师的生活密切相关,文化价值观则深层次地导引着教师的言行等。

(四)教师同样是"个体人"

无论教师是何种身份,无论外在赋予了教师何种责任,都要首先尊

---

① 刘洁:《试析影响教师专业发展的基本因素》,《东北师大学报》(哲学社会科学版)2004年第6期,第19页。

重教师这一客观存在的个体。罗素曾指出："同艺术家、哲学家和作家一样，教师只有感到自己是一个独立的、受内在创造性冲动指导的个人，而不受外界的控制与束缚，才能尽职尽责。"①教师应该有清晰的自我认识、立场与信念，需要建立充分的自信与自尊，完善人格，进而实现自我、完成社会责任。

　　综上所述，转型期教师的身份是多元的、复杂的，应该从整体上理解教师的身份。首先，教师是"属于"学校的，但其不可能只是生活在学校这个"真空"中，作为一种职业的教师，需要回到家庭，需要通过辛勤劳动取得回报以支撑家庭；而作为一种事业的教师，必须以爱心、耐心、责任心教导学生，对学生负责。其实，学校与家庭都是教师必须关照的，就一定意义而言，两者之间存在着高度的内在关联，它们互惠、共存。其次，作为"学校人"的教师，也是社会的一员，依靠教师自身的特有素质，为社会发展"推波助澜"。反之，在教师个体努力的基础上，社会也可以在一定程度上为教师的成长与生活"保驾护航"。同时，美国著名教育家杜威曾指出："学校即社会"，学校是一个被净化的社会，至少应该有三个重要的功能："一是简化和安排所要发展的倾向的许多因素；二是简化现有的社会习惯并使其观念化；三是创造一个更加广阔和更加平衡的环境，使青少年不受原来环境的限制。"②通过教师的精心培养，学生能够更好地融入社会，社会也会更容易接纳这些未来的贡献者。可以显见，学校与社会互通、共生，而在其中，教师的作用不言而喻。再者，作为社会组织基本单位的家庭与社会的关系密切，已不需赘言。学校人、家庭人、社会人，这些都是教师在其生活不同场域中所具有的身份，它们并非各自独立毫无关联，而是"一体"的不同方面。此外，一方面，无论是哪种身份，前述所言教师无私奉献的精神到任何时代都应该大力提倡与发扬，因为专心培养学生是教师的天职；另一方面，我们也应该认识到教师只是普通人，特别是在市场经济体制逐渐完善、传统与现代文明交融的新时期，教师所面临的困惑很多，承载的压力很大。最后，教师作为独特的客观

---

　　①　［英］罗素：《教育的作用》，张民生、于漪：《教师人文读本》（下册），上海辞书出版社2006年版，第226页。

　　②　［美］约翰·杜威：《民主主义与教育》，王承绪译，人民教育出版社2001年版，第29页。

存在不容忽视,其个体的本真不能因为外在的要求与期许而丧失,这是教师应该认识的、必须坚守的。不难发现,随着社会的发展,教师的职责越加繁重,世界经济合作与发展组织早在20世纪末期的《今日教师:任务条件与政策》报告中就曾指出:"人们至少在理论上越来越明显地达成这样一个共识:教育的责任,以及由此带来的教师的责任,已经变得比过去更加广泛和复杂。"①因此,转型期"身兼数职"的教师的专业发展问题急需妥善解决。

二、教师观的重塑

教师在教育教学过程中扮演怎样的角色,这是古往今来一直追寻的议题。我国古代著名思想家、教育家韩愈曾在《师说》中言"师者,所以传道授业解惑也"②,教师是传授道理、讲授学业与解答疑惑的人,这可谓是传统教师观的典型代表。它从教与学的关系出发,着重强调了教师在学生学习过程中所发挥的作用,巩固了教师的地位。"在人类面临深刻变化的时代,教师正重新被发现。"③随着时代的发展,人们开始意识到,教师不仅是在学业方面给予学生指导的人,还应该在情感、价值观等各方面给予学生帮助,也就是我们所强调的,教师是"教书育人者"。当然,伴随着教师专业化理念的日渐深入人心,教师成为研究者的趋势逐渐形成,社会转型期基础教育改革的纵深发展急需教师观的重塑。

(一)教师是学生学习的组织者、指导者、促进者

教师不仅仅是知识的传递者,机械地将知识灌输给学生无益于他们的成长,也无益于知识的传承,应该打破填鸭式教学的壁垒。在教育教学过程中,教师有组织学生研读、讨论、实践等学习活动的责任,通过对课堂习得与课后研修、校内学习与校外"活用"等学习活动的有效组织,可以提升学生学习的效率与效果。作为相对成熟的个体,与学生相比,

---

①　项贤明:《中国西部农村教师社会责任的功能性扩展》,《教育研究》2004年第10期,第9页。

②　韩愈:《韩愈全集》,上海古籍出版社1997年版,第130页。

③　王长纯:《教师专业化发展:对教师的重新发现》,《教育研究》2001年第11期,第45页。

教师在知识、经验、阅历等诸多方面具有优势。因此,教师不能只停留在让学生获取知识,"教师的知识传授是必要的,特别是对低年级学生来说,但更重要的是要培养学生的能力"①,要引导学生学会学习,掌握适合自身的方法,养成良好的思维能力和学习习惯。与此同时,由于学生学识、能力相对有限,教师应该在知识的答疑解惑、良好品格的塑造、正确价值观的引领等多方面给予学生帮助,以促成其全面发展。

(二)教师是教育教学的研究者

众所周知,新时期的教师已不再是传统意义上的"教书匠",应该是探究教育教学现象与规律的"专家",应该是教育理论与实践的研究者。其实,教师作为研究者具有天然的优势,因为许多教育研究问题都是从教育实践中选出的,而教师正是这些实践活动的亲历者。鲜活的教育现场、多彩的教学生活、灵动的学生言行等等,这些都是教师最熟悉的。在一定程度上,发现问题往往比解决问题还要不易,因为它是解决问题的起点。不过,这对于身处教学一线的教师而言,并不很难,这点可以在与很多教师的交流中得到印证。倒是真要成为研究者,教师仅仅能发现问题还不够,还需要具备较为扎实的教育理论知识、科研技能和解决实际问题的能力等诸多素养,而这些方面正是一线教师所缺乏的,需要引起教师培训工作的关注。

(三)教师是课程的开发者与建设者

传统的课程是有关专家或相关部门人士讨论确定的,"教师却最直接了解学生的需要,教师在日常接触中开始关心学生,然而却不是由教师来决定教学内容和教学方法"②。可想而知,这样的课程在教学实践过程中不可避免地会出现问题。这种"定课"与"授课"间的沟通不畅必然导致教学效果的欠佳。于是,转型期的课程开发与建设需要熟识教学实践的一线教师的参与。一方面,一线教师的加入,可以破除理论专家或相关部门人士思维逻辑带来的某些局限,因为一线教师与学生很多鲜活

---

① 顾明远:《试论教育现代化的基本特征》,《教育研究》2012年第9期,第8页。
② [英]伯纳德·罗素:《哲学·数学·文学》,蓝仁哲等译,漓江出版社1992年版,第358页。

的交往生活可以得到体现与呈示,这在一定程度上可以弥补理论理路、管理理路与实践理路之间的距离,可以使得偏重理论与管理层面的传统课程更接"地气"。另一方面,即便是一线教师的加入,也应该在开发与建设课程中关注到成人与儿童世界的不同,不能以成人的思维逻辑去框定课程,否则将导致学生在学习过程中的不适应。因此,一线教师不仅要关照理论知识在课程中的呈现,更要关注生活世界在课程中的体现,特别是要充分考虑学生的生活世界,"在孩子更广阔的生活历史背景中理解孩子的学习与发展"①。这样生成的课程具有鲜活的生命力。

总之,转型期的社会要求教师不仅是知识的传递者与阐释者,更要关注学生的生活、指导他们成长,还应该在实践中发现问题、探究其本质,在开发、重建课程方面也要发挥积极的作用。

第二节　社会转型期教师教育存在的问题及其变革的价值

教师教育主要指教师的培养与培训,根据教师专业发展的不同阶段,可以分为职前培养、入职培训与职后研修等,三者的一体化仍需加强,师资培养与教师终身成长的连续性和系统性有待强化,这些是转型期教师教育面临的突出问题。对于基础教育师资的发展而言,他们经常面对的是教师培训活动。作为实现教师教育目标的重要途径之一,教师培训目前在管理方式、师生关系的观念、教学内容、教学与评价方式以及师资队伍等方面存在不少问题,这些是我们接下来重点阐述的。当然这些问题也是达成教师教育目标的其他途径所面临的共同问题。此外,转型期教师教育的变革对于教育改革的推进、学校教育工作的展开和教师个体的成长等都具有重要的价值。

---

① ［加］马克斯·范梅南:《教学机智——教育智慧的意蕴》,李树英译,教育科学出版社 2001 年版,第 71—72 页。

一、当前教师教育存在的问题

(一)明显的权威主义管理方式

不少参加过培训的教师表示,培训的诸多环节都是预先安排好的,"主要采用由'培训者'主导、专家引导的'自上而下'的模式"①,可供学员选择的空间很小,只能被动地接受,造成了学员多是"被培训"现象的出现。

究其原委,管理形式的过度集权是其中一个主要因素。培训目标、课程设置、师资队伍组建、考核方式、发给"学分"等等,这些都是组织者统领的,每一环节都是在培训组织机构的操控下完成的。很多时候,这些安排并未关注到每个学员的需求,未能因人而异,只是统一掌控,使得学员的自主意识被挤压、个性需要被抹杀,甚至学员都无法选择不接受培训,其中一个重要原因是学校考核、职称评定有这方面的要求。完全模式化的管理将原本鲜活的教育教学理论与经验的学习活动变为一成不变的"填鸭式"灌输,学员为培训而培训,就一定意义而言,学员已经逐渐被所谓的"学分""职称"所异化,使得一些培训流于形式,偏离了通过培训促成学员终身学习、不断完善自我并更好地服务于学生的良好初衷。

(二)浓重的"师统"观念

自古以来,我国素有尊师的传统,"一日为师,终身为父",贵为老师,学生应该抱以无限的敬意。其实,这是一名合格的、优秀的人民教师所欣慰看到的。不过,就一定意义而言,传统型的尊师带有一定等级性,如果把这点强调到了极致,难免会出现一些问题。比如,一些教师凭借此观念,毫无道理地凌驾于学生之上,使得师生关系成为上下级关系,在教学过程中控制学生言行举止,甚至干涉学生的生活。这是人们所不愿看到的、也是不应该出现的景象。

---

① 程良宏、王媛:《论教育改革中教师的"被培训"》,《教育发展研究》2012 年第 8 期,第65 页。

如今,在教师培训过程中,不少培训师也存在这样的意识,总是带着一种盛气凌人的架势,主张课堂教学完全以其为中心,希望建立一种严格的秩序,希望学员绝对服从要求,不需要有其他的观点,即使这种诉求是合理的。对于已经成年的在职教师而言,他们接受培训,继续学习,面对同为教师身份的培训师,如果在这种氛围中学习,他们是无法接受的,势必效果会大打折扣。

随着平等、民主等文化价值观的普及,伴着现代教育观的建立,人们已经意识到"教师中心论"存在着很多不合时宜的地方。因此,浓重的传统型"师道尊严"观念应该从教师和学生那里逐渐消除。当然一味强调"学生中心论"也有失偏颇,基于平等的"对话型"师生关系在培训过程中急需建立。

(三)职后培训内容与职前所学重复较多,过分理论化或实用化

在职前培养和入职培训过程中,学员普遍学习了教育学、心理学、教学与技能等内容。然而,很多职后培训依然安排这些课程,与职前所学内容有很多相似之处,很多培训师将原来的授课内容"搬过来",造成了具体知识点有不少重合,而且广度与深度并无明显拓展,导致了学员学习积极性不高、主动性不强,久而久之,对培训失去了兴趣。

职后培训内容的另一问题是过度理论化或实用化。大概是因为一线教师在很大程度上理论知识的深度与广度有所欠缺,于是有些培训安排了大量理论知识的讲授,但是很多知识比较晦涩难懂,操作性不强,严重脱离教育教学的实际,也与学员的实际生活关联不大。一位一线教师曾坦言:"一种理念如果只靠专家学者灌输或机械接受,教师是很难内化为自觉行为的。如果没有实践,没有教师的反思和亲身体验,理念往往只能停留在口头上,也难以落实到具体的教学行动中。"[1]学员们只能生硬记忆,这些知识完全不能被整合到自身的知识结构中。还有一些培训,主要传授实用性知识与技能。很多时候,培训师只是向学员展示操作的一般流程、具体的技术环节以及简单的使用方法等,就某个问题谈问题,忽视了对方法与技能本身的理论阐释,缺乏对其逻辑分析。这导

---

[1] 严卫林:《课改中教师培训的"五大顽症"》,《中国教育学刊》2007年第4期,第52页。

致了所学内容只是在短期内、小范围内有所成效，在一定程度上解决了一些问题。但是，遇到复杂的问题，这种过分实用化的内容失去了其效用，学员无法举一反三，无法灵活运用。

（四）单一的"讲—听—记"教学方式

不少职后培训课堂，培训师在最前方讲台上，面对着几十人甚至上百人，照着课件读讲，每天大约5～6个小时，很少看到提问、讨论的场景，更鲜有走下台与学员互动的情景。据一项调查数据显示，集中讲授在教师培训方法中的比例很大，占到73.4％。① 即使在课间休息时，也很少看到培训师与学员交流。学员们普遍在被动地听讲，奋笔疾书地记笔记，完全没有机会表达自己的观点。大量知识的灌输，学员们疲于应对，无暇、无心情去思考所学内容与教学实际的内在关联，也无法从中找出解决现实问题的有效方案，更谈不上通过教学过程碰撞出新的观点、新的思想。原本旨在促成自身专业发展的继续学习，却成了学员们的负担，学员们的个性特点在这样的过程中消失了，完全体会不到学习的快乐，甚至产生了"弃学"的想法、行动。

（五）单一的"写心得"评价方式

职后培训结束后，学员们普遍只需要上交一份作业："心得体会"，这是在所有培训课程结束后的一份总述。培训师结合日常考勤记录，综合评定学员是否合格，然后给予其相应的学分。不难发现，这种评价方式存在着不少问题。一份"总作业"的方式只是终结性评价，没有关注到学员们日常学习的状况，不能体现学员们学习的动态过程。评价也不够及时，不利于学员对每个课程知识的深入理解。"心得体会"更多地反映了学员的心路历程，较少地反映出其对知识的实际掌握程度。究其原因，教授内容枯燥、方法单一、管理威权等等。再者，许多培训师对这份"心得体会"多是将其悬置未看具体内容，只是核实学员是否上交等等。可见，这种单一的评价方式有待调整，改变组织者只注重利益、学员只为获

---

① 薛海平、陈向明：《我国中小学教师培训质量调查研究》，《教育科学》2012年第6期，第55页。

学分的观念,这需要培训组织者、培训者和学员等多方面努力方能实现。

(六)亟须完善的培训师资队伍

传统的培训师资队伍主要由高校理论学者构成,这为理论知识的传授提供了较好的人力资源保障,在一定程度上可以提升理论有所欠缺的学员的理论水平。不过,理论学者更多关注的是抽象知识,对于教学实践的了解相对较少,容易出现就理论讲理论的情况,"空对空"的、与实践联系甚少的纯理论培训对实践经验丰富的学员而言很难接受,相对单一的以"高校教师为主"的培训师资队伍需要做出调整。

近些年,教研员与一线杰出教师的加入为培训师资队伍的建设注入了新的活力,在一定程度上缓解了纯粹理论知识居于培训内容主导的局面。不过,培训师资队伍结构的优化仍须注意这些问题,如理论型与实践型培训师的比重、学科、年龄、职称等等,根据不同培训学习的需要,应该做出相应的调整。另外,即便是教研员与一线教师的加入,恐怕也无法在教授过程中较好地反映出家长、学生的切身体验与真实想法,培训师资队伍的建设仍有不少尚待解决的问题。

转型期的社会要求传统教师身份转变,仅关注教师的学校属性已经无法深刻地理解教师的身份问题,因为教师不可避免的是家庭人与社会人。兼具多重身份的教师应该正确处理好这些身份的关系,以免由于其身份承载的责任冲突影响到工作、生活与成长。再者,新时期的教师不仅要关注知识的传授,还要指导学生的成长,更要成为教育问题的研究者与课程的开发者、建设者,由原来的"教书匠"成为理论阐释与实践探索方面的专家。随着社会的发展,教师教育在组织管理、"师道"观念、教授内容、评价方式和师资队伍等多方面面临着问题,这需要对教师教育的通盘考虑与整体调整。

二、教师教育变革的重要价值

(一)有助于教育改革的纵深推进

新时期教育的发展对教师的要求越来越高,教师需要在观念、能力和技能等多方面不断充实自己,提高自身的综合素养。教师教育应该迎合社会发展的需要与教育改革的要求,为教师提供一个良好的发展平台,适应教师不同阶段专业成长的需要,在人力、物力和财力等多方面为教师的发展给予扶持。

教师是教育教学的参与主体之一,其成长的好坏在一定程度上影响着教育改革的成败。在更新教育观念与内容、掌握多种教学方式与方法和处理好教书与育人关系等诸多方面,教师需要不断成长。同时,具有丰富教育实践经验的教师也是研究教育现象的新力量,身在一线的教师对存在的教育问题和经常遇到的疑惑最为清楚,应该将其转化为研究的课题予以探究,为解决教育问题奉献自己的智慧。总之,教师综合素质的增强有利于发现与解决教育问题,进而推进教育改革的进程。因此,提升教师专业素养的重要途径,教师教育对教育改革的重要性不言而喻。

(二)有利于学校各项工作的展开

学校各项工作的有序展开依赖于教师的参与,特别是高素质教师的参加。教学是学校教育的重要任务,从备课、讲授到组织、考核等,教学的每个环节都需要教师的参与,每个环节都离不开教师的劳动。教师是教学活动的策划者、参与者和组织者,作为两大参与主体的教师,其重要性不言自明。教师素质的好坏在很大程度上决定着教学实施过程是否顺利、成效是否显著。不少教师还兼顾班主任、学校管理等多项工作,教师需要具备出色的掌控全局的意识和协调组织能力,保持一颗责任心与服务心,以确保学生的日常生活顺利度过,为教学活动提供一个较好的氛围与环境。与家长保持及时而有效地沟通是学校的另一主要工作,教师是家校联系的重要力量,教师需要养成良好的沟通能力与方法。

总之,学校的各项工作要求教师不断地提高自己,以适应岗位的需要。而这些素质的养成可以通过教师教育这一途径来实现。

(三)有益于教师个体的专业成长

就一定意义而言,教师教育旨在打造优秀的教师队伍,为教师个体专业素质的提升提供帮助。与教师个体分散式地独自学习相比,在一定程度上,教师教育所作的各项安排相对科学,也比较系统。教师在相对短的时间里，能够学习很多知识与技能，可以获取大量的信息资源，也可以与很多学者、志同道合的人结识并建立深厚的友谊，这样能够节省大量的时间与精力以保证高质量的学习。

众所周知，人的成长不是停滞不前的，也不是一成不变的，正所谓"活到老、学到老"。教师教育对教师的帮助不是暂时的，而是指向终身的，并且针对不同发展阶段其提供的支持也各有侧重。可见，教师教育对教师个体的专业成长有所助益。

第三节　社会转型期教师教育理念革新与支持系统重建

转型期的教师身份与教师观发生了变化，教师教育也出现了不少问题，这首先要从更新理念与重建支持系统着手。教师教育新理念应强调专业化、人性化、开放化和终身化，使得教师养成专业化意识，具备专业化知识和技能，完善教师教育的支持系统与各个阶段的工作。

一、转型期教师教育的理念：专业化、人性化、开放化、终身化

（一）专业化

长期以来，教师被看成是讲授知识的人，似乎任何人都可以做教师，如初中毕业教小学、高中毕业教初中等，这种现象经常看到，特别是在师资紧缺的偏远地区。由于其中很多教师未经过正规师范教育的训练，未能接受专业的职前、职后培训，在教育理念、教学内容安排、课堂组织、方法使用等诸多方面存在不尽如人意的地方，于是很多让人痛心的事件不断地出现，如体罚学生、照本宣科、机械讲授等等，很多人反思这些现象产生的原因，教师不够专业是一个重要原因。

新世纪以来，特别是近些年，教师的专业化问题被人们越加重视。有学者坦言："未来能够托起21世纪'太阳'的教师，必须是接受过专业化

训练、有着较高专业素养的教育专业工作者。"①教师本人应该树立专业化意识,通过自身素养的提升,改变教师职业准入门槛很低、不管何人都能做教师的传统看法。面对基础教育师资队伍水平有待提高和教师专业化水平急需增强的现状,教师教育应该树立与强化专业化理念,在培养专业化教师的各个环节做好准备。如从师范教育的招生、培养模式,到课程设置、考核评价、师资队伍以及见习、实习的安排等,都应该围绕养成专业化教师的中心目标来展开。再如,教师入职培训与职后培训同样重要,不要认为即将成为或已经成为教师就不需要具备专业化意识和养成专业素养了,专业成长应该是准教师和教师一生的不变追求。

(二)人性化

从传统的绝对集权、权威至上、英雄主义观念,到平等、自由、民主观念的日益深入人心与融入社会生活的诸多方面,教师教育应该摒弃传统教育大包大揽的做法,导入现代教育的人性化元素。作为教师教育重要阶段之一,传统师范教育整齐划一的培养目标导引着将要成为未来教师的师范生的发展,预先设定的目标缺乏灵活性,培养的教师像是在特定的"模板"中"铸炼"而成,没有个体鲜活的个性。因此,师范教育阶段需要关注师范生的个体需求,安排弹性化的培养模式,以养成具备基本素养、显露个体风格的未来教师。传统教师教育过于重视师范生的培养阶段——师范教育,对于教师入职与职后培训有所忽视。这种静态的教师教育观应该转变。

近年来,教师入职与职后培训被广泛关注,各地区各种各样的培训不断涌现。不过,很多培训的整个流程都是组织者统管的,很多要求不是预先征求参训学员的意见而直接制定的,并且不少要求都是刚性的。这样一来,有些培训的课程内容枯燥无味,几十甚至数百人的大课堂纯粹为灌输知识,只有参训方可获得足够学分,等等。参训学员只能被动接受不是他们所愿的各种安排,即使是单位教育教学工作繁重、所训内容已经学过,反倒是自身许多有待完善和感兴趣的知识与技能无法在培训活动中获取。这些"预设"的课程对知识技能的普及有一定的积极作

---

① 刘捷:《专业化:挑战 21 世纪的教师》,教育科学出版社 2002 年版,第 23 页。

用,"但走出培训课堂很容易'烟消云散',回到教师自己的课堂又重走老路,为此需要培训课堂'生成'模式"①。因此,教师入职与职后培训的安排可以引进柔性机制,关注这些准教师和教师们的个性特点,在充分考虑参训学员个体风格与需求、专业化教师基本标准的基础上,完善培训设计,从而达到学员们进行继续学习的目的。

(三)开放化

以往教师教育各个阶段的具体方面都是相对封闭的,造成了培养过程出现了让参训学员无法满意的固化、僵化局面,教师教育需要树立开放化理念,这也是全球一体化、信息技术高速发展等转型中的社会所要求的。例如,教师教育的内容不能只是教育教学方面的理论知识与方法技能,不能就教育而论教育,应该打开思路,放宽意识与视界。

转型中的社会要求教师的身份与教师观发生了变化,教师不再是单纯的只属于学校,于是相应的学习内容也要丰富与拓展,以适应多元身份与角色带来的各种挑战。例如,随着信息化技术的高速发展,教师教育需要转变。传统的一位教师、一块黑板、一本教材和一种讲授方法等承载的模式需要调整。电脑网络、电子白板、数字媒体、远程视频等等,这些都可以丰富教师教育的授课内容、方法与方式,使得一成不变的内容得以更新,枯燥的讲授模式变得生动而有活力。我们需要"推动信息技术与教师教育的深度融合,提高教师教育效能,实现教师专业自主、持续、均衡的发展"②。又如,教师教育的师资队伍也需要引入更多地对参训学员有帮助的人,不能只是由一些专家所垄断。此外,师范教育、职前与职后培训这些阶段同属一个整体,只是相对应的是教师专业发展的不同阶段而已,不能各自为政、互不过问,应该打破壁垒,实现三者的一体化。因此,上述诸如培训内容、教学方式与方法和师资队伍等多方面的开放化与三个不同阶段的开放化可以叠加在一起,组成一个教师教育的开放化体系,进而为教师的专业发展提供多种机会与平台。

---

① 朱旭东:《论"国培计划"的价值》,《教师教育研究》2010 年第 6 期,第 7 页。
② 许涛:《推动信息技术与教师教育的深度融合》,《教育研究》2012 年第 9 期,第 126 页。

（四）终身化

"教师乃是逐渐去成为教师。"[①]教师的专业成长本身是一个不断完善、充实的终身学习过程,而教师教育是教师实现其专业成长的一个重要途径,特别是入职与职后培训,能够为已经走出校园而不断突破与实现自我价值的教师提供学习的平台。因此,教师教育应该秉承终身化的理念,为教师的终身成长"护航",可以使成长中的教师在迷惘、困惑时得到"解谜""解惑"。因教师成长阶段的不同,教师教育的任务也有所不同。例如,对于任职初期的新教师而言,培训活动应该重点关注如何帮助新教师更清晰地认识教师职业、尽快地适应岗位、更好地融入工作以及做好初步的职业生涯规划等;对于已经进入成长期的教师而言,培训活动需要重点关注如何帮助他们科学地实现或调整规划目标、正确处理好多方面关系以及进一步完善自身等;对于即将退休的教师而言,培训活动应该着重帮助他们清晰地认识自己的职业生涯后期、正视与坦然面对自身的得失、正确认识退休以及退休后的生活规划等。

总之,随着社会分工的日渐细化,人们对于每个职业的要求也越加严格,对于承载培养人的伟大使命的教师这一职业而言,对其的要求也越来越高。原本任何人都可以做教师的时代已经不复返,专业化不仅成为教师专业发展的方向,也成为教师教育发展的指导理念。伴着平等与民主理念的深入人心、信息技术的高速普及和学习化社会的到来,教师教育需要做出积极地回应,人性化、开放化和终身化都理所应当地成为教师教育的新理念,引导其更有效地为教师的专业发展提供帮助。

二、转型期教师教育的支持系统:政策与平台

在明晰教师教育的新理念之后,我们有必要来构建教师教育的支持系统,政策的制定与平台的搭建是支持系统的两个主要层面。政策是教师教育发展与变革的依据,其是否科学与合理关系着教师教育的刚性发展导向,平台是教师教育发展与变革的实践支持,其是否完善与合适关

---

① 赵荷花:《谁使我们成为教师——论教师身份之特性》,《教育研究与实验》2010年第4期,第59页。

系着教师教育实施的成败。

（一）转型期教师教育的政策制定

长期以来，教师作为一种专门的职业，其发展道路较为曲折。如新中国成立初期到改革开放以前，知识分子没有社会地位，教师地位很低，很多人都不愿意做教师，这在一定程度上影响着基础教育的良性发展。改革开放以后，教师地位得到提高，这与政府、社会对知识分子的认识密切相关，相继出台的《义务教育法》[①]、《教师法》(1994)、《教师资格条例》(1995)和《〈教师资格条例〉实施办法》(2000)等法律法规规定了教师的基本权利、责任与义务，使得教师的各方面权益与地位得到保障。这些法律的某些条款涉及教师教育的相关内容，如《教师法》中规定："各级人民政府和有关部门应当办好师范教育，并采取措施，鼓励优秀青年进入各级师范学校学习。各级教师进修学校承担培训中小学教师的任务。"再者，如今国家已经开始全面实施教师资格证考试与注册制度，开启教师的准入与退出机制。

尽管上述一些法律文件的不少内容从宏观上为教师教育的发展提供了一定程度的保障。然而，教师教育涉及很多较为具体的问题仍有待解决，仍急需专门法律与政策的支撑。近些年，一些有关政策陆续出台。例如，《关于深化教师教育改革的意见》(2012)从构建开放灵活的教师教育体系、健全教师教育标准体系、完善教师培养培训制度、创新教师教育模式、深化教师教育课程改革、加强教师教育师资队伍建设、开展教师教育质量评估和加强教师教育经费保障等多方面进行了规定，为教师教育的整体发展提供了依据。再如，《国家中长期教育改革和发展规划纲要》(2010)、《教育部关于大力推进教师教育课程改革的意见》(2011)、《关于推进农村教育教师队伍建设的意见》(2012)和《教育部关于深化中小学教师培训模式改革全面提升培训质量的指导意见》(2013)等从不同角度、不同层面对解决教师教育的发展与改革问题提出了若干意见。特别是近几年国家大力推行的"中小学教师国家级培训计划"(2010)，实施的

---

① 《中华人民共和国义务教育法》1986 年 7 月 1 日起实施，2006 年 9 月 1 日修订版开始实施。

高校有 9 所,①主要分为"中小学教师示范性培训项目"和"西部农村骨干教师培训项目",自计划启动以来,受到社会各界的广泛关注。

综上所述,各项规章政策的颁布在很大程度上推进了教师教育的纵深发展,不过由于规定较为笼统、权责不够明确以及操作性不强等原因,有些规章或意见在地方具体实施过程中并非十分顺利。因此,政策制定是一项系统工程,相关法律、规章与实施意见等需要通盘考虑,不能一方面大力开展教师培训,而另外一方面其教研的任务越加繁重,那么教师很容易出现"顾此失彼"甚至"全盘尽失"的情况,所以应该整体推进,逐项突破。有些学者提出,教师教育应该立法,只有在法律框架下规定了教师教育的理念、核心目标、不同阶段的任务、各相关部门的职责、经费来源、课程设置、师资队伍、评价考核方式等内容后,在具体实施过程中,相关部门与人士才会更加重视。再者,相关部门应该在充分了解各方相关人士的基础上出台政策,有些政策还要在某些地区试点一段时间渐进式地推行。最后需要说明的是,政策的可操作性很重要,比如说教师的专业标准与培训标准不够明确、教师专业发展阶段的任务针对性不强等,这些问题需要教师教育政策制定者给予足够的重视。

（二）转型期教师教育的平台建设

以往教师教育所需要的环境与条件存在不少问题,如过去教师教育只注重师范教育,导致其发展的平台局限于师范培养机构承载的诸多条件。后来教师教育将眼光放宽到教师的职后成长,关注教师的终身发展,这样其发展平台得以拓展,但是依然有很多有待完善的地方。如很多培训活动以高校资源为主,项目本身的运作由高校负责,师资来源于高校,场所也在高校,很多一线教学名师、社会知名人士与学者、相关社会机构等人力与物力资源被忽略。这对教师教育的发展不能不说是一种损失。

转型期的教师教育需要拓展发展渠道,合理利用多种资源,打造一个良好的发展平台。首先,教师教育的发展需要高校、中小学和教科所

---

① 这 9 所学校是:北京大学、广州大学、北京师范大学、华东师范大学、南京师范大学、华南师范大学、陕西师范大学、江西师范大学和江苏师范大学。

等有关单位的通力合作。高校可以发挥理论水平与科研实力强的优势，通过探究教师职前培养和职后培训的相关问题，提出一些针对性、可操作性较强的解决方案，在理论构建与实施框架的搭建等方面为教师教育的发展提供帮助。中小学可以利用其教育教学实践经验丰富和熟识参训教师实况的优势，在充分挖掘一线教师鲜活教育实践经历和掌握他们所想所感的基础上，呈现教育教学方面的原生态素材以及参训教师的真实想法及需求。"学校若要变革进步，就需要有更好的教师。大学若想接着培养出更好的教师，就必须将模范中小学作为实践的场所。而学校若想变为模范学校，就必须不断地从大学接受新的思想和新的知识，若想使大学找到通向模范学校的道路，并使这些学校保持其高质量，学校和教师培训院校就必须建立一种共生的关系，并结为平等的伙伴。"①因此，不少学者推崇专业发展学校，"它并不是建立一所新学校，而是在原有中小学的基础上，与大学合作形成的一种新功能。……专业发展学校不仅是供大学教育研究的实验学校或示范学校，而且是培养新教育专业人员的学校、供有经验的教育专业人员继续发展的学校"②。同时，教科所的作用不容忽视，它可以在沟通理论与实践、组织与协调工作等方面发挥积极的作用。一方面教科所与教学一线保持着密切的联系，常规性调研与指导为中小学校的发展贡献颇大，并且积累了大量的教育实践素材。另一方面，教科所与高校的联系也比较密切，许多科研项目、教育规划的制定等诸多方面的研究工作需要两者合作。此外，教科所在组织协调培训活动方面也具有较多的经验。因此，高校、中小学和教科所等多方力量可以发挥各自优势，在培训方案设计、学习内容选择、师资队伍构建和活动组织管理等很多方面提供支持。

其次，教师教育的发展需要学校、家庭和社会资源的整合。前述已经提到高校与中小学应该合作，各学校充分利用其人力、物力和财力予以支持。现代社会中的学校不再是封闭的，它是开放的，应该与家庭和社会力量紧密结合，教师教育的发展同样如此。教师的培养与培训可以

---

① 全国比较教育研究会：《国际教育纵横——中国比较教育文选》，人民教育出版社1994年版，第341—342页。

② 教育部师范教育司：《教师专业化的理论与实践》，人民教育出版社2003年版，第334页。

合理利用家长、社会知名人士等人力资源为其助力,也可以利用大众媒体、社区和居委会等资源在宣传、组织等方面予以帮助,建立一个立体化的教师教育支持平台。

再者,电子化、信息化技术的使用有助于教师教育的发展。培训组织机构可以开发培训管理平台系统,通过此平台完成教师培训的申报、管理与评价等工作;可以建立教师教育网站,用来发布相关通知、挂载相关材料等。培训组织者、参训教师和培训师可以利用手机通话、短信与微信、博客与微博、远程视频等方式在培训目的与要求、内容与评价等多方面进行交流,充分利用好现代电子技术和网络可以大幅提升培训活动的实效。

此外,教师教育的发展需要中央、地方和各相关部门的共同支持。出台的政策应该相互支撑,不可相互冲突;应该具体可行,不可笼统概而言之,缺乏可操作性,以免出现各级部门相互推诿的局面。在经济高速发展的今天,特别是在经费投入的问题上,由于利益的驱动,各级部门应该明确经费投入主体,以免出现由于经费不足而乱开培训班、乱收"学费"现象的发生。

最后,教师专业组织的建立有助于教师教育工作的推进。教师专业组织是"教师群体实现专业自治的专门组织",在教师专业发展遇到困惑与问题时能够给予专业的支持。不过,教师专业组织的建立,需要"秉承文化自由、自治的原则",不能成为某些人士的"一言堂"。[1] 教师专业组织的功能可以通过组建相关专业机构来发挥,这种机构是非政府性的,可以根据教师的实际需要为教师教育的发展提供建议,可以为教师的专业发展争取合理的权益,也可以在教师培训组织者与参训教师之间起到沟通桥梁的作用。

总之,在制定教师教育政策时,相关部门需要在充分了解培训组织者、培训师和参训教师各方需求基础上,经过充分酝酿、必要时需要在试点暂行后再颁布全面推广,这样的政策需要具有科学性、灵活性和可操作性等特点。良好平台的搭建则需要整合多种资源,合理利用多种方式

---

① 樊香兰、孟旭:《论专业化进程中的教师专业组织——基于文化学的省视》,《教师教育研究》2008年第4期,第10页。

和途径,充分协调好各方力量。概而言之,转型期的教师教育需要一个全新的支持系统,以解决出现的各种问题。

<h2 style="text-align:center">第四节　社会转型期教师教育培训对策</h2>

面对转型期教师教育存在的各种问题,我们需要正确理解教师教育的新理念,遵守相关法律与规章的规定,充分利用已经搭建的良好的发展平台,强调职前培养、入职培训和职后研修的一体化。对于基础教育的师资发展而言,教师教育中的教师培训环节尤为重要,我们可以采用以下一些策略,也可以从目前浙江省的若干做法中得到启示。

一、转型期教师教育培训策略:管理、师生关系、内容、教学方式、评价与师资

(一)管理方式人性化,注重民主

教师培训本来是为教师的成长提供专业性帮助,然而由于指令性管理,导致很多教师感觉是在"被培训",是在"为培训而培训",这严重挫伤了教师继续学习的积极性与实际成效。若要改变这种流于形式的培训,改变传统的管理方式势在必行。

教师培训的管理应该注重人性化,无论是政策的出台、还是方案的执行,可以通过与参训教师、培训师等相关人士民主协商共同解决,"缺少对培训需求分析的关注……其培训有效性从一开始就将受到质疑"[①]。管理者应该从地区师资队伍整体情况出发,广泛征求参训教师、培训师和各相关机构的意见,通过调研等方式了解大家的需求,充分考虑到地域发展的不平衡性,然后制定相应的规章与实施方案,例如这些问题需要注意:教师培训内容的选择、师资队伍的组建、学时、地点与费用等。如果可以的话,可以先在某些地区试行。具体执行时,不可"一刀切",在

---

① 余新:《有效教师培训的七个关键环节——以"国培计划——培训者研修项目"培训管理者研修班为例》,《教育研究》2010 年第 2 期,第 77 页。

遵守大原则的前提下，可以选派专人实地考察实施情况，如教学过程是否顺利、经费是否得到解决、评价考核方式是否合理等，认真听取亲历者的意见，适时调整。例如，不少一线教师表示，目前的培训实在是太多了，而且都是必须参加，否则年度考核、评职称等都会受到影响。因此，省级、市级、区级、校级等各级培训与理论性、技能型等各类培训的组织，应该充分考虑到教师的时间与精力，不能强制性地以"有利于发展"的名义而实际上阻碍了一线教师的发展。另外，不少培训活动由高校策划，而具体执行者是各地方教师进修学校或教科所等部门，两者在管理过程中应该注重沟通，消除分歧，防止双重管理者的刚性要求均强加给参训者、培训者现象的发生。再者，转型期教育市场化的倾向较为明显，因利益的驱动把培训商业化，采取强制性的手段要求教师必须参训，其目的是从中获取经济收入，而并非帮助教师完善自身。管理部门应该对经费的投入问题予以明确解决，以免出现假借培训"硬规定"而偏离培训良好初衷的局面。

总之，培训管理机构和相关组织者需要采取人性化的管理方式，相关政策及其执行过程中，注重柔性机制在刚性规定中的合理运用，在民主和谐的条件下促进教师培训实效的最大化。

（二）平等的师生关系

以"教师为中心"的传统型师生关系需要重建，教师培训过程中，师生双方应该摒弃绝对化的"师统"观念，以平等的观念去对待彼此，特别是对于教师培训的两大参与主体而言。一方面，特殊的培训师——作为教师的教师。不能说所有培训师，至少大部分培训师都是教师身份，他们所面对的都是即将入职或在职的教师，相同身份的两者都需要做好充分的准备，以适应对方带给自己的影响。一般而言，培训师会专攻某个领域或在某些方面表现突出，其身上必然有很多可取之处。培训师应该在保持教师威严的同时，给予同是教师、又是成年人的学员以足够的尊重，不能以自身的知识储备、理解力和经验等要求学员也必须具备。培训师应该保持足够的自信、谦逊的态度与学员沟通，很多学员在知识、经验和阅历等多方面也值得培训师学习，通过交流可以完善培训师的知识结构，也可以推动双方对问题的深入理解。

另一方面,"特殊"的学员——作为学生的教师。参加培训的是准教师和教师,甚至很多教师已经工作多年,教育教学阅历丰富,教学技能与方法较为娴熟。如今,曾在课堂上侃侃而谈的他们也要静静地坐在教室里听讲,可以说这是对他们的一次挑战。如果角色未能调整好,必然会导致学习结果的不如意。作为学生的教师应该尽快适应新角色,抱着学习的态度倾听培训师的讲解。作为"特殊"的学员,可以与培训者一起探讨问题,将所见所想分享给培训师,很有可能双方产生共鸣,并取长补短,共同成长。

"不论作为学习者的教师,还是作为教育者的教师,他们需要的都是一种有智慧的教育而不是训练。"①因此,培训师与学员双方经验、阅历都很丰富,并且职业身份也一样,这需要双方多交流,尊重彼此。当然,即使培训师与学员身份并非相同,他们在教学过程中同样需要多对话,在平等的、亦师亦友的关系中达成培训的目标。

(三)教学内容与时俱进,学术化与实用化并重

教师处在社会转型时期,其工作与生活十分不易,需要扩充的知识与掌握的技能也很多。一般而言,教师培训的目标是促进教师专业发展,其基本内容主要分为"专业理念与师德、专业知识和专业能力"。专业理念与师德主要指师德修养与专业理念,专业知识一般包括学生发展知识、学科知识、教育教学知识、通识知识,专业能力一般包括教学设计、教学实施、教学评价、教学研究、现代教育技术能力、课程资源开发与利用、课堂管理、教师培训等能力。② 这些是教学内容的大类,具体而言,因科目、地区、学校类型等不同,内容也会有针对性的安排。

需要说明的是,无论是哪一种类型的教学内容,具体内容应该根据时代发展、教师需求做出相应调整,不可一成不变地授课。不少参训教师表示,很多培训师都是制作一个课件,到处赶场讲授,而且多年已过,再去听课,内容依然如此,不少培训师共用一个课件,讲授相同的教学内容,完全没有思考和任何新意。转型期的教师"身兼数职",在发展过程

---

① 董吉贺、王俏华、欧阳林舟:《职后培训中教师所处困境解析》,《教育发展研究》2009年第2期,第66页。

② 中华人民共和国教育部:《"国培计划"课程标准》,高等教育出版社2012年版。

中,需求很多。除了上述已讲的各种知识与技能,还需要重点关注国内外最新的教育教学理论知识,课堂教学中经常使用的现代教育技术,教育热点问题与社会热点问题的解读等内容。由于转型期教师的身份与角色多元,担负着学校、家庭和社会多方面的责任,其工作与生活压力较大。因此,一些心理疏导知识、压力调节方式、提高幸福指数的方法等内容可以引入课堂,以缓解教师的工作与生活压力。

此外,教学内容的选择应该注重学术性与实用性相结合。一般而言,一线教师在理论知识的积淀方面有所欠缺,学术性内容的学习对于他们而言非常必要。不过,这些内容应该与参训教师的需求相关,与教育教学的实践相关,防止只谈空洞理论。一些实用性技能对于一线教师而言同样重要。例如,教育科研方法的使用问题,特别是问卷法、访谈法、课堂观察法、课例研究和教育叙事研究等,这些对于一线教师从事科研活动大有帮助。又如,论文写作与课题研究问题,主要包括研究论文的撰写、课题申报书与开题报告以及具体研究过程的展开等。再如,现代教育技术的运用,例如,多媒体的使用与课件的制作方法,网页的制作与网络资源的查找及其运用方法,等等。这些知识不能过分强调它的实用,美国著名教育家杜威曾说过:"一件事若过于注重实用,就反为不切实用。"①因此,在强调知识的实用性时,也要注重对其原理的挖掘。

总之,在对待培训内容时,相关人士需要对"教师每天要面临的综合的教育教学活动","从观念到行为、从设计到反馈等系统过程的整合与聚焦"。②

(四)采用"讲—问—议—答—评"的教学方式

传统的填鸭式授课方式显然已经不适合现代教育的发展,更不适用于教师培训课堂的教学。尽管因学科、内容而异,讲授式教学有其自身的优势,但是就总体而言讲授式完全占据课堂教学的方式应该改变,教师讲、学生听的单一模式应该调整。教学本身是一个教学相长的、互动交流的过程,需要师生共同参与,而不是教师的"独角戏"。

---

① 蒋梦麟:《西潮与新潮》,东方出版社 2006 年版,第 107—108 页。
② 吴黛舒:《教育变革中的教师发展问题》,《教育发展研究》2009 年第 10 期,第 58 页。

　　教师培训课堂应该采用"讲—问—议—答—评"的教学方式。教学应该"以问题为中心"，在传授知识点与阐释基本原理后，"以问促学"，这样可以促使学员积极思考，养成良好的思维方式与习惯。然后，学员参与到解决问题的讨论中，通过互动交流，发现问题的本质及其解决方案。这种参与式的合作学习既可以拓展学员们的知识面，使其知识结构得到完善，也可以促进学员们集体意识与合作精神的养成。接着，当众说出答案既可以检视集体讨论的效果，也可以锻炼学员的思维逻辑能力与语言组织及表达能力，还可以使得讨论的范围扩大，或引起大家的疑问，抑或博得大家的共鸣，这些可以增进大家对问题的深入理解。最后，培训师应该根据学员的回答做出客观评价。在遵照大原则的前提下，评价时不可妄加对错，要从多角度、多层面出发，辩证地评判每个回答，并给出一个相对公允的结论。

　　在教学过程中，培训师也可以进行活动教学，条件允许的情况下，可以让参训教师们参与到情境体验中，亲自动手操作，在"做中学"。"无论是讲授式、演练式还是体验式，都应该渗透参与理念，因为只有受训者的参与，才能确立他们在学习过程中的主体地位，才能使培训成为主动的、积极的活动。"①

　　其实，上述做法是对培训师的一大考验，培训师需要花费很多时间与精力备知识、备学员，需要具有广阔的视野与扎实的理论素养。总之，培训师需要给予适当地把握与调节，使得学员们在收获知识的同时，更收获了良好的学习方法与习惯以及思维方式，双方都能感受到学习的乐趣。

　　（五）评价方式灵活多样，及时反馈

　　不少教师培训结束后，学员只是写一份所谓的总结，在很大程度上这种评价只流于形式。看似简单的、容易的评价方式会给学员带来一个好的结果：获得学分，实则是对学员这段学习经历的不重视，也大大影响了学员的学习效果和培训师教学的认真程度与积极性。久而久之，培训

---

　　①　吴卫东：《体验式培训：教师培训的新视角》，《教育发展研究》2008 年第 15—16 期，第 60 页。

活动只是走过场,甚至成为学员成长的负担。

如何促进学习效果的最优化,科学的评价体系十分重要。教师培训的方式应该灵活多样,应该注重形成性评价与终结性评价相结合。培训组织者与培训师在培训过程中可以对参训教师的参与情况、学习与思维方式等进行评价,对其日常性表现的过程评价可以更客观反映出学员的学习情况。一般而言,培训结束后,培训师都要对学员进行终结性评价,以检查其学习的整体情况。无论是哪一种评价,可以留有一些练习或作业,可以视科目、内容而定。评价的主体需要多元,可以采取互评与自评结合,培训师根据其表现与书面报告进行评价,最后按照各方主体看法的比例定夺。此外,对于学员上交的作业以及其各自的平时表现,培训师应该给予及时反馈,以便于学员们尽早发现问题。当然,如果想实行上述评价方式,恐怕单纯的二级制成绩(合格、不合格)需要进行调整。

科学的评价可以促进参训教师更有效地学习,也是为了"指导今后的培训决策和培训活动"[①]。再者,评价方式的重新选择需要组织管理、教学内容与方法、师生关系等诸多方面的调整予之配合,因为这是一个系统问题。如果前述所讲很多方面能够予以实施,那么这种灵活多样的培训评价方式可以配合使用,只有这样学员的学习才是快乐的,因为所谓的评价也只是学员学习过程的一个组成部分而已。但是,如果脱离了这个系统来谈,那么这种评价方式会给学员的学习和培训师的培训造成更大的压力,无形中增加了很大的工作量,也违背了改进评价方式的良好初衷。

（六）多元化、高素质的师资队伍

优秀的教师队伍是确保教师培训活动顺利展开并取得实效的重要保证。传统的师资队伍结构需要调整,师资队伍应该具有开放性,培训师的身份应该更加多元化,以适应参训教师的多种需求。

转型期教师培训的师资队伍应该主要由高校专家学者、教研员、一线教师、家长和学生共同组成。一般而言,高校专家学者是培训师资队

---

① 余新:《有效教师培训的七个关键环节——以"国培计划——培训者研修项目"培训管理者研修班为例》,《教育研究》2010 年第 2 期,第 82 页。

伍的主要力量之一,他们具有较为扎实的理论素养,对教育科研活动较为熟识,一些专家对教育教学实践也有很多了解。因此,高校专家学者的加入可以保证师资队伍的理论水平,可以深入地解读教育教学实践活动的本质及其规律,也可以为培训方案的制订及其改进提出针对性的建议。作为培训师的教研员同样重要。他们往往具有丰富的教育教学经历,很多都是某一学科的名师,并且他们的理论功底较好,特别是对自己擅长的学科有着较为深入的研究。同时,一些培训活动也是由教研部门组织,教研员的加入可以在组织管理、理论联系实际的过程中发挥较大作用。一线教师是培训师资队伍不可或缺的重要成员。同为一线教师的他们深刻地知晓教育问题的所在,能够与参训教师感同身受。很多时候,他们在讲到很多事情时,很容易引起参训教师的共鸣,培训现场气氛十分热烈,学员学习的积极性也较高。在培养孩子的过程中,教师与家长需要保持密切的联系。教师应该多了解家长的想法,这对于自身成长很有帮助。在家长眼中,什么类型的教师受欢迎,教师应该具备怎样的素养,当前的教师队伍存在哪些问题,等等。家长从另一个视角提出这些问题,可以引发参训教师的进一步思考。古人云:"教学相长。"教师在教学过程中也可以学到很多东西,教师的成长伴随着教学过程的进行,这在现代教育中亦是如此。学生已不再是也不能是那个被动的群体,他们有自己的思考与观点,有自己追求的目标。如今,这些"后辈"知道的东西或许"前辈"并不知晓,正如学者米德所言:"无论年轻人生活于其中的社会是多么的遥远和简单,整个世界却没有哪一处的长辈知道晚辈所知道的一切。"[①]教师需要考虑学生的感受,需要了解他们的想法,在这些灵动的、单纯的、质朴的孩子身上,教师会学到很多,不仅局限于知识技能层面,还有在精神层面的洗礼与震撼。因此,让学生成为参训教师的"教师"很有必要,"教育工作者作为受教育者的教育者必须'死去',以便作为受教育者的受教育者重新'诞生'"[②],教师或许会得到很多发展的启示与成长的动力。

---

　　① 〔美〕玛格丽特·米德:《文化与承诺——一项有关代沟问题的研究》,周晓虹、周怡译,河北人民出版社1987年版,第85页。

　　② 联合国教科文组织国际教育发展委员会:《学会生存——教育世界的今天和明天》,韦钰译,教育科学出版社1996年版,第176页。

这样一支多元化的师资队伍需要注意沟通与交流,应该打破国别、背景、年龄和职业的限制,让一些外国人士、不同背景与年龄以及职业的相关人士加入其中,使得培训师资队伍结构更加合理化。

当然,培训水平的提升不仅有赖于多元化师资队伍的建设,还需要不断提高培训师的综合素质,对于培训师的"培训"同样重要。无论对哪一类培训师而言,都应该秉承教师专业化的理念,都要强调其具有高度责任感与使命感,不要认为教师培训只是走过场,只要去过、讲过即可。与此同时,培训师应该提高自身的专业能力,以其扎实的理论素养让参训者信服。对于高校学者,理论方面是其优势所在,但是应该加强其对教育教学实践的把握,为他们创造条件,鼓励其到教学一线了解情况,让他们多亲身体验教育教学实践的真实情境,以加强学者们在讲授理论时的针对性与可操作性。对于教研员而言,他们往往学科素养深厚、理论知识较好、工作平台较为特殊,就一定意义而言,不能将讲课变成工作事宜的"宣讲"与"指示",应该充分发挥其理论联系实际的作用,进而实现"教"与"研"结合的最优化。对于一线教师而言,应该突出其教育教学实践方面的闪光点,充分发挥其典型案例的引领作用。对于担任培训师角色的家长与学生而言,要让他们放松心情、端正态度,认真讲其真实的想法。当然,无论是哪一类培训师,良好的培训技能及技巧的掌握同样重要,如口才、沟通方式、课件制作等。

总之,转型期的教师培训师资队伍需要多元化,来自多角度的内容有助于参训教师的专业成长,同时高素质的培训师可以更好地提升培训水平,以促进培训目标的达成。

二、浙江省教师培训的若干举措①

浙江省的历史文化较为悠久,文教事业的发展比较发达,基础教育水平在全国排在前列,这与高度重视优秀师资队伍的建设有密切关系。特别是新世纪以来,浙江省加大对基础教育的投入力度,对教师专业素

---

①　本部分内容参考了浙江省教育厅网站(http://www.zjedu.gov.cn/gb/index1.html.)、杭州教师教育网(http://www.hzjsjy.com/web/)、宁波教育局网站(http://www.nbedu.gov.cn/default.asp)和丽水教育网(http://www.zjlsedu.org/)等相关内容,具体引用不再单独标注。

养的提升颇为重视,先后组织了众多各级各类培训。

2005—2007 年,教师全员培训暨农村中小学教师素质提升工程予以实施,重点强调"新理念、新课程、新技术和师德教育"。2008 年起,农村中小学教师"领雁工程"开启,省财政每年投入 5000 万元,全省三年累计有 3.9 万名农村骨干教师参加培训,农村教师的执教能力得到了大幅提升。2010 年,《浙江省中长期教育改革和发展规划纲要(2010—2020年)》颁布,纲要全面勾画出未来十年浙江教育的发展蓝图,"教师队伍建设"作为专项内容被谈到,"完善教师培养培训体系"与"加强和改进师德建设"、"健全教师管理制度"一起成为专题内容,主要包括"加强教师培养培训基地建设、提高入职教师质量、创新校(园)长和教师培训机制、加强对名师特别是名校长的培养力度"等四个方面,为教师培训的改革与发展明确了前进的方向。2011 年,《浙江省中小学教师队伍建设"十二五"规划》(2011—2015 年)公布,针对前述纲要的相关内容进行了进一步细化,强调教师的全员培训,要求将民办学校(幼儿园)校(园)长和教师纳入教师培训体系且与办学资质联系起来,加强校(园)长和学科骨干教师省级培训工作。同年,《浙江省中小学教师专业发展培训若干规定(试行)》颁布实施,次年,《浙江省中小学教师培训机构资质认定办法(试行)》开始执行,为中小学教师培训相关工作的开展提供了政策指引。此外,浙江省在 2011 年成为国家教师资格考试改革和教师资格定期注册的试点省份,"探索建立完善的教师准入和退出机制"。

与此同时,各市区中小学教师培训开展得如火如荼。近几年,杭州市推出了"杭州市中小学(幼儿园)名师、学科带头人培养工程",多名教师得益于此。2011 年,杭州市颁布实施《杭州市中小学(幼儿园)教师专业发展培训实施办法(试行)》。截至 2013 年 6 月,杭州市"十二五"时期中小学(幼儿园)名校(园)长培养人选高级研修班已经举办五期,为教师的专业成长提供了较大帮助。宁波市于 2011 年出台《宁波市中小学教师专业发展培训实施细则(试行)》,使得宁波市中小学教师培训工作有章可循。丽水市于 2013 年启动"乡村小学教师、校长'新陶行知'高级研修班"培训项目,旨在为该市培养一批"像陶行知那样热爱乡村、热爱乡村教育、热爱乡村孩子的优秀乡村教师"。

近几年,浙江省各级各类培训活动开展得有条不紊,一些做法代表性较强,具有较为鲜明的特色。

(一)《浙江省中小学教师专业发展培训若干规定(试行)》的颁行

2011 年 7 月 1 日,浙江省开始实施《浙江省中小学教师专业发展培训若干规定(试行)》,这是针对中小学教师培训相关问题的专项文件。该规定目的在于"不断提高我省中小学教师的职业道德、专业知识和教学技能",阐释了中小学教师专业发展培训的含义与培训方式,并明确"参加培训是教师的权利和义务。组织教师培训是各级教育行政部门和中小学校应尽的责任"。该规定从培训安排与选择、培训机构与培训项目、经费保障、组织管理与考核等几个方面提出了若干要求。例如,5 年为一个培训周期,其间在职教师累计参训时间不少于 360 学时。培训机构实行资格认定,培训项目设计科学、合理且报相关部门备案。再如,培训经费"按办学体制和责任,由市、县(市、区)政府为主负责筹集,省级根据各地不同情况,适当补助奖励"。对具体份额的使用也有规定,并明确教师培训经费应专款专用,学校教师培训经费的使用情况需每年公示受教师监督。在考核方面,"学校要将教师参与专业发展培训情况列入教师年度绩效考核指标,并将考核结果作为教师聘用、聘任、晋级、评优、奖励的必要条件"。

综上所述,该规定对于中小学教师培训的相关问题给予了详细解释,提出不少具体的解决方案。该规定以及各项配套规定颁布后,各地区根据各自实际需要制定相应的实施细则,并相继颁行,中小学教师培训工作的展开得到了很大程度的保障。

(二)浙江省教师培训管理平台的使用

长期以来,教师培训活动的开展都是分散组织安排,一般而言各地区的培训活动只是针对该地区本身,跨地区选课参加培训较为麻烦,出现了不少问题。为了突出教师自主选择性、培训机构竞争性,结合现代教育技术,建立一个统一的教师培训管理平台显得很有必要。

2011 年 3 月,浙江省教育厅正式启动使用中小学教师专业发展培训管理平台,并召开试点地区中小学教师专业发展培训管理平台使用培训会,目前全省已经正式使用。该平台主要有系统维护、教育行政部门、培训机构、学校和教师等功能条框。该平台主要承载两个核心流程,其一是项目申报与审核流程。培训机构申报项目,教育行政部门组织专家委员会审核确认通过,各地区学员根据需求选课。其二是学员选课及报名审核流程。学校分配教师登录账号,学员选择培训班,学校、教育局等相关部门确认,最后是培训机构复核确认。学员窗口登录后,包括四个条框,即自主培训报名、省培自主选课、成绩和评价、个人信息维护。教师可以利用这一平台自主选择培训班、培训课程、培训日期、自主评价教学质量,在一定程度上体现出教师培训的人性化关怀。

教师培训管理平台的运用是现代教育技术对教师培训工作的积极影响与有效支持,是转型期教师教育的一项带有鲜明时代气息的重要举措。它的开发与利用为培训组织策划者与组织管理者、培训师和学员等相关部门与人士提供了方便与较为充分的展示空间,使得中小学教师培训工作进一步规范化、科学化和系统化。

(三)农村中小学教师"领雁工程"的实施

就一定意义而言,师资队伍的质量关系着教育的发展水平,而农村教师的水平则关系着教育质量的整体提升。2008 年,浙江省启动农村中小学教师"领雁工程",目的在于"进一步提高农村教师素质,保证农村教育质量,培养一批农村教育的'领雁人'",在推进以"轻负担高质量"为目标的中小学教改中发挥引领作用,进而推动全省教育科学和谐发展。

"领雁工程"实施期限为 2008—2010 年,计划培训农村中小学骨干教师和校长 3.5 万名,"使每 1 所农村中小学校至少有 1 名教师或校长参加省级骨干培训;每 1 所农村乡镇初中和中心小学的每 1 个学科至少有 1 名教师参加县级及以上骨干教师培训"。该工程强调所有参训教师集中一次性脱产不少于 2 个月进行 320 课时的学习,每名学员配有理论与实践指导老师各一名,浙江省财政厅每年安排 5000 万元的专项培训费用。

"领雁工程"推行后,各地方高度重视,积极落实政策文件的规定,许多农村教师接受了培训。据了解,该工程实施三年,全省共投入 3.4 亿元,共有 3.9 万余名骨干教师参加了培训,在对近 3 万名学员的问卷调查中,"96.68% 的学员对培训效果感到满意,其中 76% 的学员认为效果非常好"。该项培训的开展"有力地改变了浙江省农村中小学'名师少、学科带头人少、骨干教师少、高职称教师少、高学历教师少'的现象"①。农村中小学教师队伍的质量得到了较大提升。

（四）"浙派名师名校长培养工程"的推进

2012年，"为造就一批新时期教育家型的卓越教师与校长奠定坚实基础，全面提升我省中小学教师及校长队伍水平"，浙江省决定在"十二五"期间实施"浙派名师名校长培养工程"。

该"工程"计划"十二五"期间，分期分批共遴选1600名优秀中小学（幼儿园）骨干教师与校（园）长参加培训，培养培训周期为2年，集中学习时间不少于4个月。将依托具有优质人力资源的高校和教育培训机构，为学员安排理论与实践"双导师"，严格筛选建立导师库，省财政投入专项补助经费。并对学员资格、导师资格和考核等多项内容给予了具体规定。

该"工程"决定实施的通知颁布不久，各地按照要求认真部署相关工作，共确定首批培养对象320人，首批理论型导师133人、实践型导师243人。"工程"具体项目的运作与启动正在陆续进行中。

（五）日常教师培训的开展

前述两个"工程"主要针对特殊群体，实际上浙江省教师培训提倡教师全员培训，以提升教师队伍的整体水平。因此，除了上述两个"工程"，浙江省已经形成了省级、市级、县级和校级等多级别的培训网络，不同类型、不同学科、不同方式的日常培训活动众多。

近几年，浙江省每年省市级培训项目至少数百项，其组织者有省市、区县相关部门，也有高校、有关教育培训机构，还有组织校本培训的各个学校。不少地区中小学教师培训的策划与组织由高校来参与完成，例如杭州市有浙江大学、杭州师范大学等，宁波市有宁波大学、宁波教育学院等，金华市有浙江师范大学等。一些教师培训活动远赴国外，例如宁波市效实中学于2011年4月与美国加州大学洛杉矶分校合作，成为该校

---

① 朱振岳、周洪波：《浙江"领雁工程"培训4万骨干教师占农村中小学教师总数的22.9% 带动广大农村教师共同提高》，《中国教育报》2011年5月6日。

"国际与发展教育中心宁波教师专业发展基地",也是该中心在中国的唯一一所高中基地学校。2012年9月至12月,该校两名教师到美国加州大学洛杉矶分校进行了为期100天的教育培训。近年来,丽水市教育局组织高中英语骨干教师赴英国布莱登大学(Brighton University)进行英语语言培训。

总之,近几年,浙江省教师培训成果较为显著。据浙江省教育厅网站的数据显示:2010年,全省超额完成了农村中小学教师"领雁工程"3年培训任务,累计培训39092人,其中省级培训10595人,市级培训10411人,县级培训18086人。完成了省级中职骨干教师与校长培训2340人。2011年,全省累计培训教师近36.2万名,其中90学时以上集中培训5.3万名,省级培训中小学校、幼儿园、特殊教育学校校(园)长和骨干教师6933人。2012年,全省中小学实际参加专业发展培训教师达到37.65万名。这在一定程度上使得教师队伍的整体素质得到了提升。

社会的转型要求教育的变革,而教育的变革有赖于教师的参加,正如学者富兰所言:"教师是教育变革和社会进步的动力。"[1]高素质教师队伍的建设已刻不容缓,"没有教师的生命质量的提升,就很难有高的教育质量;没有教师精神的解放,就很难有学生精神的解放;没有教师的主动发展,就很难有学生的主动发展;没有教师的教育创造,就很难有学生的创造精神"[2]。因此,作为培养教师专业素质、提升教师专业水平的重要途径,教师教育必须做出相应的变革。转型期的教师教育应该深刻地认识教师身份与角色的时代特征,清晰地认清存在的问题及其变革的意义,从更新理念、重构支持系统、完善培养与培训体系的各个环节等诸多方面着手,以提升我国教师队伍的整体素质,为教育事业的发展与社会的进步贡献智慧与力量。

---

① ［加］迈克尔·富兰:《变革的力量——透视教育改革》,中央教育科学研究所译,教育科学出版社2004年版,第18页。

② 叶澜等:《教师角色与教师发展新探》,教育科学出版社2001年版,第3页。

第七章　社会转型期基础教育学生权利研究

　　如果说中国社会正处在一个转型的时代,那么这个时代在价值体系上的特征之一就是,社会更倾向于用权利这一概念工具来解释人的利益诉求。具体到教育领域来说,权利话语逐渐开始成为我们进行教育思考的重要理智和道德资源,我们更多地用权利的概念框架来思考如何表达教育领域中相关人的利益诉求,进而思考如何把权利实现于我们的教育制度、政策和实践中,以此规范学校教育的合理化方向。为此,借助权利的概念和逻辑来表达和拓展对学生及其利益的理解,界定学生权利的性质、范畴以及探讨学生权利保护的重要事项和突出问题,应是社会转型期值得重视的问题。

第一节　学生权利释义

　　我们先着力解释"学生权利"的含义和性质,要把"学生权利"的含义解释清楚并非易事,因为学生身上兼具人、儿童和学习者多重角色属性。

一、提出"学生权利"概念的必要性

　　进入 21 世纪,中国基础教育改革的基调是更为强调学生权利的根本性,我们可以把"为了一切的学生,为了学生的一切"这样的教育改革话

语视为对这种改革基调做的注脚。相应地,学生观问题或我们理解学生的方式已成为当前我们进行教育批判和基础教育改革的基本前提,这种趋势具体呈现在教育学术层面上的变化是儿童研究的兴起、对中国传统教育理论和实践缺少儿童学视角的批评以及借助于对学生的现代理解和叙述而展开的教育改革想象,呈现在教育实践层面上的变化是,经过这十多年的教育改革话语洗礼,广大教师在思想上已经或主动或被动地认识到学生优先这一观念在现代教育价值体系中的基础地位,相应地,这种认识会或多或少地影响到他们的日常工作话语和具体实践。要而言之,把学生放在教育活动的中心并充分尊重学生的利益,这种观念已在现代教育思想中达成了基本共识,并在当前的基础教育改革政策中得到了更为充分的实现。

但是,这里提出的问题是,用权利话语来表达儿童的利益并提出"学生权利"的概念是否必要,用权利概念来表达和解释学生的利益是否更有力量。有的学者就回避运用"学生权利"概念,认为这一概念是一个"耸人听闻"的情绪化词汇,因此应该摒弃这一概念,而主张以"学生的需要"这一更平实的说法代之。[①] 言外之意就是用"学生权利"的概念显得夸大其词,学生利益的问题不需要上升为一种权利问题来关注。这位学者对"学生权利"概念的抗拒实际上代表了教育理论和实践层面许多人的真实想法。尤其对学校一线教师群体而言,"学生权利"概念似乎成了一个敏感的词汇并对他们构成了某种心理压力。笔者过去曾经对"学生权利"做过专题研究并曾跟一位朋友探讨过此论题,后来该朋友到某所小学调研时跟学校教师谈起我的研究,教师们笑言:"如果他(即指笔者)到我们学校做调研,我们会把他骂死!"此话虽为玩笑之语,但也在很大程度上折射了学校教师对"学生权利"概念的真实心态,此种心态可能发端于新时期学生思想和行为的变化给教育工作带来的压力和给师生关系带来的冲击,由此他们连带着赋予了这一概念以一种负面的"情绪黑云"。

早在 19 世纪中期,"权利"概念在中国发端之时,梁启超就把权利视

---

① 谭斌:《论学生的需要——兼与张华〈我国课程与教学的概念重建〉演讲的商榷》,《教育学报》2005 年第 5 期。

角置诸教育,主张"为教育家者,以养成权利思想为第一义"①。但是,百多年下来,养成权利思维依然并非我们教育文化的长项,不过,越是权利话语没有空间伸展的场域,越可能出现有关权利的问题盘根滋长,"学生权利"概念愈被回避,则这一概念所内含的问题愈有必要被加以廓清。

权利意识的觉醒和法治观念的逐步深入人心是中国社会转型期呈现出的一个基本特征和重要线索,在"依法治国"的社会总体思想背景下,"依法治×"正成为当前我国社会生活各领域的一种基本话语格式,教育领域也莫能其外。这种教育改革与发展的法治化趋向推动我们用法理思维来思考基础教育中的许多现象和问题,由此"学生权利"概念就不应该是一个需要回避的词汇,它内在于像依法治教和依法治校等观念框架下。教育部 2012 年发布的《全面推进依法治校实施纲要》在依法治校的框架下在学校管理范畴内明确规定了"尊重和保护学生权利"②的原则,把尊重学生权利看作落实以学生为中心、保证公平公正的教育价值理念和尊重学生人格尊严的一种基本理路。

"权利概念"是一个政治学和法学术语,这个概念如此广泛,如此具有生命力,自然是因为它所具有的独特的话语力量。当然,教育自身的话语体系也能提供对学生利益和需要的说明,但是,像权利这样的政治哲学术语,却能够以其独具的话语能量更有力地解释、界定和规范学生的利益。要而言之,教育领域要真正落实和体现以学生为中心的教育价值信念,其基本路径还是要更清晰地界定学生的利益和教育的权力,而"权利概念"无疑是一种更有力的解释工具。

二、"权利"的含义

在界定"学生权利"的含义之前,让我们预先把"权利"的内涵作一下分析说明。不过,在分析之前,我们先做一点简单的概念辨析工作,那就是辨析"权利"概念和"权益"概念是否有别。

相较于"权利"概念,有些人更愿意用"权益",那么这两个概念是否有区别呢?记得曾经看过一份现已无从查找出处的文献。文献的大体

---

① 梁启超:《新民说·论权利思想》,《饮冰室合集》专集之四,上海广智书局,光绪二十八年,第 39 页。

② http://www.moe.gov.cn/publicfiles/business/htmlfiles/moe/s5933/201301/146831.html。

意思是说,"权利"和"权益"是两个严格区分的概念,权益概念的范畴包含权利但又大于权利,有些利益不是权利但属于权益,是受保护的利益。这种看法的逻辑是相当混乱的,如果一种利益不属于权利范畴或者由权利原则推导出来,则这种利益有何法理依据需要被保护呢?实际上,"权利"和"利益"对应同一个英文词汇"rights",没有两个可区分的英文词汇来对应做出"权利"和"权益"的区分。"权益"不是属于权利的利益和不属于权利的利益的结合体,权利只能被解释为有权利属性的利益或归属于权利范畴的利益。从这个意义上来说,权益即权利,换句话说,只是同一个英文词汇"rights"在中文中出现了两个含义完全相等的词汇而已。因为相较而言"权利"这一中文翻译更为原始和主流,但凡严肃的政治哲学文献,都是运用"权利"概念,所以我们这里也倾向于运用"权利"一词,相应地,我们更倾向于运用"学生权利"而非"学生权益"的概念,这是我们预先作的一个前提说明。

现代意义上的"权利"概念是西方文化下的产物。中国古代文献中也有"权利"一词,但其意只是权势和物质利益两层意思的结合体,这样的含义自然与现代"权利"概念的内涵南辕北辙。现代意义上"权利"概念的灵魂是正义或正当,"正义为权利之逻辑基础"①,凡是成为权利的利益,本质上首先应是正义的。这样性质的"权利"内涵,植根于西方从古希腊以来就偏爱探讨正义的思想传统,并非我们的传统文化基因所能产出。

"权利"是界定和规范利益的文明设计,那么,一项利益如何才能成为权利呢?或者说,一项利益具备了哪些要素才能构成一项权利呢?著名学者夏勇曾经把"权利"分析为五项要素:利益、主张、资格、力量和自由。在分析归纳这五个要素的基础上,他给"权利"下的定义是:"权利是为道德、法律或习俗所认定为正当的利益、主张、资格、力量或自由。"②

我们简单地分析一下夏勇先生所下的"权利"定义。很明显,该定义不把权利的认定限定在法律范畴内,权利不只有法律权利,还有道德权利和习俗权利。不过,这可能增加了权利认定的复杂性,这三种权利认

---

① 夏勇:《人权概念的起源——权利的历史哲学》(修订版),中国政法大学出版社 2001 年版,第 28 页。

② 夏勇:《中国民权哲学》,生活·读书·新知三联书店 2004 年版,第 312 页。

定的途径可能是相互冲突的,一种在习俗上被认定为正当的权利可能在道德和法律上是被否定的。在权利的五个要素中,利益是基本要素,权利是以特定利益为内容的,没有利益的存在,便没有界定权利的必要。不过,这里的利益是一个扩大的概念,它不但指有形的物质利益,而且包括无形的精神利益。提出利益主张是构成权利的第二个要素,一种利益如果不是由人加以识别和主张,就不可能变成权利。第三个要素是资格,提出一种利益主张需要从道德和法律等范畴内找到资格依据,法律和道德能够证成其正当的利益主张才可以成为权利。第四个要素是力量,一种获得了正当性资格的利益主张,如果不能获得力量的保证,也不成其为权利。夏勇又把力量分为权威和能力,所谓权威即合资格的利益不可侵犯,尤其是获得了法律权威的保护;所谓能力是针对利益主体而言的,即利益主体具有享有和实现利益、主张或资格的实际能力和可行性。第五个要素是自由,这里的自由,不是指作为具体利益内容的言论自由和出版自由等,而是指作为权利本质属性的自由。作为权利本质构成要素的自由,通常指权利主体可以按个人意志去行使或放弃该项权利,不受外来的干预或胁迫。

夏勇的上述权利五要素分析展现了一项具体的利益如何实现为现实权利的动态过程,从权利的实现过程来讲,上述五要素或许缺一不可。但是,有一些权利在人类社会中是具有普适性的,这些权利已经由历史为每个人认定,不过,这些权利内容在特定的社会形态中因为缺少了上述要素的一种或几种,可能失去了实现的条件,但是,单纯从权利的证成来讲,人们认定这个特定社会中的人作为人类整体社会中的一员同样拥有这种权利,只不过这些权利在这些特定的社会没有合法的道德和法律形态而已。

三、对学生权利的整体性理解

依据夏勇先生给"权利"概念下的定义,我们可以相应地把学生权利界定为为道德、法律或习俗所认定为正当的学生的利益、主张、资格、力量或自由。不过,这样把一般权利的含义粗糙挪用来界定学生权利的内涵是没有多大意义的,我们还必须把分析学生的特点作为前提,来解释权利概念之于学生意味着什么。

　　学生是一个复杂角色要素的结合体。具体说来,学生的第一角色自然是指学校里的专门知识学习者,也就是说,是学校学习者这种规定性界定了学生的基本性质。不过,学生权利并非特指学生作为学校学习者所具有的权利,相反,我们理解的学生权利是指学生作为一个完整的生命体所具有的权利。作为一个整体的生命,基础教育阶段的学生不仅是学习者,而且是一个人和一个儿童,所以一个完整的学生权利体系既包括学生作为学习者的权利,也包括其作为人的权利和作为儿童的权利。

　　学生享有作为人的权利即意味着学生也是人权原则的适用对象。从国际儿童权利运动发展的轨迹来看,许多过去只是适之于成人的权利内容现在愈来愈多地被置于儿童权利的框架体系当中。另外,当我们把学生视为一个人来对待时,还意味着我们要尊重其作为一个人所具有的独立自主性,而不只是把学生视为一个控制的对象。

　　我们可以从两个方面来理解学生作为儿童所具有的权利。第一,相对于成人来说,学生作为儿童在身体和精神两方面都处在关键性成长的阶段,处在从不成熟到成熟的阶段。从这种意义上来说,儿童需要得到成人的呵护,换句话说,作为儿童的学生有被保护的权利。第二,我们保护儿童不只是意味着保护身处成长过程中的"弱者",而且更意味着保护儿童期所特有的生命特质,让学生的成长充分享有儿童期的滋养。从某种意义上来讲,我们保护儿童期也是保护儿童作为一个人的特殊表现,要尊重儿童作为人的存在,就要保护儿童期的存在。学生成长的过程以及学校教育的过程都不能以牺牲儿童期为代价。

　　学习者这一角色界定了学生进入学校的基本意义。学校提供的制度化教育环境为学生的社会化成长和生活提供了最有力的保障。在现代社会,受教育权是儿童享有的基本人权,这是全球化社会的共识。因此,我们除了要在宏观层面上为学生提供受教育权保障外,还要积极落实国际社会提出的"学习权"概念。这一概念的内涵除了包括对受教育权的一般理解,还纳入了对学校教育的现代理解,即通常我们对教学和学习的教育学理解,在"学习权"这个概念卜获得了权利的意义。

　　一个健康良好的学校教育制度和学校教育过程,理应完整地体现对学生的这三种权利的尊重。但是,我们传统的应试主义教育体系,却往往给予学生的学习者角色过多畸形的关注,这种畸形关注往往是以牺牲对学生作为人和儿童的整体性理解为代价的。《中国教师报》曾经有一篇报道，报道提到沈阳某中学连续 12 年维持着沈阳市中考冠军的头衔，但是就是这所学校，其教学方式却为许多人诟病，因为在这里，学习就是压榨休息时间，进行无休止的重复和记忆。在这种教学方式下，学生大多放弃了一切爱好和娱乐，睡眠时间也严重不足。报道中提到一个小女孩，在谈到"童年"时，激动地流泪大喊："我没有童年！ 我的童年就是学这个学那个，做作业。我们都没有童年！"①从某种程度上来说，该校是中国基础教育的一个缩影，小女孩的呐喊也是对现代教育忽视了对学生整体生命关怀的一种控诉。

四、学生权利的两种特殊性

夏勇先生把权利的内涵分析为五个要素，但是，鉴于学生区别于成人的特殊性，在学生权利的概念框架下，我们需要给予这些要素以特殊的解释。我们认为，至少有两种学生权利要素需要做特殊性的理解，以下分别加以具体说明。

(一)学生利益的特殊性

较之于成人利益，学生的利益呈现出一些特殊性。要而言之，成长是学生最大的利益，学生的利益更多呈现出生长和成长的属性，或者说属于生长和成长的范畴。学校教育的根本意义在于保障学生在身体和精神方面获得最佳的成长和发展。一个社会和一种教育，必须把学生的成长举为最高价值，换句话说，儿童或学生的成长利益，应该进入社会和教育价值判断的中心，他们是否能够获得健康成长，是衡量一个社会或教育体系良善优劣的价值判断标准，一种不能保障学生成长甚至伤害学生成长的社会和教育，是没有良心的社会和教育。

成长首先依赖于家庭、学校和社会提供的物质条件，尤其对身体的生长而言更是如此。在物质条件方面为儿童和学生的健康成长保驾护航，这是向家庭、学校和社会提出的基本伦理要求，而全社会对这一方面

---

① 马朝宏：《七中现象的远虑与近忧》，《中国教师报》2004 年 12 月 17 日，引自中国重要报纸全文数据库，http://10.22.0.57/kns50/detail.aspx? QueryId=5&CurRec=3。

的认识和重视也是较为充分的。随着我国经济的发展,尤其在例如宁波这样的经济发达地区,物质条件已经基本上不再成为制约儿童和学生生活和接受基本受教育权利的障碍。因此,对学生利益的关注主要不应在物质层面,而应在精神层面。尤其对学校而言更是如此,因为学生的物质生活问题主要是由家庭负责的,所以学校和学生的关系主要是一种精神性的关系。对于学校来说,主要应思考的是,我们提供什么性质的教育才能保障学生身心获得最佳发展。

只有充满了人文意蕴的学校教育,才可能在精神层面上保障学生的健康成长。传统应试主义教育体系大大贬损了学校教育本应具有的人文性格,它所导致的结果是在精神层面上对儿童身心成长的伤害。兹举一例以说明,九岁的小文(化名)是甘肃省张掖市甘州区沙井镇五个墩村小学三年级学生,由于平时学习成绩差,经常受到老师的训斥。2005年7月12—13日学校进行期末考试时,班主任没有让小文和另一名成绩差的学生参加考试,理由是怕他们会拖全班成绩的后腿,放暑假时也没有给小文发暑假作业。2005年8月2日小文在自家后院的牛圈上吊自杀。事后学校校长认为教师在教育方法上是存在一些问题,学校在管理方面也有一定的责任,但他认为这与小文的自杀没有太大的关系。[①] 这场教育悲剧反映了学校教育的非人文性格,学校失去了它本应有的关心性质,即失去了它对学生整体生命的关注,考试分数几乎变成了学生的化身。

近年来,在国家教育政策层面上提出了一些具体的改革举措,例如保证学生有一小时的体育活动时间等。我们可以把这些举措看成是为重建学校教育的人文性格而做出的政策努力。当这些举措以教育政策的方式确定下来的时候,它们实质上就变成了一项项法定性的学生权利条目,变成了一个个具体的学生利益。

(二)学生权利主张的特殊性

在思考成人权利时,我们设想成人通常是能够作为利益主体认识、

---

① 王学进:《"差生"概念侵蚀教育生态》,《工人日报》2007年11月9日,http://www.Pdsedu.gov.cn/show.asp? xs_id=10002620。

主张和维护自己的利益和权利,成人的权利意识有成人自身的独立自主性和成熟的理性能力提供支撑。但是对于处于基础教育阶段的学生而言,情形可能有较大的不同,我们依然需要从学生是成长的个体这一点对此加以论述。成长是儿童和学生的思维能力和独立自主性不断走向强大和成熟的过程,这一过程是和学生权利意识和权利能力的成长相辅相成的。对于身体和思维能力尚不成熟的学生尤其是年幼学生而言,他们对其利益和权利的认识与判断可能更多地依赖直觉而不是理性,他们实现自身权利的过程,还需要依赖他人的帮助。概而言之,由于儿童和学生的未成熟状态,所以对于儿童和学生利益及权利的理解和保护,在很多方面需要有成人来加以代言和代表。对此我们可以借助以下的案例来加以说明。

1968 年,美国内华达州一位叫伊迪丝的 3 岁小女孩告诉妈妈,她认识礼品盒上"open"的第一个字母"O"。这位妈妈非常吃惊,问她怎么认识的。伊迪丝说:"薇拉小姐教的。"这位母亲表扬了女儿后,一纸诉状把薇拉小姐所在的幼儿园告上了法庭,理由是幼儿园剥夺了孩子的想象力,因为她女儿在认识"O"之前,能把"O"说成苹果、太阳、足球、鸟蛋之类的圆形东西,然而幼儿园教她识读了 26 个字母,伊迪丝便失去了这种能力。她要求幼儿园对这种后果负责。3 个月后,此案在内华达州州立法院开庭,幼儿园败诉,因为陪审团成员被这位母亲在辩护时讲的故事感动了。她说:"我曾到东方某个国家旅行,在一家公园里曾见过两只天鹅,一只被剪去了左边的翅羽,放在较大的池塘里;另一只完好无损,就放在较小的池塘里。管理人员告诉我,这样能防止天鹅逃跑。剪去一边翅羽的无法保持平衡,飞起后会掉下来;完好无损的虽然没被剪去翅羽,但起飞时因没有必要的滑翔行程,而只能老实待在水里。我当时非常震惊和悲哀。今天,我为我女儿打这场官司,是因为我感到伊迪丝变成了幼儿园的一只天鹅。他们剪去了伊迪丝的一只翅膀,幻想的翅膀;他们早早地把她投入了那片小水塘,只有 ABC 的小水塘。"这段辩护词后来成了内华达州修改《公民教育保护法》的依据。现在美国的《公民权法》规定,幼儿园在学校拥有两种权利:玩的权利;问为什么的权利。①

①　刘燕敏:《孩子的权力》,《家庭文摘报》2002 年第 32 期。

这个案例中的情节非常特殊,甚至可以说这种情节超出了我们中国家长和教师的想象能力和理解水平,一个在我们的教育价值观上难以引起争议的事件竟然上升为法律事件,一个本属于教育学范畴的识字问题竟然演变成法律上的学生权利问题。此事件的是非曲直我们自不必论,我们要说的是,在此案例中,3 岁的伊迪丝还无法理解想象力对她的意义,还无法把想象力理解为她的一项重要利益,更无力去主张这种利益,这种理解和主张完全是由这位母亲完成的。进一步而言,在这个案件中,利益的主体是 3 岁的伊迪丝,但是利益主张却不是由利益主体完成的,母亲成了孩子利益的代言人。利益主体和利益主张者分离了,但是在更深的意义上它又是家长的监护权与儿童权利之间的深层次完美结合。

但是利益主体和利益主张者的分离又是一把双刃剑,当成人(家长和学校教师等)承担做了儿童利益主张的代言人的时候,可能往往会导致两个结果:一是一味替儿童代言,始终把学生当作没有理性能力的弱者,从而伤害到学生自主性的成长和发挥;二是成人可能把自己对儿童利益的错误理解强加给了儿童,从而打着维护儿童利益的名义实质性地伤害到儿童的真实权利。因此,当成人不得不担负起儿童利益的代言人的时候,为避免上述后果,除了要从法律和道德上对成人的权力加以约束外,成人要确确实实认识到,我们对儿童利益的理解,要真真切切站在儿童的立场上。

第二节　学生权利保护的基本法律依据

学生权利保护有着悠久的道德传统,这种传统的主线是历史上对儿童的有关认知和理解。进入 20 世纪后,借助于权利尤其是人权的概念和理论框架,这种对儿童的认知获得了极大的推动或转变,逐步发展为现代的儿童权利观念,并且这种现代儿童权利观念已经经由儿童权利立法确定下来。当前学生权利保护的思想和行动,最主要的就是要从现代儿童权利立法及其包含的现代儿童权利观念中寻找理智和道德的力量。在这里我们需要把握两条线索,第一条线索是了解国际社会儿童权利保护的立法努力;第二条线索是概括我国有关儿童权利和学生权利保护的立法体系。

一、学生权利保护的国际法依据

这里首先需要说明的是,大多数国际法文书更多采用的是"儿童权利"的概念而少用"学生权利"的概念,这种概念的差异反映的是一种解释视域和视角的差异,但是它们包含的观念是相通的,当我们把"儿童"和"学生"都视为完整的生命体而忽略其角色差异的时候,实际上我们在这里就不需要刻意区分"儿童权利"和"学生权利"的概念差异,而是把"儿童权利"和"学生权利"看成是统一的。

进入 20 世纪后,儿童权利保护变成了一项国际性的事业,诸多的国际组织成了推动儿童权利保护思想发展的主力军。联合国、国际劳工组织、一些区域性国际组织以及一些国际非政府组织都把儿童权利的保护纳入自己的工作范畴。这其中以联合国对儿童权利保护事业的关注最是贡献卓著,它于 1989 年颁布通过的《儿童权利公约》,可以被视为国际社会儿童权利保护的集大成之作,此公约所包含的儿童权利保护理念,至今难有突破,后来的许多国际儿童权利保护文书,更多是对该公约所做的注脚。因此,我们这里着力阐发的,是该公约包含的儿童权利保护理念及其具体表现形态。

《儿童权利公约》在联合国的主持下历经 10 年的酝酿才得以出台,迄今该公约的缔约国几乎包括了所有国家,成为有史以来最被广泛接受的国际公约和目前世界上最为重要的保护儿童权利的纲领性国际文书。《儿童权利公约》是全面规定儿童权利,具有广泛适用意义并具有监督机制的专门法律文书,其对各缔约国具有法律效力。不过,在《儿童权利公约》之前,联合国还颁布了两份不具有法律效力的姊妹文书,分别是 1924年颁布的《日内瓦保障儿童宣言》和 1959 年颁布的《儿童权利宣言》。这三份文书所包含的内容的变化,体现了国际社会儿童权利保护观念演变和发展的主线。《日内瓦保障儿童宣言》是在 1924 年于瑞士日内瓦召开的"儿童幸福国际大会"通过的,它开启了儿童权利保护的国际运动。不过,该宣言包含的权利内容非常单薄,并且多局限于为儿童提供物质方面的生存权利保障,要而言之,这些权利内容,事实上只是相当于一般意义上的成人对儿童应尽的道德责任,更多是把历史上人类积累和传承的成人对儿童的传统保护关系用宣言的形式确定下来。儿童因为脆弱所以是受保护的对象,这是该宣言反映出来的儿童观基调,这种儿童观在今日看来是单一和落后的。《儿童权利宣言》在1959年颁布,该宣言研制时,已经有了1948年出台的《世界人权宣言》为其提供思想和政治基调,可以借助"人权"这一概念工具。该宣言一共有十条,从内容上来看,它虽然还没有太多撼动传统上成人和儿童之间的保护关系,但还是体现了儿童观上相当大的进步,主要是提出了儿童利益优先的原则并开始关注把儿童作为人权主体来看待。

《儿童权利公约》的革命性在于它在根本上撼动了传统上的儿童观,突破了前两个宣言体现的儿童观主调,从把儿童视为受保护对象的儿童观转变为把儿童实实在在地上升为人权主体,并在开篇就规定《世界人权宣言》不仅适用于成人,而且也适用于儿童。《公约》共有54项条目,内容之全面是前两个宣言无法比拟的,其基本已经覆盖了原来成人享有的权利内容。当然,这种革命性的改变瓦解了传统上以区分儿童和成人为基础的儿童观,造成了我们理解"儿童"概念的复杂性和把握儿童特质的困难,因而公约本身也导致了一些争议。但是,扩展儿童权利看起来是一个不能逆转的趋势,在人权概念的框架下,这种扩展也有着充分的道德基础。既然我国已经成为该公约的缔约国,我们就应有充分的诚意在社会生活和教育活动中体现对儿童权利的尊重。《儿童权利公约》的巨大影响力还体现在它确立了理解儿童权利的四项基本原则:无差别原则;儿童最大利益原则;儿童的生存和发展原则;儿童表达意见原则。具体的儿童权利形态,都可从这四条原则中推导出来,因此,我们在这里重点把这四项原则加以概括性解读。

无差别原则早在1959年的《儿童权利宣言》中就已经被提出来了。有时人们把这一原则也称为"非歧视原则",当然,"无差别"和"非歧视"两个概念的内涵是有细微差别的,但是其核心内涵都是公平和平等。这个原则对应《公约》第二条:缔约国应遵守本公约所载列的权利,并确保其管辖范围内的每一儿童均享受此种权利,不因儿童或其父母或法定监护人的种族、肤色、性别、语言、宗教、政治或其他见解、民族、族裔或社会出身、财产、伤残、出生或其他身份而有任何差别;缔约国应采取一切适当措施确保儿童得到保护，不受基于儿童父母、法定监护人或家庭成员的身份、活动、所表达的观点或信仰而加诸的一切形式的歧视或惩罚。概括而言，该原则包含两层意思：一是保证所有儿童平等享受权利；二是在具体生活过程中保证儿童免受歧视或惩罚。无差别原则所体现的公平和平等价值观有着古老的传统，也有着永恒的时代意义和现实意义。

儿童最大利益原则早在 1959 年的《儿童权利宣言》中已被提出。在《公约》第三条，这条原则被规定为"关于儿童的一切活动……均应以儿童的最大利益为一种首要考虑"。后来在 1990 年的联合国《儿童生存、保护和发展世界宣言》中又进一步提出了"儿童第一"或是"儿童优先"原则，所谓儿童优先主要指儿童利益优先，其核心也即确保儿童的最大利益。儿童利益是相对于成人利益而言的，儿童最大利益原则的确立，首先是在价值观上确立了儿童作为独立的个体和权利主体的基本地位，从而在一种新的儿童观基础上发展起了儿童保护的新思维，一举突破了把儿童视为成人的附属物从而在关涉儿童的事物中以成人利益为判断准则的传统取向。我国是《儿童权利公约》的最早签约国之一，但是，要在我国社会生活各领域中落实该原则的精神，尤其会遇到严重的文化障碍。很大程度上这一原则和我们的传统文化思维是严重对立的，例如在家庭领域中，"父为子纲"的传统信条是我国传统上规范成人和儿童之间关系的一条基本伦理规则，这种伦理信条延伸到教育领域，同样确立起了"师为生纲"的传统师生关系，如果这种伦理信条依然存在于我们的文化信念深处，则无论在家庭生活还是在学校教育中，儿童的独立性和主体性就不可能真正确立起来。迄今为止，把儿童视为成人的附属物以及从工具性视角看待儿童的思维习惯依然大行其道，由此，支撑儿童最大利益原则确立的新的文化基础就依然没有牢固地建立起来，在家庭生活和学校教育领域中，涉及儿童的利益纠纷的处理，我们往往还是以成人的利益为优先考虑方向。

儿童的生存和发展原则体现在《公约》第六条：缔约国确认每个儿童均有固有的生命权；缔约国应最大限度地确保儿童的生存与发展。根本上来说，儿童的生命、生存和发展是儿童的最大利益，这一原则指向的是儿童个体生命的充分生长，即儿童在身体和精神、理智和道德以及个性和社会性上充分成长。这一原则包含三层内涵：一是在最基本的意义上保障儿童生命的安全,保障儿童免遭生命的威胁和身体的伤害;二是主要从物质层面上保障儿童生命的健康,这种保障包括食物、卫生和医疗等方面;三是在发展的意义上为儿童的成长创造良好的条件,而教育在这个层面上起到了核心的作用。这一原则所包括的范围极广,《公约》中确立的诸多具体儿童权利内容或形态,都可以被视为这一原则的引申。

儿童表达意见原则在《儿童权利公约》中是一项新内容,这一原则在前两个《宣言》中都没有涉及。《公约》第十二条规定:缔约国应确保有主见能力的儿童有权对影响到其本人的一切事项自由发表自己的意见,对儿童的意见应按照其年龄和成熟程度给予适当的对待。确立这一原则的意义是重大的,主要表现在三个方面:第一,它的突破性意义在于,它从操作层面上进一步定义了儿童的独立性和主体性。儿童能够参与发表自己的意见,这是体现儿童的自由意志和主体性的基本要件;第二,如果把该原则与前述儿童最大利益原则联系起来,则确立儿童表达意见原则的重要意义还在于,它为界定何谓儿童最大利益找到了一条技术途径,即对儿童最大利益的界定不能脱离了儿童自身意见的参与;第三,儿童参与表达意见,这也是儿童成长的内在要义,儿童表达意见的过程也是体现儿童成长和成熟的过程,儿童表达意见的能力和其成长与成熟是相互作用的过程,我们给予儿童参与表达意见的权利,实际上也是为刺激儿童的成长和成熟创造条件。儿童有表达意见的权利,相应地,成人有倾听儿童意见的义务,成人应真正把儿童作为一个对话者来看待。不过,从《公约》第十二条对儿童表达意见原则的说明来看,儿童表达意见的过程似乎是有前提的,即儿童应是有理性能力的,是"有主见的",成人对儿童意见的对待和采纳是以儿童依其年龄和成熟度所表现出来的理性能力为基础的。这一说明的要义在于,儿童参与表达意见的程度是一个递进性和阶梯性的过程,依赖于儿童的成熟度和理性能力,并且还考虑到所参与的事项的复杂性程度,儿童参与表达意见的程度会经历一个从有限参与到充分参与的过程。

除了这四个原则外,人们还把《儿童权利公约》中规定的诸多具体权利内容概括为四大权利:生存权利;发展权利;受保护权利;参与权利。这四大权利以及上述四大原则是我们今天理解儿童权利和学生权利的有力解释框架。

二、学生权利保护的国内立法状况

我们把我国学生权利的立法状况做一梳理。依然需要说明的是,在教育法律体系中,通常用学生权利、学生权益或受教育者权利的概念,而在相关的儿童立法中,则常用"未成年人权利"或"儿童权利"的概念,我们在这里淡化这种法律类型的区分,基于把学生视为完整生命体的考虑,把"儿童权利"和"未成年人权利"的立法都纳入学生权利立法的范围中来考虑。

目前我国并没有专门的学生权利法规,但我们已初步建立起了保护学生权利和儿童权利的法律体系。从20世纪90年代起,以成为《儿童权利公约》的签署国为背景,我国制定了专门的儿童权利保护法规《中华人民共和国未成年人保护法》(1991年通过),后又出台了《中华人民共和国预防未成年人犯罪法》(1999年通过);此外还制定了一些专门的儿童发展规划纲要,有《九十年代中国儿童发展规划纲要》(1992年颁布)和《中国儿童发展纲要(2001—2010)》(2001年颁布),近来则是出台了《中国儿童发展纲要(2011—2020)》(2011年颁布)。相关的教育法律体系中,我们没有专门的学生法或学生权利法,但是在《中华人民共和国义务教育法》(1986年通过)、《中华人民共和国教师法》(1993年通过)和《中华人民共和国教育法》(1995年通过)以及针对特殊儿童群体的法案和规章如《关于开展残疾儿童少年随班就读工作的试行办法》(1994年通过)等,则直接涉及学生权利保护的内容。上述国家立法,再加上我国签署的国际儿童和教育公约及宣言等文书,初步构建了我国学生权利保护的法律体系。不过,对于具体的学生权利保护实践来说,这些法律体系过于宏观,至今我国还没有专门的学生法来界定和规范学生的权利形态,这总是一种欠缺和遗憾。

对于我国的儿童权利和学生权利保护而言,《未成年人保护法》具有标志性的意义。该法出台的背景是我国成为《儿童权利公约》的最早签署国之一,因此,《未成年人保护法》可以视作《儿童权利公约》在我国的实体法转换,即通过颁布这一国内实体法来落实《儿童权利公约》。从内容上来看,《未成年人保护法》参照了《公约》的基本内容框架,尤其在2006年的修订版"总则"中,明确规定未成年人享有生存权、发展权、受保护权和参与权,而这四大权利架构也是对《儿童权利公约》中诸多具体权利内容的概括。但是与《公约》相比,即使是 2006 年的《保护法》修订版,其突破性也远远不如。这种不足至少表现在两个方面:首先表现在叙述方式上,《公约》用"儿童享有……"这样的表达方式明确了儿童享有的权利内容,凸显了儿童的权利主体地位,而《保护法》的叙述方式更为强调和凸显的是成年人社会保护未成年人权利的义务,它的表述通常采用的是"……保护未成年人……的权利"这样的基本语句格式;而更为重要的是,从内容上来看,该法主要关注的是保护儿童的生存权和发展权方面。儿童生存权和发展权的保障,代表了文明社会人类的基本道德和良心,并对国家的未来具有决定性的价值,因此我们在立法保障儿童生存权和发展权方面是真诚而不遗余力的。但是,《公约》中有些重要的儿童权利理念,例如儿童最大利益原则等,并没有出现在《保护法》中,《公约》中一些具体的权利内容,在《保护法》中也被有意无意地删减了。正因为有这种删减和回避,它也就无法有力支撑起《公约》中所体现的现代儿童观理念。概而言之,虽然我国是最早签署《儿童权利公约》的成员国之一,但是从《未成年人保护法》来看,我们对《公约》中体现的儿童权利精神和包含的具体儿童权利内容依然消化不足。

专门的教育法规更多是在教育活动领域内、在学生受教育权范畴内以及在学生与学校和教师之间的关系内界定学生的权利。1986 年通过的《义务教育法》把适龄儿童的受教育权确定为一项法律权利,其意义自然不言而喻。可贵的是,该法明确规定禁止体罚,从而把免受体罚明确规定为学生享有的一项法定权利。1995 年通过的《教育法》在术语上用"受教育者"概念代替"学生"概念,但在学生权利保护内容上并没有什么突破,依然是宽泛地论述一般的学生权利内容。

任何学生权利如果不能转化为实体权利是没有多大意义的。虽然我国已经初步建立起了儿童权利和学生权利的保护体系,但是,要把法定权利转化为实体权利,我们依然面临着两种障碍。第一种障碍来自于我们的文化心理,尤其是与美国这样的法治传统成熟的国家相比,我们还没有把维护学生权利上升为法律事件的强大心理习惯。就教育领域来说,例如美国教育有崇尚法治的传统,在教育问题上,家长和学生习惯于运用法律思维维护权利,学校的管理和日常运作,一旦出现争执,上诉到学院层面来解决并不鲜见。但是在我国,关涉学生权利的学校教育事件,学生、家长和学校都习惯于在教育范畴内来思考。第二种障碍来自于我们的立法特点。我国规范儿童权利和学生权利的相关法律都有一个明显的弱点,即它们的宏观性和难操作性。这些法律的条目许多较为笼统,一些法律条目过于口号化和宣言化,这样的法律条目,自然操作起来较为困难,尤其是对于侵犯学生权利的情况如何处理,缺少明确的规定。例如体罚学生的情况,我们过去往往局限在教育层面上来思考体罚的问题,如果体罚不会造成严重之后果,法律对体罚问题通常鞭长莫及。当然,现在这种情况已经逐步改观,这主要是由于人们现在能够更多地从权利层面上来思考体罚的性质和后果。

总而言之,我国已经初步建立起了保护学生权利的基本法律体系,但是这种体系依然有很大的改进空间,例如我们可以制定专门的学生法来进一步界定和规范学生的权利。

第三节　学生权利的学校保护

梁启超曾言:"为教育家者,当以养成权利思想为第一义。"把此言套用于学校,其意同样不虚,养成尊重权利的情感、意识和思维,这是现代学校教育应具有的德性基础。当今,每一所学校都把"以学生为本"举为学校最基本的办学理念,这寓意着学生是学校教育价值判断的中心。在本节中,我们所要陈述的命题是:以学生为本即是以学生的权利为本,标举以学生为本的教育理念的学校,必然会把学生的权利视为根本,进而形成在学校管理和教育活动中尊重和保护学生权利的态度和积极性。

一、权利视角下对"以学生为本"的解读

最近十多年的基础教育改革叙事,最为鲜明的特征就是把学生的价值举为教育的中心,以学生为本的理念,已经成为推动展开教育改革想象的基本意识形态。"为了学生的一切,为了一切的学生"这样的课程改革口号,就是以学生为本理念的大众化表达。今天学校纷纷把以学生为本的思想置于学校教育理念的首位,莫不是受了这种时代教育改革叙述

的影响。

但是,在口号的喧嚣背后,我们需要注意的是,对"以学生为本"的概念,在教育理论和实践中,并没有取得清晰和一致的理解。笔者最近偶然在网上看到一份材料,材料的内容是一位一线教师基于自己的教学体验而对以学生为本的理念所做的教学纬度上的理解。在文中,这位教师论断"以学生为本更确切地说是以学生的发展为本"而不是"在教育教学活动中我们教师一切以学生为中心,一味地迎合甚至讨好学生",因为教师作为成人所具有的更为成熟的理性能力和对所教知识的专业性及权威性,所以虽然承认学生在教学过程中是主体,但是"教师在教学过程中应起主导作用","所谓以学生为本,我想,强调的应该是重视学生,而不是教师与学生之间的课堂上的关系问题"。①

我们非常尊重该教师基于自己的教学感受而做出的教学解释,或许该教师提出这些观点有他自己的教学背景,因此这些观点有现实的适切性,并且实际上也代表了许多教师的认识和实践立场。但是,该文反映出来的两个认识问题是需要我们注意和探讨的:第一,该文把"以学生为本"的理念只狭隘地理解为重视学生,并拒绝把这种理念放置在师生课堂教学关系上来理解;第二,该文虽然主题是谈对以学生为本理念的理解,但是行文着重论述和强调的却是"教师为主导"的教学原则,字里行间反映的是作者意识深处对学生的主体意识和主体能力的不信任态度。该教师的上述观点和认识实际上完全植根于我国传统的教学认识论框架和教学模式,对这种教学观及其背后的思想和实践根源我们在此暂且不提,这里想说明的是,如果把"以学生为本"只解释为就是重视学生,则这种观念在理论和实践上都是毫无意义和生机的,它没有反映出学生观上有意义的转变。

因此,要真正理解"以学生为本"的含义,就必须拓展一种新的解释空间,这一解释空间要由一种新的学生观做基础,这种新的学生观,应能对学生的本质做出更具深刻性和想象力的解释。或许,建立新的学生观应该与对学生权利的理解结合起来,基于各种儿童权利和学生权利的文本,我们可以概括出现代社会对学生的解释或者说是寓于各种权利文本

---

① http://kg.ftedu.gov.cn/show.aspx? id=2694&cid=37。

中的学生观。最终,我们要确立的论点是:以学生为本就是以学生的权利为本,以学生为本的教育就是尊重、保护和实现学生权利的教育。

再次从《儿童权利公约》谈起,不过,这里关注的不是《公约》中的具体权利条目,而是关注一条条具体的权利规定托举起的现代儿童形象。这种形象体现着现代社会的人们对儿童的特征和需要做出的新解释,或者说包含了人们的新儿童观。《公约》运用权利的概念工具,由对儿童的种种新理解进而引申和规定出种种具体的儿童权利形态。国际社会把《儿童权利公约》中林林总总的各种权利条目概括为四大权利:生命权、发展权、受保护权和参与权。这四大权利界定和护持着儿童成长的基本过程。这个框架已为各国普遍接受,成为各国制定本国儿童权利法案的基本参考框架。在这四大权利中,生命权、发展权和受保护权是被普遍认同的权利,这三大权利的规定有着深厚的道义传统和文化心理基础,它来自我们文化和历史上久已存在的对儿童的普遍认识和理解:儿童是一个以生长和成长为目的和要义的存在,其生长和成长的过程伴随着相较于成人而言的脆弱性。只不过,现代社会对儿童的生长和成长的内容、质量和方式有了更深刻的理解,包括把儿童的成长视为一个有人格尊严的过程和一个伴随着生命创造的过程等,这些理解逐步以权利的形式得到了确定。例如,在历史上,我们曾经把体罚视为伴随儿童成长过程的正常元素,但是今天,体罚已经以权利的名义被取缔了,禁止体罚的道德和法律基础已经形成,对儿童的体罚在现代文明中已越来越不能接受,因为体罚不但会对儿童的身体和精神造成创伤,而且损害了儿童作为人应具有的人格尊严。在四大儿童权利中,参与权的确立最能体现现代儿童观的进步。在过去,我们把儿童视为被动的存在和非理性的存在,由此成人包办了儿童生长的设计过程,这样的一种认识体现了成人对儿童主体能力的不信任。但是今天,通过参与权的设置,我们把儿童界定为有主体意识和主体能力的个体,把儿童的成长界定为一个自主建构的过程,把儿童参与意见表达视为儿童成长过程中的内在元素。

学生是身处在学校中的儿童,现代社会对学生的解释与对儿童的解释在价值取向上是一致的。基于《儿童权利公约》以及各种儿童权利和学生权利文书,我们可以把现代学生理解为一种具有独特的生命意义的存在:首先,学生是一种生长的存在。在现代社会,学生生长的核心意义

是借助于学校教育的过程而在身体、理智、情感和技能等方面获得综合
发展。其次，学生是一种完整的生命存在。学生不仅是理智的学习者存
在，而且以其全部的情感、意志和爱好等生命形式综合感受、认识和体验
学校生活过程中所发生的一切。最后，学生是一种主动性的存在。学生
不是一个完全脆弱的无理性能力的存在，不是一个完全等待被设计的存
在，而是一个有主体意识、主体意志和主体能力的存在，他们能对与自身
的生活和生长有关系的事物和事件自主产生有意义的观念和行动。

　　基于对学生的上述解释或者说基于上述的学生观，我们再次回到
"以学生为本"概念的理解上来。人们往往把以学生为本的理念的提出
视为学校教育的现代转型的表征，但是实际上，单纯的"以学生为本"概
念并不能自动孕育学生观和教育观的现代转变，正如上面提到的教师对
"以人为本"的理解，实际上还是基于传统的学生观和教育观。要而言
之，这个概念的意义，依赖于我们对它做出的解释。

　　以学生为本之"本"，意为"根本"，这是从价值层面上而言的，它意味
着学生问题是学校教育的根本问题和中心问题，意味着学生进入了教育
价值判断的中心。但是，如果把以学生为本仅仅理解为重视学生，这是
远远不够的。这个概念要获得指导学校教育现代改革与发展的思想力
量，就必须把对学生的新的解释和想象融入其中。基于上述对学生权利
及其蕴含的学生观的解释，我们尝试把"以学生为本"的理念做以下系统
理解：

　　第一种理解是从教育目的层面上而言的。在这层意义上，以学生为
本意味着我们真正把学生的生长和发展置入教育价值的中心。促进学
生在身体、情感、理智和技能等方面的全面和谐发展，这应是学校教育的
根本价值取向，这一价值取向不能被其他的教育工具性价值取代或僭
越。相应地，体现在价值目标上，学校教育要遵循这一价值取向，实现学
生生长和发展利益的最大化，体现在价值判断上，评价一所学校的基本
标准是看它促进学生生长和发展利益的程度与质量。

　　第二种和第三种理解是从教育过程层面上而言的。第二种理解是
从这种认识出发的，即学生的成长过程是一个生命展开的过程，或者说
成长就是生活体验本身。它包括两层意义，一是学生在身体、情感、理智
和技能等方面的发展是由学生丰富的生命和生活体验实现的；二是学生

是以鲜活的生命主体状态与学校影响他的一切事项发生关系或者说是产生交互作用,这种主体状态包括他的创造感、关心、喜悦、痛苦、爱和恨等。以学生为本的学校教育,就是尊重学生生活本身的教育,就是与学生的这种真实的生命和生活状态建立丰富的关联的教育。

第三种理解则是建立在认识和尊重学生的主体意识和主体能力基础上的。诚然,学生的理性能力是一个成长的过程,但这不是教师对学生的理性能力持不信任态度的理由。相反,教师应该认识到,学生理性能力的成长是和学生对影响自身事物的理智参与的机会相互作用的。因此,以学生为本的学校就应该为学生的理智参与尤其是参与意见表达创造空间和机会,这是尊重学生的主体性和发展学生的主体能力的契机,是提供学生自主建构性成长的契机。

二、以保护学生权利为取向的三个学校教育课题

在规范和操作层面,法律和规章已经为学生权利的学校保护划定了范围,尤其在生命权和健康权的范畴内,我们对学生权利的保护不可谓不重视。例如学生安全问题在每所学校基本上都得到了高度重视,再如禁止体罚在教育法上有明确的规定。这些学生权利保护项目当然极为重要,但是这些权利保护规定基本上还属于表层的和易于操作的,并有清晰的法律和规章根据,但是关涉到课程、教学和管理领域的属于深层次的学生权利保护问题却不易引起我们的关注,并且法律层面很难涉入其中。接下来我们就进入到学校教育的深层来探讨"以人为本"和"以权利为本"的学校教育的特征和形态应该是什么样的。我们的基本观点是:以人为本和以学生权利为本的教育是和素质教育同义的。我国《未成年人保护法》及2006年修订的《义务教育法》都提到要实施素质教育,这就是说,实施素质教育在保障儿童和学生权利上的意义和必要性由此获得了法律确认。在此我们从学校课程、课堂知识教学和学生管理等方面,来探讨以现代学生观作为基础、以学生权利保护作为价值取向和以学生为本作为教育理念的学校素质教育的形态。

(一)以丰富学生的生命和成长经验为旨趣的学校课程

在概念设计上,素质教育和应试教育是绝对对立的。应试教育是人

们基于对传统上由应试主义主导和驱动的对教育现实的不满和批判而构造出来的一个概念，或许我们把它称为应试主义教育更为确切。基于对这种教育的不满，我们另外创造出了"素质教育"的概念，这个概念体现了我们对学校教育的理想状态进行的综合想象。应试教育把学生的综合发展异化为对考试分数的单一关注。在这种教育形态下，我们对学生本应有的正常价值判断被扭曲了，我们不再从内在意义上看待一个个学生的发展，而是从工具意义上把每个学生视为分数的化身。而素质教育要做的，恰恰是把这种被扭曲的价值判断以及相应的教育路径加以扭转，它创设了另外一套价值观框架，在这个框架中，每个鲜活的学生生命个体及其在理智、情感、道德和技能上的综合发展和个性化发展成为教育价值判断的中心，而这就是我们今天提出"以学生为本"的理念的核心意义所在。

让我们从课程角度来看。在素质教育的背景下，课程概念的内涵发生了变化，即我们不只把课程视为一门门的学科，而且把课程理解为经验。这种内涵转变的意义在哪里呢？我们在前面提到过，不仅是教育要促进学生的全面真实发展，而且学生实际上是通过积极的生命和生长经验与体验过程而发展的。发展不是一个抽象的过程，也即是说，学生发展的过程洋溢着学生生命的主体性。这就是这种课程概念内涵转变的意义所在，当把课程理解为学科时，我们实际上着眼于人类文明知识的系统逻辑传授，而当把课程理解为经验时，我们就把关注点放在了学生的生命和生长的经验过程和体验过程本身。学生的生命和生长经验或体验应该是一个丰满的过程，这个过程除了求知外，重要的一点是学生作为儿童还应该体验包括游戏和玩耍等内容的童年的幸福，童年的体验也为学生的生长提供基本的滋养，因此拥有童年也是儿童本应有的一项权利。求知和享受童年的幸福，这构成了学生更为完整的生长过程。但是在应试教育下，单薄的以及同时又被分为主次的学科无法为学生的生命和生长经验提供充分的课程滋养，在这种情形下，学生的求知体验是不全面的，童年体验自然也得不到应有的关注。

我们当前的基础教育课程改革，在传统的学科课程之外，又设置了综合实践活动课程。同时我们一再强调学校要开足开全课程，这些改革措施，实际上都是为了更全面、更充分和更丰满地滋养学生的生命体验和生长过程。

（二）以解放学生的观念创造为目的的课堂教学

尊重知识教学的特殊性，一般的儿童权利和学生权利立法都不会在课堂知识教学的范畴内对学生权利做出具体的法律规定，它们把这个领域留给了教育学来处理，自身更多的是提出一些指导性说明，同样司法领域一般也不会延伸到具体的课堂教学过程中。但是这也不是绝对的，例如我们前面提到的关于 3 岁小孩伊迪丝的故事，就是一个把一般的知识教学问题上升为司法问题进而确定为权利问题的典型实例。即使不在法律的范畴内处理课堂知识教学问题，也并非意味着课堂教学领域不存在学生权利问题，实际上，我们依然可以基于权利的精神和运用权利的思维来思考课堂知识教学问题，或者说我们至少可以以道德权利的视角加以审视。

让我们再次回到前面提到的教师对以学生为本理念的理解。在其论述中，该教师认为，以学生为本不能在具体的教堂知识教学关系中来理解。课堂教学中的师生知识关系是"学生为主体，教师为主导"的关系，并且，对"教师为主导"做了重点强调和阐发，而根本没有解释"学生为主体"的概念。实际上，考虑到他的观点和思维逻辑，他也已无力再对"学生为主体"概念做出逻辑上的合理解释。

"学生为主体，教师为主导"是我国传统教学认识论的基本理论信条，这一信条对我国广大教师的教学理念影响极深。或许在理论设计者的眼里，这一提法是辩证的，但实际上，在理论论述中，"主体"和"主导"的关系一直没有得到彻底的和有说服力的阐明，尤其是对"学生主体性"的解释一直是勉强的。这种带有逻辑缺陷的理论信条被广大教师接受后，教师们的教学理念自然也就有了同样的缺口，上述该教师的观点和思维可谓代表性体现。不过，这个教学信条虽然存在理论逻辑上的缺陷，但是并不影响它在教学实践上发挥影响力和产生效力，因为它对"教师为主导"概念的解释，契合了传授式教学下教师们的认识取向和理论需求。传授式教学背后的思维逻辑是坚持教师的知识优势和思维优势，相应地，它支持了讲述式教学的合理性。"主导主体论"契合和满足了传统教学的实践需求，但是，它是以模糊和扭曲了学生的主体性为代价，基本表现是学生的自主思维和创造性观念得不到伸张,而这也是中国传统教学一直为人诟病之处。

学生的自主思维和创造性观念的重要性在现代教学思想中越来越被重视和强调。在《儿童权利公约》中,以大篇幅对儿童表达意见的权利作了具体规定,这一权利的确立体现了现代儿童观的重大进步,而儿童表达意见权又由更为上位的人权中的言论权引申而来。我们可以把学生自主思维和表达观念的伸张视为儿童意见表达权在学校课堂教学中的引申,同时,在教育学上,人们注意到了儿童自主思维的参与和创造性观念的表达在学生智力发展上的价值。美国哈佛大学教育学院教授达克沃斯就认为,"精彩观念的诞生是智力发展的本质"①,而教学就是创造机会让学生产生更多精彩的观念,基于这种理解,达克沃斯提出了"教学即研究"的理念。在她的具体教学案例中,我们可以看到,教学的过程基本是由学生的自主思维和自主观念推进的,教师不再呈现为主导者。

我们今天的基础教育改革,越来越强调把学生探究视为一种教学方式和教学过程的内在构成。实际上,这种教学方式的基本旨趣就是强调学生的自主思维和观念表达的意义与价值。因此,我们今天应该在这一认识前提下理解"学生为主体"和"以人为本"在教学上的意蕴。

(三)以加强学生的主动参与为要义的学校管理

相较而言,容易引起人们关注的学生权利保护问题更多地集中在学生管理领域,或者说在这个领域内,侵犯学生权利的事件更容易触动人们敏感的神经。例如,中央电视台报道的《劝转学生起风波》就曾经引起人们广泛关注,报道讲的是辽宁省阜蒙县蒙古族实验中学的 5 名学生由于上厕所后没有冲水、在厕所内吐痰等行为,被学校依据校规,以及学校与学生、家长签订的《承诺书》开除。② 该事件集中体现了学校的专制性格,学校以为学生好的名义,把自己的管理意志无障碍地发挥到极致,对影响学生自身利益的学校管理行为,学生实际上是没有参与的自主权利。

---

① ［美］埃莉诺·达克沃斯:《精彩观念的诞生——达克沃斯教学论文集》,张华等译,高等教育出版社 2005 年版,第 4 页。

② http://www.ah.xinhuanet.com/ahws/2007—10/09/content_11343110.html。

我们再看另一则例子。宁波《东南商报》曾经报道过一则案例,讲的是宁波市江东中心小学举行了一场别开生面的"听证会"。听证会的主题是"小学生该不该带手机进入校园",听证会的参加者是学生代表、家长代表和教师代表。该小学召开听证会的背景是学校教师发现不少高年级学生沉湎于玩手机游戏、发短信,已经明显影响了学习。于是,学校在三到六年级里发放问卷,开展了一项专题调查。结果发现赞成带手机的学生有 287 人,占了总数的 34%;另有 192 人态度不明确。尽管明确反对的学生有 357 人,占大多数,校方还是认为必须高度重视这个问题。而如果采取阻拦方式,可能会产生逆反心理,不如引导,于是决定开"听证会",让学生、家长和老师一起商讨。在听证会上,学生、家长和教师代表三方各抒己见,互有分歧。听证会结束后,学校负责人表示,校方总的态度是不提倡,但也并不一律禁止,今后的对策视进一步的研究而定。①对这则事例,除了《东南商报》外,宁波《现代金报》也有报道。这除了说明学校举行听证会的意义引人关注外,还说明学校尤其是小学在学生管理中运用听证会形式还是新鲜事,并非普遍现象和常态。

听证会的结果姑且不论,我们就设立听证会形式的本身来谈。听证会制度是一种重要的程序设计,从这一案例可以看出,借助听证会及其内含的程序公正性,在这次听证会上,学校保证了学生平等参与表达意见的权利。在《儿童权利公约》中,参与权或者说是意见表达权是被突出强调的一项权利。我们对儿童和学生的现代理解的突破性,在这一权利上得以集中体现。我们保障学生在关涉到自身利益的事项上参与表达意见,主要有三个方面的意义:首先,学生参与表达意见是体现学生的人格尊严和主体性的象征。就如在这个案例中,通过保障学生在听证会上参与表达意见,我们向学生传递了一个信息,即我们不再把他们只是看作管教对象,而是看作有主体能力和人格尊严的人来对待,而学生也在表达意见的过程中,在理智和情感上享受到了作为一个人被尊重和重视的快乐。其次,学生参与表达意见还具有极为重要的成长意义。表达意见是学生理智能力的外在体现,学生通过表达意见,感受到理智能力被尊重的快乐。更重要的是,表达意见的过程会刺激学生不断产生各种想

---

① http://news.cnnb.com.cn/system/2007/04/20/005275869.html。

法,从而刺激学生在理智上不断走向成熟,学生也能感受到理智能力不断成长的快乐,感受到自我构建自身成长过程的快乐。最后,通过保障学生在关涉到自身利益的事项上参与发表意见,可以体现和保障学生管理和学校管理过程中的决策民主化。传统上,学校管理过程因为忽视或摒弃了学生参与意见表达的过程,而呈现出专断性格和专制性质,而通过保障学生的民主参与,会在一定程度上约束学校和教师的这种专断和专制倾向。

听证会是一种重要的程序和形式,但是,在保障学生的参与权或意见表达权的过程中,我们不局限于这种形式。重要的是看到听证会形式背后的协商精神,基于这种协商精神,我们可以发展多种形式的协商形式,最终在学校中创造一种普遍的协商文化。

第四节　外来农民工子女的学生权利保障

我们在一般意义上解释了学生及学生权利的学校保护问题,并没有关注学生事实上的差别,因此就没有触及属于教育公平价值范畴内的学生权利。实际上,因为身体、智力和家庭背景等方面的原因,学生之间存在各种各样事实上的差别。当我们从权利维度关注这些差别的时候,自然会倾向于运用教育公平的视角,在教育公平的价值取向下来探讨因差异和区分而处于不利地位的学生的权利保护问题。本节我们把关注的目光集中投射到外来农民工子女受教育权利的学校保护问题,这种关注是以宁波市外来农民工子女的受教育权利保障状况为参考背景的。宁波市是我国东部沿海经济发达城市,在该市,外来农民工子女已经构成了一个庞大的人口群体。因此,外来农民工子女的教育就成为一个突出的教育问题和社会问题。一个城市对待外来农民工子女的复杂文化心态和处理其受教育权的方式在这个城市里都有集中体现。

一、外来农民工子女的身份意义

外来农民工子女的受教育方式及受教育状况在很大程度上取决于人们对他们的身份理解及基于这种理解而产生的文化心态。因此,我们在此首先分析人们对外来农民工子女的身份性质的认识。

这里运用"外来农民工子女"这一称呼，实际上也存有争议，许多人认为这一称呼是给其对应的学生群体贴上了体现身份歧视的标签。目前，除了"外来农民工子女"这一称呼外，另外相应的称呼还有"流动人口子女""进城务工人员子女"和"打工子女"等。在这些称呼中，"外来农民工子女""进城务工人员子女"和"打工子女"概念直接点出了这一学生群体的出身背景，即点出了他们父辈的"农民身份"。"流动人口子女"的概念则凸显了这一学生群体的流动性特点，即跟随他们的父辈从农村到城市的流动，然后可能从一个城市到另一个城市的流动。由于这种流动性特点，他们的生活充满了各种不确定性，这种流动性和不确定性自然会影响到他们受教育过程的流动性和不确定性。在这些称呼中，没有哪个称呼比其他称呼更具合理性，更少歧视色彩。有的人从消除歧视的角度主张用"一线工人"的名称取代这些称呼，但是这种取代虽然消解了这些名称可能包含的歧视性质，但是这样也就从概念上消解了这一群体的特殊事实的存在，所以完全不可取。只要当前的社会结构依然凸显出这个学生群体的特殊性，尤其基于解释的需要，我们依然应赋予这个学生群体以某种概念或称呼。我们之所以主要运用"外来农民工子女"这一名称，是因为虽然这一名称在价值判断上不比其他概念更合理，但是在事实判断上它能直接表明这一学生群体在当前的社会结构下所具有的身份性质，即城市人和外乡人身份。事实上，我们所重视的不应是对称呼的斟酌，而是从内在上反省我们自己对这一学生群体的身份理解和相应产生的文化心理，从社会结构上寻找造就这种身份性质和身份理解的问题根源。

顾名思义，所谓"外来农民工子女"，意味着这些孩子的基本身份取决于其父母的"农民"身份性质。不过，这种身份只有在受教育权范畴内思考才具有身份意义。在目前的社会结构条件下，"外来农民工子女"这一原始身份以及户籍、学籍、中考和高考这四个关键事项共同构筑了外来农民工子女在教育上的身份意义。这种身份意义和三个基本问题紧密相关，即外来农民工子女参加中考或高考的权利和户籍或学籍的关系，城市本地人围绕着外来农民工子女的农村人和外乡人身份在心理结构上对他们的理解，他们自身基于身份进行的自我身份建构。外来农民工子女这一身份的教育意义就现在来说总体上是负面的。而针对这一学生群体的教育政策和文化心理的演变总体上来说是从保障其平等受教育权的价值取向上来解构这一身份的负面意义。我们先基于对上述三个问题的概略探讨来对此加以说明。

第一个问题与宏观教育政策问题息息相关。宏观政策思考主要围绕着中考、高考、户籍和学籍这四个要素的结构而展开。因为保障学生的受义务教育权利在法律和道德上的极端重要性,所以外来农民工子女流入地的政府一般会创造条件至少是基本的条件来满足义务教育段学生的就学需求。在义务教育段,满足外来农民工子女的基本受教育需求不太受上述四个要素构成的结构性限制的影响。但是到了非义务教育阶段,主要是关涉到中考和高考这两个节点上,结构性的障碍就突然出现了。中考和高考与户籍和学籍政策建立了紧密的关联,并充满了复杂的利益纠葛。突破这种结构性的障碍,实现异地中考和异地高考,就成为宏观教育政策突破的关键,而令人欣慰的是,我们正走在这条路上。

第二个问题实质上是对身份的心理建构问题。农村务工人员子女进入城市后,城市人与农村人或外地人和本地人的身份意识基于相互参照在某种程度上被激活了。例如,城市本地人无形中会以文明和素质为基准,通过观察以及基于自己对农村人概念的传统理解,展开对外来农民工子女的形象的想象和解释。而外来农民工子女一方面可能会以城市文明为参照有意改变和塑造自己的新身份形象,另一方面也会基于自己对城市人看待自己的方式的想象和理解而把握自己的身份认同。

第三个问题是关于外来农民工子女的受教育的方式和质量的问题。具体来说,是指他们是否应该和城市本地人享受同质的教育。在思想上我们是在逐渐变化和进步的,今天在思想上的基本共识是外来农民工子女理应和城市本地人一样享受优质教育资源。在实践上,我们也会发现,外来农民工子女的受教育条件总体上来说是在逐步改善的,过去有一些办学条件很差的民办民工子弟学校提供的低劣的教育已经越来越不能容忍。但是,教育的资源毕竟是有限的,所以城市本地人和流入地政府在考虑外来农民工子女的受教育条件时的心态是复杂的。例如,小班化教育代表了优质教育的进一步升级和转型,在东部许多城市原来风风火火推进的小班化教育,最近几年由于外来农民工子女大量融入公办学校而在很大程度上陷入了停顿状态。

外来农民工子女的受教育权益保障是与他们的身份性质的破除和身份负面意义的瓦解互为关系的，我们当前和未来的社会改革和教育改革的趋向，实际上已经或将要为这种破除和瓦解提供正面的背景。

二、保障外来农民工子女权利的思想基础

要破除保障外来农民工子女受教育权的障碍以及消解其身份的负面意义，则依赖于我们建立的思想基础。接下来，我们从社会理念、法律主张和教育思想等方面寻找和确立支撑外来农民工子女权利的法律和道德力量。

（一）教育公平理念

无疑，每当我们提到外来农民工子女的受教育权利保护问题，最先飘过我们脑海的概念是"教育公平"，这个概念所蕴含的道德意蕴和思想力量已毫无疑问。

单从资源分配角度来讲，所谓教育公平是指在分配教育资源时依据的合理化原则、规范或标准，从这个意义上来说，所谓公平的就是合理的。通过贯彻教育公平原则或标准，我们希望在价值取向上实现一种公正或正义的教育。但是，我们也可以直觉感觉到，上述定义并不完美，它还没有把话说透。这样的定义无法在工具意义上和实践层面上提供操作思路，紧接着这一定义，人们自然会进一步追问：什么样的标准才算是合理的？"教育公平"是一个复杂而模糊的概念，这种复杂性和模糊性就体现在这种追问上，也就是说，教育公平概念要获得进一步的精确意义，则依赖于我们的进一步解释说明。目前，这种解释说明主要围绕着公平和平等概念的关系展开，这种解释非常复杂，简直可以称之为悖论关系，并且平等概念的模糊性又增加了这种解释的复杂性。

因此，我们在这里回避这种概念关系解释的复杂性，而只是做出这样的解释：平等等于无差别对待，在价值取向上，人们首先应该把平等作为公平的基础和要义，把公平等同于平等，这也符合我们的常识理解。如果在一种严格的理解框架下，平等和公平概念产生了矛盾和悖论，则原则上来说以保证平等为先。

这种解释的立足点是清楚的，即它立足于无差别或平等来解释教育公平。具体到外来农民工子女的受教育权保护，这种解释的合理性就更清楚了。认为公平不等于平等，这种理解隐含的意思是尊重合理的差异。而支撑外来农民工子女受到差别对待的基础是他们的身份差异，这种差异恰是我们要克服和超越的而不是加以尊重的。

（二）民主的理念

在平等和无差别的基础上保障外来农民工子女的受教育权，这也是体现民主和发展民主的需要。

杜威给民主下了一个定义，他认为衡量一个社会是否民主的标准是看这个社会共享利益的多寡以及不同社会群体自由沟通的程度。一个民主的社会能够更好地确保这两个标准的实现，在民主社会里，有更多样的共同和共享利益，不同的社会群体能够更充分地自由交流和沟通，有更充分的相互影响。

在对待外来农民工子女的教育上，如果我们依然延续着思维，按照城里人和农村人、本地人和外地人的区隔来实施不同的教育，则这种教育就是非民主的，它和发展社会民主的诉求也是相悖的。对照上述两个标准，这样的教育一方面造成了不同社会人群的区隔，另一方面也减少和限制了人们对共同利益的理解和共享。因此，从体现和发展教育民主和社会民主的需要来看，我们也应该重新评估传统上凭借身份性质来区分对待外来农民工子女的受教育权的问题。

（三）《儿童权利公约》中的儿童最大利益原则和无差别原则

我们曾谈过，《儿童权利公约》体现了儿童权利保护的四大原则：儿童最大利益原则、儿童生存和发展原则、无差别原则、儿童表达意见原则。

在这四项原则中，和外来农民工子女权利保护直接相关的原则是无差别原则。这一原则的基本含义是儿童不因身份和家庭背景等原因受到差别对待，这种差别对待本质上是一种歧视。因此，用无差别原则来理解外来农民工子女受教育权的意义是不言而喻的。

儿童最大利益原则也是我们理解外来农民工子女受教育权的重要

思想信条。在这一原则下,我们需要思考的基本问题是,现在基于身份而对外来农民工子女的区隔对待方式符合他们的最大利益吗?

（四）全纳教育理念

20 世纪 90 年代国际社会提出和推动的"全纳教育"理念也是我们理解外来农民工子女受教育权的重要理论参考。全纳教育是一种新的教育思潮,1994 年联合国教科文组织在西班牙萨拉曼卡召开了"世界特殊需要教育大会:入学和质量"会议,大会通过了《萨拉曼卡宣言》,宣言中首次提出了"全纳教育"的概念。这一概念最先在特殊教育领域内提出,但是目前这一概念的适用范围已经扩展到了整个基础教育领域。英国全纳教育专家布思把全纳教育界定为加强学生参与的过程,主张促进学生参与就近地区的文化、课程、社区活动,并减少学生被排斥的过程。很显然,这个概念适用于所有学生。

这个概念的思想重心是对所有排斥现象的批判,尤其是对把学生做人为的区隔或隔离不宽容。在这个概念框架下,我们发展出了一种理解教育公平和平等的新思路。例如,在特殊教育领域,过去我们把发展特殊学校视为保障残疾人受教育权的最好方式,但是今天,基于全纳教育的理念,这种特殊学校的隔离性质重新得到了检讨,特殊学校的存在,被重新认定为教育不平等的象征。

自然,全纳教育理念也是我们检讨和解释外来农民工子女受教育方式的有价值的思想背景。依据全纳教育的思路,我们需要追问的问题是:依据外来农民工子女的身份或出身,通过教育政策而在教育上对他们做出区隔,这符合教育公平和平等的价值取向吗? 为外来农民工子女创办的各种民办和公办民工子弟学校是否是一种隔离的环境?

三、外来农民工子女的受教育权保护状况及改进

接下来以宁波市为例来考察分析外来农民工子女的受教育权保护状况,并从学校这一微观层面提出一些改进之道。近几年,宁波本市入学适龄人口在下降,不过外来务工人员随迁子女却以每年 2 万～3 万左右的数量在递增。据宁波教育局统计,截至目前(2013 年),全大市光初三段的外来务工人员子女就有 8393 人。宁波市针对他们出台的教育政

策以及为他们提供的教育方式及质量,关系到这样大规模的学生群体的人生未来。因此,从政府层面到每一位教师,在保障外来务工人员子女的受教育权问题上,每一个人都不可等闲视之。

前面说过,从宏观上来说,户籍、学籍、中考和高考这四大要素构成的结构性障碍根本上束缚了外来农民工子女在流入地享受平等的受教育权利。但是目前,政策的坚冰已经开始逐步被打破,就浙江省来说,2012 年年底浙江省出台了《关于做好外省籍外来农民工子女随迁子女接受义务教育后在我省参加升学考试的工作意见》,政策规定:外省籍外来农民工子女随迁子女,通过浙江省初中毕业生学业水平考试或符合浙江省流入地初升高中条件的,进入浙江省高中阶段学校学习,并取得在我省完整的高中阶段连续学习经历和学籍,符合我省高考报名的其他条件,在 2013 年起可就地报名参加高考。出台这一政策的意义是不言而喻的,首先是根本上推动了浙江各地中考政策的破冰。根据这一政策精神,宁波市教育局规定,宁波外来务工人员的随迁子女,只要满足一些条件,就可以在宁波参加中考。相应地,宁波市各县市区也调整了自己的中考政策,例如宁波镇海区规定从 2013 年起,宁波外来民工子女在满足一些前提条件的情况下,可以在本区初中就学地报名参加中考并升学。符合条件的随迁子女在中考后参加高中段学校招生录取与本区户籍学生享受同等政策。

既然政策的坚冰已经被根本打破,我们再在政策上多处着墨就没有多大实际意义。因此,我们在这里不再从宏观政策层面讨论上述四大要素,而是着重从学校层面上加以论谈。

目前,宁波外来农民工子女主要通过以下四种途径接受学校教育:民办农民工子弟学校;公办农民工子弟学校;公办普通学校的外来农民工子弟班级;公办普通学校的普通班级。总体上来说,外来农民工子女就学经历了一个主要由民办外来农民工子弟学校支撑发展到主要由公办学校接纳的过程,推动这一发展过程的动力还是要保证外来农民工子弟享受到条件更好的教育。

虽然目前趋势是越来越多的外来农民工子弟进入公办学校就读,但是我们尊重民办外来农民工子弟学校所做出的历史性贡献。据了解,宁波市最早的农民工子弟学校是一个叫刘江波的外来打工者在 1996 年 4

月创办的,名字叫"江波小学",校址是一个仅有 10 平方米左右的废弃猪圈,然而学校创办因为未经教育部门批准而被指为"非法办学"。[①] 但是,当时支持创办民工子弟学校以解决越来越多的民工子弟读书问题是一种形势需要,所以后来民工子弟学校慢慢在宁波发展起来。2003 年宁波民工子弟学校达到 72 所,接纳学生数多达 4.6 万人,而当时公办学校仅接纳 3.6 万人,2008 年年底民工子弟学校总数达到 120 所。但是从 2009 年开始,民工子弟学校的数量逐步减少,2012 年减少到了 84 所,而公办学校已经接纳了 75% 的外来学生。[②] 民工子弟学校注定只是历史的过渡物,它们的办学条件注定总体上比不上公办学校的办学条件,无法满足外来民工子女接受优质教育的需要。未来的形势必然是民办农民工子弟学校的逐渐消亡,但是,鉴于这类学校在国家教育史上所做出的历史贡献,我们应保持对它们的尊重。

与民办农民工子弟学校日渐减少的趋势相反,在宁波,越来越专门的公办农民工子弟学校创办起来了。宁波市最早专门的公办民工子弟学校是北仑区霞浦镇的大胡小学,该校原来是一所普通小学,后来并入镇中心小学。依托原来的校名和校址,政府在 2003 年把它改办成了专门招收外来民工子弟的学校。[③] 创办公办外来民工子弟学校的目的,主要是为外来民工子弟提供更好更规范的受教育条件。但是,即使这种公办学校为外来民工子弟创造的教育条件大大优于民办外来民工子弟学校,它们作为外来民工子弟学校的学校性质在将来也必然会消亡,这是因为它们所带有的特定标签和"孤岛"性质,从全纳教育的理念和视角来看,这类学校还是体现了教育"隔离"的性质。因此,即使这样的公办学校条件再好,实际上与教育民主的精神也是不相符的。

还有一部分外来民工子弟进入了普通的公办学校,他们是以两种方式进入普通公办学校的,一种是普通公办学校中设置了专门的外来民工子弟班级;另一种是外来民工子弟进入到普通公办学校的普通班级,和本地学生融合在一起。在普通学校设置针对外来民工子弟的特殊班级,这种方式实际上还是在普通学校中创造了一个隔离的环境,这种隔离环

---

① ②　http://www.jinbaonet.com/mainnew/nbnews/tfsj/shwx/2012-08-29-593827.html。

③　http://www.nbedu.gov.cn/jyzc/article/show_article.asp? ArticleID=1414。

境较之专门的公办外来民工子弟学校,更是呈现出一种"孤岛"意味,更会强化学生感知到自己身份的特殊性。在一个学校里分别创造了为本地人和为外地人的两种教育环境,这不但强化了各自的身份差别,而且相互的隔离也不利于本地人和外地人以及农村人和城市人之间建立一种相互沟通的文化,这样不但外地学生更难在和本地学生相互沟通的基础上融入城市文化,而且本地学生也失去了在和外地学生相互沟通的基础上丰富扩展自己的认知和情感的契机。从消除教育隔离的角度来说,把外来民工子弟纳入到普通公立学校的普通班级是一种最好的方式,在这样的班级里,外地学生和本地学生共处一室。在这样的环境里,我们希望能够创造这样一种教育文化:外地学生和本地学生分享共同的教育环境和教育资源,在这里,彼此的身份差异不再是造成教育隔离的消极原因,而是一种积极的教育资源,他们在相互交往和沟通的过程中,以一种更积极的思维建立对差异的理解,即差异是一种资源,他们在差异的感受和认知中扩展自己的认知视野和丰富自己的情感。当然,这是基于教育民主化的视野和全纳教育的理念而进行的教育想象,它的实现,依赖于我们自身文化心理的再造。只是把外来民工子弟纳入普通学校的普通班级,还不足以形成全纳的教育文化,只有在这种环境里,本地人和外乡人以及城市人和农村人在相互沟通中消除身份的对立意识,才有可能形成一种具有丰富的民主意蕴的全纳文化。

总而言之,从提升教育条件的质量和共享优质教育资源的角度来思考外来民工子弟的受教育权利的思路是重要的,但我们的思维不能局限于此,我们还需要从发展教育民主和推进全纳文化的角度来扩展我们的视野,保障外来民工子弟受到更公正更公平的教育。

第八章　社会转型期基础教育学生评价改革与学业负担研究

从历史性社会转型来看,社会转型有广义和狭义之分。广义的社会转型是指人类社会从一种社会形态向另一种社会形态转变,这是一种质的变化。狭义的社会转型是指在同一个社会形态下,社会生活的某一个或几个方面发生了较大甚至较为剧烈的变化,但是这种变化不涉及社会形态的变化,只是一种量变。① 当今社会,从全球的视野来看,人类社会即将迎来第三次工业革命。从我国的现实情况来看,自 20 世纪 70 年代末以来,我们一直处在一个由传统计划经济向现代市场经济转变时期。第三次工业革命要求我国教育必须回归教育本质,真正地以"育人为本",培养出具有鲜明个性、德性高尚、善于合作、创新力强、社会情绪能力好的高素质劳动者和创新型人才。② 随着我国现代市场经济社会建设的推进,教育的功能正在由对"有用性"的关注逐渐转向"有意义性",培养目标正在从知识外部的"机械教化逐渐转变为个体智慧的内在生成",教育的价值祈求正在从短暂的"静态"逐渐转向过程的"动态",从注重"结果"逐渐走向"终极"。③ 无论是第三次工业革命的到来,还是现代市

---

① 娄立志:《社会转型与教育代价》,中国社会科学出版社 2012 年版,第 15 页。

② 周洪宇:《第三次工业革命要求教育做出全面回应》,《人民政协报·教育在线》2013 年 3 月 6 日,第 B9 版。

③ 牛利民:《浅析社会转型背景下的教育价值嬗变》,《河南社会科学》2008 年第 5 期,第 199 页。

场经济社会建设的推进,在教育的视角下作为回应,都预示着或引发了教育价值的嬗变,进而倒逼教育评价改革与发展。

第一节　教育评价与学生评价再认识

一、教育评价概述

教育评价作为与教育基础理论、教育发展研究并列的教育科学研究三大研究领域之一,对教育活动具有直接的导向、激励和改进作用。社会转型必将伴随教育转型,因此开展合乎时代要求的现代教育评价活动,将是社会转型期教育的一个必然要求,为此很有必要对教育评价有一个再认识。

(一)教育评价的含义

教育评价与价值、教育价值有着密切的联系。价值概念涉及经济学、伦理学和美学等,但作为哲学范畴的价值,简单来说就是客体满足主体需要的一种有用性。由于教育主体涉及个人和社会两方面,因此,可以将教育价值简单地描述为:教育满足个人和社会需要的一种有用性。具体来说,教育的个体价值就是受教育者身心发展需要的满足;教育的社会价值就是社会系统需要的满足。由此,我们认为,教育价值中的"有用性"不能简单地认为是一种功利性,而应该是一种带有更广泛意义的"有用性",所以这里的"有用性"应充分体现人的存在价值、交往价值和主客体价值。[1]

有关教育评价的概念,由于价值观以及对评价主体、评价客体和评价目的看法的不同,至今国内外还没有统一的定义,但归纳起来大体上可以分为三大类:一是注重效果,强调通过评价判断教育目标或教育计划的实现程度;二是注重信息,强调通过评价搜集信息,为教育决策服

---

[1]　刘志军:《教育评价的反思和建构》,《教育研究》2004 年第 2 期,第 61 页。

务;三是注重评价方法、手段,强调评价是一种方法或手段。① 有关教育评价的定义,在我国学者中比较有影响的是陈玉琨的定义,即:教育评价是对教育活动满足社会与个体需要的程度做出判断的活动,是对教育活动现实的(已经取得的)或潜在的(还未取得但有可能取得的)价值做出判断,以期达到教育价值增值的过程。② 这一界定,首先强调了教育评价的本质是一种价值判断活动;同时指出教育评价的最终目的是达到教育价值增值。随后,沈玉顺做了进一步的简化和完善,认为:教育评价是指通过系统地采集和分析信息,对教育活动满足预期需要的程度做出判断,以期达到教育价值增值的目的。③沈玉顺的定义强调了信息采集和分析,这也是做出价值判断所必不可少的基础性工作。同时,这一定义还强调要根据满足预期需要的程度做出价值判断,也就是说,评价必须依据一定的标准进行价值判断。显然,这一定义还明确了教育评价的两大基本功能:价值判断的功能和了解事实信息的功能。

目前,在我国教育界,一般也将教育评价定义为:在系统地、科学地和全面地搜集、整理、处理和分析教育信息的基础上,对教育的价值做出判断的过程,目的在于促进教育改革,提高教育质量。④ 显然,这一定义与沈玉顺的定义具有本质上的相似性,因为促进教育改革、提高教育质量的最终目的还是为了教育价值增值。同时考虑到沈玉顺的定义中的"标准"(预期需要的程度)较为突出,表述较为简洁,所以一般情况下,本书均采用沈玉顺的教育评价定义。

(二)教育评价系统的结构要素

所谓结构是指构成系统的诸要素及其相互关系。教育评价具有价值判断与了解事实信息的基本功能。功能与结构相对应,在教育评价系统中,构成评价活动的结构要素有:评价者、评价对象、评价标准和评价模式等。⑤

---

① 　王景英:《教育评价理论与实践》,东北师范大学出版社 2002 年版,第 4 页。

②③ 　陈玉琨:《教育评价学》,人民教育出版社 1999 年版,第 7 页。

④ 　金娣、王刚:《教育评价与测量》,教育科学出版社 2002 年版,第 2—3 页。

⑤ 　王景英:《教育评价理论与实践》,东北师范大学出版社 2002 年版,第 36—37 页。

1. 评价者

评价者是指依据特定的评价标准，对教育活动的价值进行判断的人，也就是实施评价的人。评价者有个人评价者和团体评价者，后者往往是代表阶级、国家或特殊群体的某一组织或中介机构等。目前，作为一种趋势，教育活动的参与者越来越多地以评价者的身份参与评价工作，如学校评价中的教师、学生等。

2. 评价对象

评价对象就是评价活动中的被评价部分。评价对象可以是人，也可以是行为、活动过程、制度、方案等。在教育评价中，教育活动所涉及的方方面面都可以作为评价对象。

3. 评价标准

评价标准是一种尺度，是评价主体用来衡量价值客体对价值主体需要的满足程度的尺度。评价主体有个人与群体之分，评价标准也有个体性和社会性之分。作为个人，每个人的评价标准是有差异的。因此，从这个意义上来说，评价标准具有个体性。但是，作为一个国家、民族或社会群体，在一定时期内又有内部的共同需要和行为约束，并由此形成社会价值观念，所以评价标准具有社会性。

社会转型期，人们的社会价值观呈现出多元化的格局。多元的价值观带来多元的需要和多元的评判标准。不同的价值主体有不同的价值追求，它们都应当获得尊重。与此同时，我们也应该充分认识到，在一项具体的教育评价活动中，仍然需要一个相对统一的评价标准。为此，在教育评价标准的制订过程中，要让评价活动的参与者共同参与评价标准的制订，通过相互间的协商来协调彼此对于评价标准认识的分歧。此外，教育评价作为教育活动的重要组成部分，还必须考虑社会影响和社会发展的需要，所以在评价标准的制订过程中还需要进行一定的价值引导，特别是社会主流价值的引导。当然，这种引导必须从评价对象的利益出发，在充分尊重评价对象人格、尊严和隐私的基础上进行。[①]

4. 评价模式

评价模式是指评价者依据一定的评价理念，设计评价过程，获取评

---

① 邓睿、王健：《关于教育评价本质与目的的探析》，《教育测量与评价》（理论版）2011年第 3 期，第 4—7 页。

价信息,做出评价结论,提出改进建议这一完整过程的形式。

评价模式总体来说可以分为两大类,即实证性质的评价模式和人文性质的评价模式。实证性质的评价模式以科学认识论为评价理念,认为社会科学领域也可以遵循自然科学的认识方法加以认识。人文性质的评价模式将评价对象的活动作为一个互动的整体。评价者关注被评者的态度、意见,注意与被评者的交流,以全面获取与活动相关的各种信息,并强调评价结论应对这些影响因素是怎样影响活动过程做出解释与说明。实证性质的评价模式由于定量程度高,因此具有较强的可比性。人文性质的评价模式能较好地把握活动的整体状况,如活动是怎样进行的,哪些因素对活动产生影响,活动参与者的看法与感受等,因此,更有利于活动的改进与提高。

（三）教育评价内容的表达方式

由于教育评价的目的、方法论以及教育评价中采取的评价方法的不同,教育评价内容有不同的表达方式,但通常情况下可以归纳为两类,即指标系统和概括性问题表述。

指标系统就是评价目标逐级分解所形成的既有层次顺序,又相互联系的一个系统化的指标群。评价目标被分解时,第一次分解后得到的指标称为一级指标,每个一级指标再分解后得到的指标称为二级指标,二级指标分解后得到三级指标,一直到指标具有可测性,不用再分解,这时指标系统也就建成了。一般情况下,指标系统分解为二级或三级指标。同时,每个上一级指标分解成下一级指标时,其个数一般不超过6个。同一个指标系统中,每个指标分解的层级可以不同,只要可操作即可。显然,指标系统具有较强的可操作性,但设计的难度较大,专业性较强。

概括性问题是教育评价内容表述的另一种方式,也就是将评价者所关心的评价客体分解为一系列问题的形式。有时为了帮助评价者统一采集信息的范围,也可以为每个问题附上具体的调查内容、范围以及需要分析的问题等。概括性问题可为被评者提供针对性较强的反馈信息,有利于被评者改进工作。但不同的评价者所做的评价偏差较大,信度较低。由于较少量化,所以也不便于综合。

二、学生评价概述

学生是教育的对象，也是衡量教育质量和教育发展水平高低的落脚点。所以，学生评价是教育评价的重要内容，无论是教育的宏观评价或是微观评价，都离不开学生评价。[①]

(一)学生学业评价

1. 学生学业评价的含义

学生学业评价是学生评价的重要组成部分，但目前尚无统一的学生学业评价的定义。从已有的表述来看，有些甚至还有不同的称呼，如学生课业评价、学生学习评价、学生学业成绩评价等。事实上，学业与课业等本身就很难区分。[②] 有鉴于此，以下我们统一用学生学业评价来表示相关内容。学生学业评价是指评价主体依据一定的教育目标和课程标准，运用恰当、有效的评价方法，系统收集和分析学生的学业信息，在此基础上对学生学业变化进行价值判断的过程。

学生学业评价与学生的学习过程、学习结果密切相关。[③] 学习过程就是学生在教师的指导下，实现知识的同化、应用和迁移的过程。学生在学习阶段需要付出巨大的代价，然而却未必能够换来与代价等价的结果。当付出与获得失去平衡时，说明学习过程遇到了困难，或在某一阶段出现了障碍，如果不能及时发现并及时纠正，将会导致最终结果的失调。因此，重视对学习过程的评价是获得良好的学习效果的基本保证。学习过程的最终成果就是学习结果，它包括某一学习阶段的学习成果，某一学期或某一学年的学习成果。学生的各类考试，如毕业考、升学考都是反映学习成果的重要依据。当然，学习成果还有更广泛的含义，如学习能力的提高、学习方法的掌握等。鉴于以上分析，我们认为，从形式上看，学生学业成绩评价是学生学习过程评价和学习结果评价的综合。从内容上看，学生的学业变化主要包括学生学业成绩变化、学习能力变

① 王汉澜：《教育评价学》，河南大学出版社 1995 年版，第 363 页。

② 杨启亮：《课业负担过重与学业质量评价失衡》，《课程·教材·教法》2013 年第 1 期，第 12—17 页。

③ 王景英：《教育评价理论与实践》，东北师范大学出版社 2002 年版，第 249 页。

化和学习心理品质变化等方面。学业成绩也就是学生掌握学科知识和技能的程度;学习能力是指学习时应具备的能力,即自我确定学习目标的能力、灵活运用学习方法的能力、解决问题策略的迁移能力;学习心理品质包括学习态度、学习兴趣、学习意志和合作精神等。所以,从内容上看,学生学业评价主要包括:学生学业成绩评价、学生学习能力评价和学生学习心理品质评价等方面。[①] 将形式与内容相结合,可以进一步加深对学生学业评价的理解。

2. 学生学业评价的主体

学生学业评价主体也就是在学生学业评价中的主导者或主动者。学生学业评价主体又可分为间接评价主体(如教育行政部门、教育督导人员、学校领导等)和直接评价主体(如教师、学生、家长等)。下面我们主要针对直接评价主体中的教师和学生作简要说明。

(1)教师

教师评价学生,使评价直接作用于教学、作用于学生,促进了教学质量提高和教学目标的实现。同时,教师是教学工作的主导者,教师评价学生使教学服从评价的导向,有利于评价目标的实现。教师在教学过程中,不仅掌握了教学的重点、难点,而且也掌握了学生在学习过程中可能出现的问题。因此,在教学过程中合理地引入评价机制,一方面可以预防一些问题的发生,另一方面也可以利用反馈信息来检查课堂教学中存在的不足,以进一步提高教学效果。此外,教师特别是中小学教师,几乎每天都与学生在一起,他们了解学生在接受知识过程中所呈现的各种差异和背景情况,因此,教师评价学生具有比较客观的真实性,更符合学生的实际。当然,为了了解学生的真实情况,教师还必须深入学生,与学生打成一片。因此,教师评价学生还可以增进师生交流,沟通师生感情。也正因为如此,一些学者在有关学生学业(课业)评价的定义中特别突出了教师的主体地位。[②]

教师评价学生的方式大体可分为正式评价和非正式评价两大类。正式评价是一类基于标准且有较强专业性的评价。非正式评价是正式

---

① 吴钢:《现代教育评价教程》,北京大学出版社 2008 年版,第 227 页。
② 蔡敏:《当代学生课业评价》,上海教育出版社 2006 年版,第 3 页。

评价以外的一类评价方式,它渗透在课堂教学和师生交往的各种活动之中,如观察、访谈、作业、练习、收集资料、讨论等都可以进行非正式评价。非正式评价对学生的学习与发展有着更为重要的影响。

(2)学生

作为评价主体的学生,扮演着双重角色,即自我评价的学生和参与他评或互评的学生。学生自我评价属于评价中的自评范畴。现代教育评价倡导评价要从外部转向内部,从形式转向实质,从被动转向主动。学生只有结合自我评价才能真正掌握自己、驾驭自己和提高自己。所以,在学生学业评价中,教师要充分重视学生的自我评价,大力培养学生的自我评价能力。学生互评是学生学业成绩评价的重要组成部分。学生互评可以达到相互学习、相互帮助、相互促进、共同提高的目的。学生互评也是学生开展小组学习、小组交流的一种重要手段。所以,学生互评还可以为学生的人格养成和社会化发展创造条件。

学生学业评价的直接主体,除了教师、学生之外,实际上还有学生家长等。学生家长了解学生在学校以外的学习情况,特别是学生的学习态度、学习兴趣和学习习惯等的真实情况。教师如果能够与家长进行有效沟通、相互配合,对学生的学业提升是很有帮助的。

(二)学生综合素质评价

1. 学生综合素质评价的含义

现代意义上的学生评价,实质上就是学生综合素质评价。然而,长期以来,人们在谈论到学生评价时会不自觉地把学生评价等同于学生学业评价,甚至等同于学生学业成绩评价,这是一种认识上的误区。当今社会正处于转型时期,无论是政治、经济领域,还是教育、科技、文化领域,都急剧地发生着变化。这种变化为现代学校的人才培养提出了更高的要求,这种人才不仅具有坚实的科学文化基础知识,更重要的是必须同时具备思考能力、创造能力、应变能力以及分析问题和解决问题的能力,这就要求学校所培养的学生必须具有较高的综合素质。

在这样的背景下,教育部于2002年12月颁发了《教育部关于积极推进中小学评价与考试制度改革的通知》,并明确要"从德、智、体、美等方面综合评价学生的发展"。这也是首份以教育部名义下发的对学生进行综合素质评价的指导性文件。有鉴于此,我们认为学生综合素质评价就是对学生的思想品德、知识技能、身心健康、审美能力以及劳动技能等方面的可教育性和实际发展水平进行的价值判断。与学生学业评价相比较,显然学生综合素质评价的内容更为丰富和广泛。

2. 学生综合素质评价的基本要求

学生综合素质评价是推进素质教育的重要组成部分,也是促进学生全面发展的重要手段。为顺利开展综合素质评价,应特别关注以下基本要求。

(1)以形成性评价为主,促进学生不断进步与发展

形成性评价也称过程评价,是在某项教育计划、方案或活动实施过程中进行的评价。其目的在于及时得到反馈信息,及时发现问题,及时调整活动,及时改进工作。学生良好的素质是在学生成长过程中通过努力而逐步形成的,所以在每一次评价中,不能简单地给学生下一个结论,而是要根据学生的基础和实际情况,指出学生的发展变化及其优势与不足,在此基础上提出具体、合理的改进建议。学生综合素质评价以促进学生多方面的素质发展为目的,所以在评价过程中要淡化学生之间的比较,关注学生发展的基本目标,强调学生与自身的比较;关注学生发展的过程,强调留下学生发展轨迹。为此,在实践中要防止为评价而评价的各种做法,注重通过评价帮助学生树立成功的信心,发现学生在发展中的问题和潜能,促进学生不断进步与发展。

(2)充分尊重学生的主体地位,发挥学生的主体作用

学生是评价对象,也是评价主体。在学生综合评价的实施过程中,要充分尊重学生的主体地位,发挥他们的主体作用。无论是自评还是同学之间的互评,要积极引导学生自始至终参与评价过程,充分吸收他们的意见和建议。为充分发挥学生的主体作用,教师要转变角色,要变"以教师为主评价学生"为"教师指导、学生参与评价"。教师的作用主要在于调动学生参与评价的自觉性和积极性。要把学生综合评价过程变成师生之间心心交流、感情沟通的良性互动过程。为此,教师要以平等、细心的态度,尊重学生的主体地位,做学生的知心朋友,做学生最可信赖的人,用自己的人格魅力、教育艺术引导帮助学生,使学生朝着正确的方向健康成长。

（3）倡导评价主体多元化，形成学生评价共同体

学校教育的最根本目的是为学生将来步入社会、为社会的发展和变革贡献力量打下知识、能力及思想基础。学生的这种能力和思想是在教师、家长、集体以及社会各方面的共同帮助教育下，经过主观努力才能获得的，这是一个思想品德、个性、知识、技能整体发展的过程。青少年的基本特点是具有不成熟性和可发展性，学校、教师、家长和社会等有关方面的责任就在于满怀期望地去促进他们的变化和发展，鼓励他们在自我比较中获得继续进步的信心和勇气。所以，除了教师、学生本人以外，学生综合素质评价还应积极吸收和鼓励学生家长、其他同学以及社会等相关方面共同参与，以形成学生综合素质评价共同体。评价共同体具有共同的目标和指向，这就是促进学生全面、健康地成长与发展。评价共同体的各有关方面要相互支持、相互配合，形成合力。为便于共同体开展评价工作，评价标准要尽可能简单明了、易于操作。如有条件，还可以让学生、家长和社会有关方面共同参与评价标准的制定。这不仅体现评价的民主性，也便于学生明确努力方向，家长和社会相关方面明确评价目的、标准，从而使学生、家长和社会相关方面真正参与到评价中，避免流于形式的随意评价。①

（4）科学运用评价结果，充分发挥评价的激励和改进作用

评价必然要有个结果，但得出结果并不是评价的目的，而是为了更好地促进学生发展。所以，对评价结果要辩证地认识，科学地运用。人的发展是复杂多变的，过于注重评价的结果，可能会使评价失去意义和作用，更何况教育和教育评价也是不断变化和发展的，正处在一个探索、研究的过程，还很难拿出真正意义上全面、科学的学生综合评价标准。因此，任何一个评价结果都带有很大的相对性和不准确性，要摒弃以评价结果给学生排队的做法。评价结果不要片面追求量化，可采用等级加评语等多种形式，在评价结果中要特别指出评价对象的优点与不足。对存在的问题还要分析原因，并提供改进的办法与措施，或与评价对象共同分析问题的原因，共同研究改进的办法与措施。评价结果的反馈不要

---

① 项纯：《在探索和反思中推进综合素质评价》，《考试研究》2012 年第 1 期，第 79—85 页。

采取当众宣布、张榜公布的做法,应通过多种渠道,采取学生可接受的形式。总之,要不断营造一种宽松的学习、发展环境,让每个学生都能品尝到成功的愉悦,不断激发前进的勇气和信心。

第二节　社会转型期学生评价改革与实践

社会转型期对人才培养提出新的要求,与此同时,学校教育的改革与发展受到社会各界进一步的关注与重视。教育评价改革是学校教育改革与发展中的一个关键部分,因为教育评价改革直接影响学校的办学理念和导向,教育评价改革导致学校教育的一系列变革,并影响人才培养与发展。基于教育评价改革对教育变革重要性的认识,自 20 世纪末以来,我国的教育理论界和教育实践工作者对教育评价的理论和方法进行不断地引入、探索和创新,发展性教育评价、多元智能理论、"绿色"评价等目前已全面运用或影响学生评价改革与发展。

一、发展性教育评价简介

(一)发展性教育评价的含义

随着素质教育和新课程改革的不断深化和推进,近十年来,我国教育界对一种称之为"发展性教育评价"的评价模式予以广泛关注。2012年 12 月出台的《教育部关于积极推进中小学评价与考试制度改革的通知》就比较充分地体现了发展性评价的思想。自此以后,发展性教育评价不仅推动了教育评价改革,也推进了新课程改革和学校教育改革。

一般认为,发展性教育评价是一种以促进教育活动价值增值为目的的评价。显然,在第一节介绍的陈玉琨与沈玉顺所给出的教育评价的定义中,在一定程度上也包含了发展性评价的思想。我们知道,所谓教育活动价值就是教育活动满足社会群体或个体发展需要的程度。从上述理解可以看出,发展性教育评价把促进教育活动更好地满足社会和个体的发展需要作为首要的、核心的目标。关于发展性教育评价的概念,还有另外一种说法。这种观点强调发展性教育评价是对发展的评价,是在发展的整个过程中进行的,旨在促进被评者不断发展的评价,[①]也即对学生、教师、学校等发展的目标、条件、进程以及策略方法等的评价。这一观点强调的是发展性教育评价的内容特色,把发展性教育评价与传统的注重结果的鉴定性评价和注重过程的形成性评价相区别,发展性教育评价不仅关注过去、现在,更关注将来。

当然,也有人认为,上述关于发展性教育评价的两种表述,在根本性上没有多大区别,特别是在思想内核上是完全一致的,至少是相辅相成的,只是定义的角度不同。也有人将上述两种表述进行综合,认为发展性教育评价是一种以促进教育活动价值增值为目的,着重于教育对象和教育事业发展的目标、条件、进程及策略方法的建设性评价。[②] 这一定义不仅强调发展性教育评价是促进教育价值增值和侧重于发展的评价,同时明确发展性教育评价是一种建设性评价,充分显示了发展性教育评价的先进性和时代性。

(二)发展性教育评价的基本原则

原则是言论和行为所依据的标准,是指导我们行动的准则。发展教育性评价的实施应遵循的基本原则有:发展性原则、激励性原则、多元化原则和合作性原则。

1. 发展性原则

发展性原则是发展性评价最重要的原则。它不仅关注评价对象的现实表现,更重视评价对象的未来发展,以期在已有水平基础上得到进一步提高。

发展性原则表达了一种从评价"过去"和"现在"转向评价"将来"和"发展"的新理念。发展心理学认为,每一个体和组织都具有巨大的发展潜能,[③]所以发展性评价在评价过程中,一个方面要对评价对象的过去和现在做全面分析,根据他们过去的基础和现实表现,预测性地揭示评价

[①]　董奇、赵德成:《发展性教育评价的理论与实践》,《中国教育学刊》2003 年第 8 期,第 19 页。

[②]　国家教育行政学院:《基础教育新视点》,教育科学出版社 2003 年版,第 53 页。

[③]　董奇、赵德成:《发展性教育评价的理论与实践》,《中国教育学刊》2003 年第 8 期,第 19 页。

对象未来的发展目标,引导和激励他们通过发展,缩小与目标的差距。另一方面,发展性评价要设法让评价对象发现和发挥自己的长处,表现出自己最佳水平,期待评价对象能够认识自己的优势,释放自己的发展潜能。

发展性原则承认每个评价对象在发展过程中存在着差异,也存在着不同的发展水平,需要着力于构建一种能够促进每个学生、每个教师、每所学校在已有水平上发展的评价机制。发展性原则告诉我们,在认识和实施发展性评价的过程中,要用发展的眼光看待评价对象,尊重评价对象的主体作用和差异性,强调评价对象的自我评价、自我反思和自我监控,注重评价对象发展变化的过程,使评价成为促进评价对象不断发展的教育活动。

2. 激励性原则

激励性原则强调评价应促使评价对象形成积极向上的动机或愿望,从而发扬优点,改掉缺点。所以,发展性评价更多地将评价活动和过程当做为评价对象提供一个自我展示的舞台,鼓励评价对象展示自己的努力和成绩。同时,以发展目标为动力,在评价过程中运用恰当、积极的评价方法和反馈方式,激励评价对象不断进取,不断完善和发展自我,用发展的观点看待评价对象的成功与失败。

3. 多元化原则

多元化原则包括评价内容的多元化、评价主体的多元化和评价方法的多样化。

就评价内容来说,多元化原则要求评价既要体现共性,更要关心评价对象的个性;既要关心结果,更要关注过程,注重学生、教师和学校发展的主动性、创造性和积极性。现代社会需要多样性人才,学生除了掌握与理解知识外,还有很多重要的素质和潜能值得我们关注,尤其是在实践中运用现有知识去分析与解决问题,并有所创新、有所发现的能力。多元智能理论表明,每个个体都有自己的优势智能或主导智能,人人皆可成才。发展性评价要求评价者尊重被评对象的个体差异,用积极的眼光,从多个角度或方面去审视评价对象,发现其优点和长处,使其体验成功和乐趣,让其在自尊、自信中不断发展。

就评价主体来说,发展性评价提倡多元化主体。发展性评价十分重视评价对象的主体地位,注重评价对象的自我评价和反思。发展性评价还注重评价过程中的多主体参与和协商。因为仅靠自我评价或仅靠他人评价,都有其局限性。只有把多主体的意见综合起来,在沟通和协商的基础上达成评价意见,才能取得最佳的评价效果。

由于评价内容的多元化,必然导致评价方法的多样化。所以,发展性评价除了常规性的考试或测验外,评价者还要在实践中不断开发和运用新的多样化评价方法,如观察、访谈、问卷调查、档案袋评价、表现性评价以及基于多元智能理论而开发出来的评价方法等多种科学有效,简便易行的方法。当然,在方法的使用过程中,还应坚持定量、定性相结合,以全面反映评价对象的发展现况和水平。

4. 合作性原则

发展性评价认为,评价者与评价对象具有共同的目标与追求,相互之间是一种平等的合作伙伴关系。这就要求评价者与评价对象相互信任,相互配合,共同制定双方认可的发展目标和评价方案,共同承担实现发展目标的职责与任务,合作与发展贯穿评价活动的全过程。特别需要指出的是,在发展性学生评价的过程中,作为主要评价者的教师,不仅要以平等的姿态进入评价活动,而且要注入师情,充满激励,充分肯定学生的优点与成绩。对于学生成长过程中的问题与不足,要保护学生的自尊与自信,在充分剖析产生问题的原因的基础上,共同探讨改进的措施与方法,使学生发自内心地、积极地、主动地、自觉地、有效地改掉缺点,发扬优点,促进学生的不断进步与发展。

(三)发展性教育评价的一般过程

发展性教育评价的一般过程大体可分为四个阶段,即准备阶段、搜集分析信息阶段、制定改进计划阶段和元评价阶段。[①]

1. 准备阶段

准备阶段应着重做好以下几方面的工作:

(1)明确需要评价的问题

明确需要评价的问题是各项评价工作首先要解决的问题。教育评

[①]　国家教育行政学院:《基础教育新视点》,教育科学出版社 2003 年版,第 59—64 页。

价问题的确定通常是以教育活动的预期目标为根本依据。

（2）确定评价目的

确定评价目的，就是解决为什么而评价的问题。发展性学生评价目的集中体现了"一切为了学生发展"的教育理念。不但要通过评价促进学生在原有基础上的提高，达到培养目标的要求，更要发现学生的潜能，发挥学生的特长，了解学生发展中的需求，帮助学生认识自我，建立自信。发展性教师评价以促进教师专业发展为目的，它不仅注重教师工作的现实表现，而且更加关注教师的未来发展。发展性学校评价目的在于激发学校内部活力与自身发展动力，以促成学校未来的可持续发展。

（3）确定评价对象与评价内容

基于不同的角度，教育评价有不同的评价对象。但不论从哪个角度出发，作为学校教育的评价对象总是学生、教师和学校三方面。

发展性学生评价的内容应着重于学生在思想品德、知识技能、身心健康、审美能力以及劳动技能等方面的发展与提高。发展性教师评价的主要内容包括：职业道德、了解学生与尊重学生、教学设计与实施、交流与反思等方面。发展性学校评价的基本内容有：学校发展目标、学校发展能力、学校发展的自我保障和学校发展的成效等方面。①

2. 搜集、分析信息阶段

搜集信息就是要求在尽可能全面的基础上，有重点地搜集信息。当然，这些信息必须包括评价对象发展的优势与不足两方面。分析信息，以学生评价为例，这就要求教师等评价主体与学生一起对搜集到的资料进行全面分析，对学生发展的成就、潜能和不足进行客观描述，并形成一个分析报告。

3. 帮助评价对象制定改进计划

以教师评价学生为例，教师应根据评价信息的分析结果，与学生一起分析其已取得的成绩、存在的不足，并找出有待开发的潜能，明确促进学生发展的改进要点，进而制定切实可行的改进计划。

4. 元评价阶段

元评价也就是对评价本身进行的评价。元评价可以帮助我们反思

---

① 赵必华、查啸虎：《课程改革与教育评价》，安徽教育出版社 2007 年版，第 286—291 页。

评价实践中存在的问题与不足,并在此基础上做出必要的改进和完善,从而切实发挥教育评价促进教育事业发展的作用。到目前为止,发展性教育评价仍处在探索阶段,在实践过程中难免会出现这样或那样的问题与不足,所以元评价就显得更加重要。

二、多元智能视野下的学生评价

(一)多元智能理论简介

1. 智能的含义

智能不仅是心理学界争论的焦点问题,也是教育理论和教育实践所关注的重要领域。加德纳认为,按照传统的测量心理学观点,智能最具可操作性的定义,就是解答智力测验考试题目的能力。[①] 这种智能局限于语言和数理逻辑方面,忽略了对人的发展具有同等重要的其他方面,如音乐、空间感知、肢体动作、人际交往等方面。为此,加德纳在 1983 年出版的《智能的结构》一书中,将智能定义为:在一定的社会文化背景下,个体用以解决自己面临的真正难题和生产及创造出社会所需要的有效产品的能力。此后,随着研究的深入与实践发展,加德纳在《多元智能新视野》中将智能的概念作了更为精确的定义,即个体用来解决问题或者创造产品的处理信息的潜能,而且这种潜能在至少一种文化中受到重视。[②]

从上述定义中可以看出,加德纳的智能概念包含了以下几方面的内容:一是智能从本质上来看是一种处理信息的能力,如拥有高度语言智能的人,比起语言智能较低的人,能够更加容易地处理语言信息;二是智能具有潜在性,智能可以开发、可以学习、可以提升;三是智能是用来解决实际问题或创造产品的,智能具有实践性、创造性,与生活实际、社会环境紧密结合;四是智能与社会文化背景密切相关,特定的社会文化环境和教育,对智能的激活起到重要的作用。

---

① [美]霍华德·加德纳:《多元智能新视野》,沈致隆译,中国人民大学出版社 2012 年版,第 7 页。

② 同上,第 238 页。

2. 多元智能与智能的分类

加德纳认为传统的智力测验所肯定的是智能单一化的观点,这种智力测验无法辨认象棋大师、小提琴家、体育世界冠军的智慧和能力,单一化的智能观无法解释人类的许多杰出表现,所以,人类的智能应该是多元的。为此,加德纳先后提出了八到九种相对独立的智能,即音乐智能、身体—动觉智能、逻辑—数学智能、语言智能、空间智能、人际智能、自我认知智能、博物学家智能和存在智能。加德纳对存在智能的确认表现得很谨慎,并声称在今后一段时间里仍将继续只承认八又二分之一种智能。[①] 也正因为如此,在一些文献中的运用与分析也常常限于前述八种智能。

进一步,加德纳和拉齐尔[②]又将上述八种智能归纳为三大类:第一类是"与对象有关"的智能,包括视觉空间智能、逻辑—数学智能、身体—动觉智能和博物学家智能。这些智能受个人接触到的特殊事物(对象)的结构和功能的影响,没有这些对象,这些智能就毫无用处。第二类是"与对象无关"的智能,包括语言智能和音乐智能。这类智能不依赖于在客观世界或想象世界中独立存在的事物,但依赖于语言和音乐系统。第三类是个人智能,包括人际智能和自我认识智能。这类智能反映了个人平衡个体内部以及个人与外部人际关系的能力。

3. 多元智能理论的主要观点

经过二三十年的探索、争议和实践,多元智能理论逐步形成自己的理论体系。概括起来,多元智能理论的主要观点大体有以下几方面:

(1)每个人都有八种甚至更多的智能,每种智能都是由构成它的若干单元所组成

多元智能理论拓展了智能的范畴,认为每个人都有八种甚至更多的智能,我们可以用这些智能完成任何类型的工作任务。同时,每种智能都是由构成它的若干单元所组成的,如音乐智能、语言智能和空间智能等都存在着"亚智能"。加德纳之所以只提出为数不多的一组智能,目的

---

① [美]霍华德·加德纳:《多元智能新视野》,沈致隆译,中国人民大学出版社 2012 年版,第 9—24 页。

② [美]戴维·拉齐尔:《多元智能与量规评价》,白芸、杨东、魏奇译,教育科学出版社 2005 年版,第 48—137 页。

是使智能理论更加简明扼要和具备实用性。

（2）各种智能同等重要又相互独立

多元智能理论认为，每一个个体都拥有"独立自主、相互平等"的多种智能，这些智能没有主次之分，应同等对待。多元智能理论还认为，人类的这些智能在相当程度上是彼此独立存在的。当然，强调智能的独立性，主要是为了强调人在某个智能领域内的强项并不意味着他在其他方面也一定强。多元智能表明"人无完人"，同时也倡导"扬长补短"，即以优势智能带动弱势智能的发展。

（3）每个个体所拥有的智能结构和发展程度具有差异性

这是多元智能理论的核心观点。该理论认为，虽然每个个体同时具有八种甚至更多的智能，但由于各人所处的环境和自身条件的不同，使个体智能在发展方向、发展程度和表现形式上出现明显的差异性。所以，作为教育工作者要充分尊重个体之间的智能差异，根据每个人的智能特点选择适当的教育教学方式，促进学生在自己适当的智能优势领域内发展一种或数种独特才能，并以其独特方式对人类社会的发展做出有价值的贡献。

（4）教育与社会文化环境在智能发展中起重要作用

加德纳认为，每一个体的智能最初只是一种潜能，教育与社会文化环境是促使它发展的外在环境和条件。一方面，人类所具有的智能是一种解决问题或创造产品的能力。这些问题的解决和产品的创造为特定文化背景的社会团体所需要，也就是说智能与一定的社会文化环境下人们的价值标准有关联。另一方面，即使个体的智能存在于其基因组内，但表现的方式和达到的程度也将依赖于这个人恰巧出生的文化背景，依赖于在那种文化环境中所接受的教育与体验。所以，教育与社会文化环境在智能发展中起着重要的作用。

（5）各种智能相互间存在内在的互动性

加德纳认为不同的智能之间存在内在的互动性，这些内在的互动性呈现出"瓶颈效应""补偿效应"和"催化效应"。[①]

---

① ［美］霍华德·加德纳：《多元智能新视野》，沈致隆译，中国人民大学出版社 2012 年版，第 221—224 页。

"瓶颈效应"(bottlenecking)是指一种智能限制了其他智能的正常发挥。如语言智能较弱的数学研究人员可能难以胜任教学工作。同样,由于多数考试都是以纸笔为工具,语言智能起重要作用,若被试者语言智能较弱,在考试中很可能处于不利的境地。"补偿效应"(compensation)是指一种智能对另一种智能的运作起弥补的作用。如超乎寻常的语言智能或人际智能,或许可以弥补一个人在陌生环境中辨别方向时(空间智能)的缺陷。"催化效应"(catalysts)是指一种智能可能激发或改变另一种智能,或修改它的运作方式。如较强的人际智能可以使咨询师的工作(语言智能)锦上添花。

显然,在"瓶颈效应"下,总的潜能可能小于各部分智能的总和,在"补偿效应"和"催化效应"的情形中,整体智能可能大于部分智能之和。作为教育工作者应着重做好发现和消除学生的智能"瓶颈",充分利用和发挥智能的"补偿"和"催化"作用。

(二)多元智能理论对学生评价的启示与借鉴

多元智能理论是一种全新的有关人类智能结构、运作与开发的理论。它的提出为我国社会转型期的基础教育改革提供了重要的理论依据,也为学生评价注入新的活力,提供新的理念。多元智能理论可以为学生评价改革提供多方面的启示和借鉴。

1. 树立积极乐观的学生评价观

多元智能理论倡导的是一种积极、平等的学生评价观。该理论认为:每个学生都同时拥有八种以上的智能,每个学生都有自己相对的优势智能,都具有某一方面或几方面的发展潜力,学校里不存在"差生"。如果给予适当的教育,每个人都能发挥自己的优势智能,并带动其他智能的同步发展。所以,学校、教师、家长和社会都应树立积极乐观的学生评价观,并以积极热切的期望,乐于通过评价来寻找和发现学生身上的闪光点。要积极创造条件,发挥学生的智能强项,使学生真正体验到"天生我才必有用",从而树立起自信和自尊。

2. 以学生发展为评价目的

传统的学生评价关注的是学生智商的高低,目的是对学生进行甄别与选拔。多元智能理论认为评价的主要目的应该是帮助学生,促进学生全面、健康地发展。为此,评价人员有责任为学生提供有益的反馈,使学生能够正确认识自己的智能强项和弱项。多元智能理论指导下的学生评价更有可能全面地发现学生各种技能,并为他们今后的学习和安排提出有用的建议,[①]促进学生全面地、富有个性地发展。总之,多元智能理论指导下的学生评价目的就是发现和发展学生身上多方面的潜能,促进学生在原有水平上的发展,从而实现学生在全面发展基础上的个性化发展。

3. 注重差异性评价

多元智能理论认为,每个个体所拥有的智能结构和发展程度具有差异性,并且同一种智能在每个个体身上的表现形式也不一样,再加上个人生存环境、所受教育的差异,使得学生在个体智能的发展方向、发展程度和表现形式上具有明显的差异。如果个人之间的才能差异得以尊重和培养,而不是被忽视、被尽量缩小,个人和社会一定会从中受益。为此,多元智能理论倡导学生评价要兼顾差异性,即尊重学生的个别差异和个性特点,重视学生在评价中的个性化反应,通过建立有一定弹性的评价标准,允许学生有不同的发展方向和发展程度。为落实评价的差异性,加德纳还要求在培训教师和评估人员时,要强调被评估者之间的差异。对学生个体之间的差异的敏感程度,应该成为教师能力的一部分,并运用于正常的教学和对学生的评估之中,[②]使学生的潜能与特长得到更好发展。

4. 倡导多元化评价

多元智能理论认为,每个人的智能各具特点,每一种智能又都有多种表现方式,所以学生必须受到多元化评价。[③] 多元智能理论所倡导的多元化评价包括评价内容多元化、评价主体多元化和评价方式方法的多样化。

(1)评价内容的多元化。多元智能理论启示我们要充分认识到多种

---

① [美]霍华德·加德纳:《多元智能新视野》,沈致隆译,中国人民大学出版社 2012 年版,第 187 页。

② 同上,第 186 页。

③ [美]戴维·拉齐尔:《多元智能与量规评价》,白芸、杨东、魏奇译,教育科学出版社 2005 年版,第 37 页。

智能在人的智能结构中的同等重要地位以及未来社会生活中的独特作用。所以,学生评价要突破仅仅对学业成绩的关注,突破语言智能和逻辑——数学智能的垄断;要拓展到其他智能领域,拓展到"伦理道德以及责任感"等方面,以达到多角度、全方位地考查学生作为人的全面、健康成长的更为广泛的能力,使学校习得的能力与社会所需要的能力相匹配、相衔接。

(2)评价主体的多元化。评价主体的多元化来自两方面的要求:一是突出学生在评价中的主体地位。学生是学生评价的内在主体,应允许学生在评价过程中做出解释、说明和评价意见,将评价由教师采集学生发展信息变成鼓励学生主动收集和展示自我发展的评价信息,使评价成为学生主动参与、自我反思、自我教育、自我发展的过程。二是扩展外在评价主体。教师、学生同伴了解学生在学校的表现以及与其他同学的比较,家长、社区等在校外审视学生的发展情况,所以教师、学生同伴,家长以及社区等多方面参与学生评价可以更全面、更深刻和多层次地衡量学生的发展情况。

(3)评价方式方法的多样化。多元智能理论认为,传统的单一纸笔测评方法主要针对语言和逻辑—数学智能领域,随着智能概念的扩展,需要不断引入新的多样化的评价方式方法,并在多种不同的学习情景下进行,以便全面了解评价对象,从而使评价达到促进学生全面发展的目的。多元智能理论指导下的学生评价主要采用定性和定量相结合的评价方式方法,尤其重视发生在自然状态下的观察法、轶事报告、档案袋评价、表现性评价和多元智能理论指导下的一些新型的定性评价方式方法。

5. 强调情境化评价

多元智能理论认为,智能是用来解决实际问题或者创造社会所需要的产品的能力。加德纳非常推崇更加自然的、对情境更敏感的、生态学上更可行的评估。为此,加德纳指出,评价应为学生提供多种智能情境,使学生在解决问题的多种情境中展现其问题解决能力和创造能力。[①] 也

---

① 张宽冰、朱莉、袁林:《从单一走向多元化——论学生评价方式的转换》,《当代教育科学》2011 年第 24 期,第 8 页。

就是说,学生评价必须在学生真实的日常生活和学习情境下进行,即评价的环境要与真实生活具有一致性或相似性。只有这样,学生在学校所做的和将来他们在社会上要做(或想做)的事情之间,差距才会相应地缩小。①

（三）基于多元智能理论的学生评价方法

多元智能理论所倡导的评价方法多数属于真实性评价的范畴。真实性评价强调在学生从事真实的学习活动中收集与各种智能相关的多方面信息。它不只是评价工具,而是实践活动.通过这种活动,学生能够探究对研究主题的理解和相关知识的运用,并呈现出学生的智能结构和智能特点。下面所介绍的评价方法主要有观察法、"多彩光谱"评价法、多元智能量规评价法、表现性评价法和档案袋评价法等适用于学生评价的评价方法。

1. 观察法

观察法是指评价者通过感官或借助一定的设备,有目的、有计划地对评价对象进行观察与描述的方法。根据不同的分类标准,观察法又有多种划分,如自然观察法和实验观察法;直接观察法和间接观察法;参与观察法和非参与观察法;有结构观察法与无结构观察法等。

多元智能理论研究者大力提倡观察法,并在此基础上建立了一些新的评价方法。如"多彩光谱"评价法、量规评价法等。加德纳所提倡的"智能展示"法在一定程度上也是一种观察法。加德纳认为"智能展示"法是一种"不通过言语和逻辑能力而直接观察运作中的智能方法"。我们认为"智能展示"法作为一种独立的评价方法过于笼统和宽泛,也欠缺学术上的严谨性,但从中依然能够得到某种启示,也即作为一种多元智能理论下的学生评价方法,它必须能够显示出学生的智能结构特点、智能的强项与弱项,揭示出学生的潜能所在。

2."多彩光谱"评价法

"多彩光谱"评价法源自加德纳和 Tufts 大学的大卫-费尔德曼(Da-

① ［美］霍华德·加德纳:《多元智能新视野》,沈致隆译,中国人民大学出版社 2012 年版,第 192 页。

vid Feldman)共同主持的针对幼儿学习阶段的"多彩光谱项目"(Project Spectrum)。[①] 该项目希望通过儿童所熟悉的、有意义的学习情境,进一步发展儿童的优势智能,另外也尝试启迪那些尚未萌发的潜能,使每一位儿童的潜能都可以在一个或数个领域得到发挥。

项目组发现,为了完全掌握儿童完成一项任务的方法,除了注意他们纯粹智力上的能力外,还要观察他们的认知风格和行为方式。为此,该项目提出了包括数字、科学、音乐、语言、视觉艺术、运动、社会等 7 个领域的 15 个认知活动和若干种儿童行事风格特征。该项目观察每一个儿童的强项和弱项时,既比较集体,也比较个人。作为集体比较,如果个人的评估分数高于集体平均分一个标准差以上,就认为该领域是他表现出来的强项;个人评估分低于一个标准差以下的,则认为该领域是他表现出来的弱项。作为个人比较,要求儿童自己与自己比较,可以发现儿童自己的相对较强和相对较弱的领域。

"多彩光谱"评价可以在四个方面有益于儿童:一是通过有趣的、场景化鲜明的活动吸引儿童参加;二是有意识地模糊了课程和评价的界限,使评价更有效地融入日常教学之中;三是通过"智能展示"的方法,直接观察到儿童的智能状态;四是可以发现,儿童面对因为智能弱项带来的挑战时,他们自己的智能强项是怎样提供帮助的。当然,"多彩光谱"评价也有其局限,如评价费时费力,并且目前为止主要针对幼儿和小学一年级学生,这些都有待进一步探索和完善。但无论如何,"多彩光谱"评价在揭示人们预想不到的强项领域方面极具潜力,能够为被评者带来自信和自尊。这一点特别有利于在标准化的学校课程中表现不佳的儿童。

3. 多元智能量规评价法

多元智能量规评价法是由美国多元智能理论研究者戴维·拉齐尔(David Lazear)提出的,[②]这是一种将多元智能理论与学生评价变革相结合的新型评价方法。多元智能量规评价法主要用来评价学生的理解能

---

① ［美］霍华德·加德纳:《多元智能新视野》,沈致隆译,中国人民大学出版社 2012 年版,第 101—107 页。

② ［美］戴维·拉齐尔:《多元智能与量规评价》,白芸、杨东、魏奇译,教育科学出版社 2005 年版,第 35—43 页。

力,也即通过学生在相关智能领域的表现来考查学生在学习过程中的理解能力的水平。多元智能量规评价法的出现,使得评价学生的理解力不再局限于传统的语言和数理逻辑表现,而是根据多元量规来展示。

拉齐尔根据各种智能的构成要素设计出一份涉及八大智能领域的多元智能评价菜单。菜单中每一智能领域都有 10 个构成要素(或项目)。如语言智能的 10 个构成要素分别为:短文写作、词汇测验、口头回忆信息、录音带记录、诗歌写作、语言幽默、正式演讲、认知辩论、倾听与报告、学会记日志等。在实际使用时,只需运用某个智能领域中的一个或若干个项目(要素),即可了解学生在学习过程中的理解水平。

量规评价分别针对每一智能领域中的各个项目而展开,具体内容有:项目解读、智能表现、内容理解三个方面。项目解读就是对该项目的含义进行解释。智能表现分为三个等级,即基本水平、复杂水平和高级水平,以划分学生对学习的理解层次或水平。内容理解主要通过评价者问自己和问学生的问题来确认。内容理解在一定程度上可以看成是一种师生交流的方式,以加深双方对评价内容或意图的理解,主要用来确保评价的准确性和有效性。拉齐尔在他的书中提起过一个高中物理老师的一次课堂经历:学生已经学过无穷大的概念,为检查学生对这一概念的理解情况,他叫了一个年轻人来解释。这个年轻人说:"浅黄色冰激凌!"老师认为非常不可思议,就让其他人回答,得到了来自书本上的传统答案。事后,那个学生向教师解释:"浅黄色冰激凌盒子上是一个人举着浅黄色冰激凌盒子的图画,那幅图画中又是一个人举着一个浅黄色冰激凌盒子的图画……那就是无穷大。"如果该教师拥有多元智能量规评价的潜意识,结果可能就两样了。事实上,借助视觉空间智能中的视觉与想象以及量规评价,就可清楚地了解到该生对无穷大概念的理解已经达到了复杂水平。当然,在这一过程中还应有师生之间对内容理解的交流。多元智能理论认为,应允许学生以多种方式表现自己的理解力。多元智能量规评价可运用于日常教学中,以了解学生的理解情况和教师的教学效果,也可用来了解学生的智能强项与弱项,使教学更有成效。

4. 表现性评价

有关表现性评价的定义,目前国内外尚不统一。我国学者蔡敏的表述具有一定的代表性:表现性评价是指教师在学生完成一项具体的学习任务过程中,对学生的认知、情感、技能和学习成果进行的实际考察。[①]
美国国会技术评价办公室曾在 1992 年对表现性评价给出一个概括性的
定义:"它是要求学生创造出答案或产品,以展示其知识或技能的测验。"
表现性评价所关注的是学生能够做什么,而不是知道什么,它既可以了
解学生在完成任务过程中所表现的行为、情感与心理过程,也可以评价
经过学习过程之后所取得的外显的学习"产品",同时了解学生的智能强
项与弱项。加德纳将表现性评价称之为"理解力的表现",认为理解力只
有被学生表现出来,才能说明已经领会和理解了。[②] 表现性评价在一定
程度上也可以看作是"多彩光谱"评价和多元智能量规评价的基础,通过
"表现",可以展示学生的智能强项与弱项。

运用表现性评价的一个重要环节就是选择与评价目标密切相关的
表现性任务。常见的表现性任务大体可以归纳为:表达性任务、操作性
任务、思考性任务和动作性任务等类型。表达性任务的评价目标主要集
中于对学生表达能力的考察,看他们是否具备了合格的语言交流等能
力。操作性任务是一类以展示动作、操作为主要特征的任务。教师的主
要任务是对学生操作的规范性和熟练程度进行评价。思考性任务直接
针对学生的思考能力,主要考查思维过程及其产生的结果。与常规的纸
笔考试所进行的测验不同,表现性评价中的思考性任务强调要在具体的
情境中对学生的高级思维能力进行评价。动作性任务主要用来评价学
生的身体状况,体育技能、美术技能和音乐技能等方面。动作性任务可
以促进学生在德、智、体、美等方面的全面发展。表现性任务与特定的表
现标准相联系,表现性评价以帮助学生改进,并达到更高的表现水平为
目的。

5. 档案袋评价

档案袋评价也称成长记录袋评价。档案袋汇集了依据特定目的而
收集的个人相关材料,通过这些材料能看到一个人在某一领域或几个领
域所做的努力、取得的进步、个性风格、自我反思等。[③] 按照档案袋中所

---

① 蔡敏:《当代学生课业评价》,上海教育出版社 2006 年版,第 155 页。

② [美]戴维·拉齐尔:《多元智能与量规评价》,白芸、杨东、魏奇译,教育科学出版社
2005 年版,第 36 页。

③ 丁朝蓬:《高中新课程评价》,天津教育出版社 2005 年版,第 71 页。

收集的材料特点,档案袋可分为成果型档案袋和过程型档案袋两大类型。成果型档案袋也称最佳作品档案袋,主要收集能够反映个人所取得的成就的材料。过程型档案袋也称学习进步档案袋,主要收集学习进展过程中的相关材料,这些材料中不仅有自己最满意的作品,也有最初的、不太成熟的作品,如初稿、修改稿和定稿,都收集在档案袋中。

多元智能研究者非常关注并运用档案袋评价方法。加德纳在"艺术推进"评估法①中专门介绍了"过程作品集"(即过程型档案袋)评价。"过程型作品集"除了收录学生最后的作品外,还收集原始素描、中间草稿、学生自己和别人的评论等。根据评价的需要,有时要求学生提交、展示作品集中的全部资料,有时只要求他们选出对于自身的智能发展特别关键性的,特别能说明问题的材料。加德纳认为"过程型作品集"评估不仅可以用来评价艺术、音乐和写作,还可以扩展至其他领域。

档案袋评价所搜集的材料具有多样性、过程性,能够较好地反映出学生的智能特点和智能发展轨迹。当然,我们必须认识到档案袋评价也有其局限性:档案袋评价对教师的专业素养要求较高,需要师生付出比传统纸笔测验多得多的时间和精力;档案袋评价的标准化程度比较低,缺乏可比性。这些问题也是真实性评价的共性问题,需要进一步克服和完善。我们不能指望有朝一日大学会用这些真实性评价作为新生录取的主要依据,但可以期待这些评价方法在发现和发展学生多方面潜能,推进学生评价改革,促进学生全面、健康成长与发展方面有所作为,并产生积极、深远的影响。

三、基于绿色指标的基础教育质量评价

近年来,被社会誉为"绿色"的教育评价改革正在兴起,其中的标志性事件就是 2011 年上海市教委推出中小学生学业质量评价的系列绿色指标和 2013 年 6 月 18 日教育部颁发《关于推进中小学教育质量综合评价改革的意见》。"绿色"的本意是指环保、无公害、无污染。教育中的

---

① [美]霍华德·加德纳:《多元智能新视野》,沈致隆译,中国人民大学出版社 2012 年版,第 164—169 页。

"绿色"是指遵循教育规律,符合学生身心,促进师生健康、全面发展的状态。[①] 教育领域的"绿色"应立足于学生身心健康和长远发展,着眼于教育事业的全面、可持续发展。

(一)"绿色"学业质量评价的新尝试

中小学生学业质量受到国际社会和各国政府的普遍关注,我国对学生学业质量尤为关注和重视。然后,长期以来,人们习惯于将学业成绩和升学率作为评价中小学生学业质量、评价校长和教师工作业绩的唯一依据和标准,造成了学业质量观的误导,对教育改革与发展带来严重的负面影响。有鉴于此,作为教育改革的先行地区,上海市在前期大量研究和实践的基础上,率先推出学业质量"绿色"指标新概念,并于2011年11月8日颁发了《上海市中小学学业质量绿色指标(试行)》(以下简称《绿色指标》)的实施意见。《绿色指标》的实施,有利于发挥科学教育评价的正确导向作用,引导地方政府、学校、家长和社会树立全面的教育质量观,丰富学业质量评价的内涵,推动学校在全面质量观指导下开展教学与评价活动,切实减轻学生学业负担,促进学生全面、健康发展。

从内容结构来看,《绿色指标》可分为五个一级指标(或五个方面),即学生学业表现、学生学业的直接影响因素、学生品德行为、学生身心健康、跨年度进步情况等。其中学生学业表现和学生学业的直接影响因素又可分为若干个二级指标。如学生学业表现的二级(3个)指标为:学生学业水平、学生学习动力、学生学业负担;学生学业的直接影响因素的二级(4个)指标为:师生关系、教师教学方式、校长课程领导力、学生家庭背景对学业成绩的影响。加上学生品德行为、学生身心健康和跨年度进步,这就构成了称之为绿色指标的十大"指数"。当然,每一个指标(或指数)都有相应的观测点:学生学业水平的观测点有学生学业成绩的达标程度、学生高层次思维能力、学生学业成绩均衡度;学生学习动力的观测点有学习自信心、学习动机、学习压力、学生对学校的认同度;学生学业负担的观测点有学生睡眠时间、做作业时间和补课时间;师生关系的观

---

① 沈祖芸:《"绿色"之核——上海率先构建义务教育学业质量评价体系述评》,《上海教育》2011年第11期,第23页。

测点有老师尊重学生、平等对待学生和信任学生;教师教学方式的观测点有教师自评(包括因材施教、教学互动、注重学生探究与发展能力等)、学生评价;学生家庭背景对学业成绩影响的观测点有父母受教育程度、父母职业和家庭文化资源等;学生品德行为的观测点有热爱祖国、自尊自爱、尊重他人、有诚信和责任心、遵守公德以及拥有关怀之心、公正之心等;学生身心健康的观测点有近视率、肥胖率、身体素质、学生幸福感等;跨年度进步的观测点有学习动力进步、师生关系进步和学业负担进步等。

对照通常所说的学生学业评价中的三个主要方面,即学生学业成绩、学习能力和学习心理品质等,绿色指标中的学业成绩不以分数见高低,而是强调以课程标准为依据,以学科合格率和区域均衡度为衡量标准;对应学习能力,绿色指标有更高的要求,主要体现在学生高层次思维方面,具体有知识迁移能力,预测、观察和解释能力,推理能力,问题解决能力,批判性思维和创造性思维能力等;对应学习心理品质,绿色指标中的学生学习动力有所涉及,主要有学习自信心、学习动机、学习压力和学生对学校的认同度等方面。值得一提的是,绿色指标首度将学业负担引入学业质量评价,这也是绿色指标之所以称之为"绿色"的重要原因之一,也即关注学校教学的投入与产出,讲究效率与效益。师生关系、教师教学方式和校长课程领导是影响学生学业的主要因素,将这些方面列入评价指标,既有科学性和合理性的一面,又对教师、对学校提出更高的要求。学生的家庭背景,在目前特别是独生子女现状下,也是学生学业成绩与学业负担的一个重要因素。当然,这一因素具有两面性:一方面,由于家庭配合,有利于学生学业提升;另一方面,也有可能造成过重学业负担。学业进步是绿色指标的又一亮点。值得注意的是,这里的学业进步,淡化学业成绩,更加关注学习动力、师生关系和学业负担的进步,充分体现发展性评价精髓。学生身心健康是学校教育的基本要求,也是学业得以持续进步的前提条件。将学业进步和学生身心健康同时列入学业质量评价指标,充分体现了学业质量可持续发展的基本思想,也是绿色指标之所以称之为"绿色"的又一重要原因。

当然,这里的绿色指标也有一定的不足或有待进一步完善之处。如对学业的理解有一定的片面性,这从其中的学业测试科目可以看出(小学生测试语文、数学,初中生测试语文、数学、外语、科学),也即侧重于语言和数理方面。这样容易造成错觉,似乎传统的"主课"就是学业,其他课程都不是学业。本意期待低利害,实则助推高利害。又如有关学业负担的观测点仅限于睡眠时间、作业时间和补课时间。事实上,学业负担除了不合理的时间占用外,更多的是一种心理负担。当然,学业不均衡也是一个重要因素,这种不均衡将导致高利害课目的负担不断加重,进而造成学生对学习的厌倦和不健康的心理状态或压力。此外,由于绿色指标只有指标和观测点,而无明确的标准和等级评定说明,有可能影响学校和地方教育行政部门的改进动力。但无论如何,绿色指标的提出有力地推进了学生学业质量评价的改革与发展。

(二)"绿色"教育质量综合评价新举措

2013 年 6 月 18 日,教育部发布了《关于推进中小学教育质量综合评价改革的意见》,这是我国社会转型期下教育质量综合评价改革的又一新举措,也是推进我国教育改革发展的一个重要组成部分。2002 年 12 月 27 日,教育部首次针对教育评价改革颁发了《关于积极推进中小学评价与考试制度改革的通知》,这一文件的推出有力地推进了各地对中小学评价改革和考试制度改革的探索,也取得了一些进展。然而,从总体上看,单纯以学生学业成绩和学校升学率评价中小学教育质量的倾向还没有得到根本性的转变,素质教育难以落实,严重影响学生的全面发展和健康成长。为树立全面、正确的教育质量观,大力推进和落实素质教育,教育部适时颁发了《关于推进中小学教育质量综合评价改革的意见》(以下简称《意见》),新的《意见》必将对我国的教育改革与发展产生深远的影响。

《意见》由充分认识推进评价改革的重要性和紧迫性;准确地把握推进评价改革的总体要求;建立健全中小学教育质量综合评价体系;完善推进评价改革的保障机制;认真组织实施等五部分组成,也即从认识、要求、建立健全评价体系一直到保障机制和组织实施,全面系统地阐述了如何扎实地推进和落实中小学教育质量综合评价改革的意见。从评价内容来看,本次推出的中小学教育质量综合评价指标体系由学生品德发展水平、学业发展水平、身心发展水平、兴趣特长养成、学业负担状况等五个一级指标组成。每个一级指标下又有四个左右的二级指标(也称关键指标)。其中,品德发展水平包括行为习惯、公民素养、人格品质、理想信念四个二级指标;学业发展水平包括知识技能、学科思想方法、实践能力、创新意识四个二级指标;身心发展水平包括身体形态机能、健康生活方式、审美修养、人际沟通、情绪行为调控五个二级指标;兴趣特长养成包括好奇心、求知欲、爱好特长、潜能发展四个二级指标;学业负担包括学习时间、课业质量、课业难度、学习压力四个二级指标。总体来说,每个一级指标下的二级指标由低到高、由浅入深,呈现出循序渐进的态势。此外,各个二级指标都有相应的考查要点,使得评价内容更加明确和具体。如学习时间的考查点有学生上课时间、作业时间、补课时间、睡眠时间等;学习压力的考查点有学生在学习过程中表现出来的快乐、疲倦、焦虑、厌学等状态。从指标体系的内容构成可以看出,本次评价改革着重于综合考查学生的发展状况,既关注学业水平,又关注品德发展和身心健康;既关注共同基础,又关注兴趣特长;既关注学习结果,又关注学习过程和学习效益。显然,这套指标体系充分体现了德智体全面发展的教育思想,同时又兼顾学生的个体差异,兼顾学生的学习效率与效益,着眼于学生的长远健康发展。也正因为如此,这一意义深远的改革被社会誉为"绿色评价"。

《意见》与上海的《绿色指标》相比较,两个质量指标体系总体来说异曲同工:都从全面发展的视角关注学生健康成长,呈现全面的质量观和学生观;都强调从学习的效率与效益的视角关注学生学业负担;都更加关注学生的进步和发展,因而都属绿色评价的范畴。从两者的指标结构来看,首先都从德、智、体全面发展的视角选择和设置指标。《意见》中的品德发展水平与《绿色指标》中的品德行为指数具有一致性,都指向学生的理想信念、公民素养(素质)、人格品质(健全人格)和行为。《意见》中的学业发展水平与《绿色指标》中的学业水平指数接近:知识技能对应于学业成绩的达标程度;学科思想方法、实践能力、创新意识三者包含了学生高层次思维能力,当然侧重点有所差异,前者更为宽泛,且较为突出实践能力,后者对思维能力有更高要求。由于《绿色指标》主要针对学业评价,所以还设置了与学业密切相关的其他指标,如学习动力、师生关系、教师教学方式、校长课程领导力以及家庭背景对学业成绩的影响等指标。此外,上海的《绿色指标》还将学生学业成绩均衡度列入学生学业水平的考核范围,以强调均衡发展的基本要求。《意见》中的身心发展水平与《绿色指标》中的身心健康指数相当,当然前者所涉及的内容更为全面和清晰。此外,其中的人际沟通也涉及师生关系、亲子关系等。事实上,家庭背景对学业的影响,最重要的还是亲子关系。《意见》中的兴趣特长养成与《绿色指标》中的学生学习动力有一定的关联,当然兴趣特长的表述更为广泛,并且突出了学生的差异化发展。特别值得关注的是《意见》和《绿色指标》都将学业负担选作重要评价指标,也突显了上级教育行政部门对减轻学生学业负担的重视和决心。当然,《意见》中的学业负担表述更为全面、清晰,也即除了学习时间的占用外,还包括学习过程中的心理压力以及课业质量和难度。《绿色指标》中的学业负担指数仅限于学习时间的占用,而将学习过程中的心理压力划归到学习动力中,相比之下,我们觉得《意见》的安排可能更为科学与合理。《绿色指标》中还有专门的进步指数,这里的进步侧重于学习动力进步、师生关系进步和学业负担进步等。尽管《意见》在品德、学业和身心三方面都强调了发展,但《绿色指标》中的要求更为明确,这里的进步,淡化了学业成绩本身,转而更加关注影响学业质量可持续提升的关键因素。此外,作为规范的评价指标体系,两者都缺少评价标准和等级评定说明,这也是两个指标体系都认为需要进一步完善和补充的内容之一。作为教育部的文件,总体来说,还是有指导性的,况且每个一级指标后都附有评价标准制定的主要依据,因而具有合理性,也给各地结合当地实际留有发挥的余地。

《意见》出台后,各地迅速响应,特别是浙江省率先提出要从 2013 年起全面实施中小学教育质量综合评价改革,并期待通过改革引导地方政府和学校按照正确的人才观、质量观和价值观发展教育。[①] 浙江省的综合评价指标体系涉及学生的学习状况、综合素质和成长环境等方面。其中学生学习状况包括学生学业水平、应用与解决问题能力、学生学习兴趣与动机、学习负担等;学生综合素质包括学生品德行为、体质健康、心理健康、艺术素养等;学生成长环境包括师生关系、教师专业能力与教学

---

① 朱振岳、张丰:《浙江实施中小学教育质量综合评价改革》,《中国教育报》2013 年 10 月 28 日,第 2 版。

方式、校长课程领导能力、社会环境等指数。从涉及的内容来看,尽管表述有差异,但浙江省的指标体系总体来说与上海市的《绿色指标》相接近,并适当吸收了教育部的《意见》。当然,实施的实际效果如何,还需要实践检验。但无论如何,推进绿色评价已是大势所趋,也是我国社会转型期基础教育改革的一大标志性事件。

第三节　社会转型期减轻学生过重学业负担对策分析

中小学生承受过重、过偏学业负担问题一直困扰着基础教育的发展,也偏离学校教育的初衷——促进学生全面、健康发展。为此,近年来教育行政部门不断加大"减负"力度。2013 年也可以称为"强力减负年":3 月 26 日,教育部下发"全面启动义务教育段学校减负万里行"通知;6 月 18 日,教育部发布了《关于推进中小学教育质量综合评价改革的意见》,首次将学生学业负担列作中小学教育质量五大评价指标之一;8 月 2 日、9 月 21 日教育部又连续两次征求《小学生减负规定》。特别需要指出的是十八届三中全会所通过的《关于全面深化改革若干重大问题的决定》明确强调,要"标本兼治减轻学生课业负担"。可以期待,"减负"将是下一阶段基础教育领域需要重点推进的工作之一。

一、宁波市"减负"工作现状及国内部分地区"减负"借鉴

(一)教育行政管理部门高度重视"减负"工作,出台了一系列政策措施

教育行政管理部门历来高度重视"减负"工作,先后出台了一系列旨在减轻学生过重、过偏学业负担、推进素质教育的政策文件。例如先后印发了《关于要求切实做好减轻中小学生过重课业负担工作的通知》(甬教基〔1999〕400 号)、《关于落实浙江省教育厅关于减轻中小学生过重的课业负担的若干意见的通知》(甬教基〔2005〕97 号)、《关于切实减轻中学生课业负担的若干意见》(2008 年 1 月)。此后,在《宁波市教育事业发展第十二个五年规划》中还将"减负"工作作为"加快提升教育优质化,努力

实现学有优教"的重要组成部分,开启了"轻负担、重质量"的"减负"新思路。2012 年上半年,宁波市还将"切实减轻义务教育阶段学生过重、过偏学业负担"列作"三思三创"主题教育实践活动的一大破解难题。随后,还发出了《关于宁波市海曙、江东、江北三区小学一年级和二年级试行上学时间弹性制的通知》(甬教基〔2012〕299 号)。从一段时间的实践来看,这一措施不仅具有可操作性,而且还受到多方好评。

县(市)区教育行政管理部门也纷纷响应和贯彻上级教育行政管理部门的文件精神和要求,做到不争论、抓落实,切实减轻学生过重学业负担。如宁海县教育局以教育工作者的社会责任感来统一对"减负"工作的认识,成立了以一把手为组长,分管业务、人事、纪检副局长为副组长,相关职能科室负责人为成员的"减负"工作领导小组。为减轻学校的升学压力,该县自 2009 学年起将省一级重点中学保送生比例提高到计划招生的 75%;为推进素质教育,纠正过偏学业负担,该县还将美术、音乐列入中考加试项目,并以 15 分计入中考总分;为发挥"轻负高质"典型教师的示范榜样作用,该县在全县义务教育学校开展了"轻负担、高质量"典型教师评选。又如,鄞州区教育局以中小学社团建设为抓手,促使每一个学生都能较好地掌握两项运动技能、一项艺术技能和一项科技技能。从 2012 年起,区级层面每年推出体育节、艺术节、科技节和读书节等四大类学生系列活动。这些活动的开展,不仅丰富了学生业余生活,也在一定程度上缓解了学生过重、过偏学业负担,促进了青少年学生身心健康与发展。

(二)一些中小学校积极探索"减负"新途径,并已取得初步成效

学校教育同时承载着政府和社会的期望,一些学校并非简单减少学习时间和课程作业,而是通过探索有效教学和学生乐学,寻求"轻负担、高质量"。如宁海西店初级中学的"课堂工作纸"教学模式被宁波市教育行政部门认定是一种相对完整的、创新的、值得总结和推广的"轻负担、高质量"课堂模式。此外,宁海县的一些小学还在试行"1+3"课堂教学模式改革,也即在 40 分钟的课堂内,至少要做到 10 分钟为学生自主学习,教师讲课不得超过 30 分钟。为探寻有效课堂教学,鄞州区 14 所中小学组成"课改联盟"。"课改联盟"注重学生学习的主动性和师生互动性,

通过反思课让学生学会反思，通过展示课，让学生展现自我。经过一段时间的实践，学生的提问能力明显提升，也变得更加阳光。鄞州区实验中学对"轻负高质"有自己的理解，他们认为"减负"不仅要减轻学业负担，更要减轻心理负担，高质不仅仅是学习成绩的提升，更要关注学生的全面、健康发展。他们非常明确提出要让教师快乐工作，让学生快乐学习。为此，学校专门成立校长为组长，各年级组长为成员的"减负"工作领导小组。除了严格执行教育行政管理部门的"减负"要求，努力提升教学质量外，他们还积极推行德育小班化导师制，也即每个班级分成三个小班，并配备三位导师，每位导师带一个小班。由于每班人数较少，导师可以及时关注学生的学习情况和身心健康。在执行"减负"的同时，一些学校在管理上也注意及时跟进。如实行"弹性上学制"后，江北区江花小学每个班级都安排了一名教师，在弹性时段内组织学生开展兴趣活动或户外体育活动。为解决学校放学与家长下班的时间差，江北区还在 6 所小学试点快乐社团活动，费用全部由政府买单。"快乐社团"作为一种新的四点钟学校模式，不仅解决了学生放学后无人监管难题，还拓展了学生综合素质教育。

（三）各地纷纷建立督学责任区制度，强化"减负"督查和落实工作

为确保"减负"工作顺利进行，各地还建立了督学责任区制度，各教育行政部门与学校、学校与教师层层签订"减负"责任书（状），以强化"减负"督查和落实。县（市）区督学责任区每月对责任区学校进行"减负"检查，并上报市教育局和省教育厅。各县（市）区还要求义务段学校在校门口张贴"减负"监督牌，并将本学期的课程安排、作息时间、课外文体活动、作业量等教学活动在学校宣传栏、教室等醒目位置公示，以接受社会监督。宁海县教育局还与全县义务教育段校长签订规范办学责任书，实行加重学业、课业负担"一票否决制"，把切实减轻学生过重课业负担作为对教师与学校评优、评先的必备条件。鄞州区教育局先后出台了《关于进一步规范义务段学校办学行为的意见》（甬鄞教普〔2011〕289 号）、《关于开展办学行为规范达标学校创建工作的通知》（甬鄞教普〔2012〕73号）等文件，并制定了《鄞州区义务段办学行为规范达标学校考核评估表》对全区义务段学校进行规范办学评估考核。2012 年 5 月，市教育局面向老城区聘请 35 位社会人士担任义务教育"减负"监督员，"减负"监督

员既可独立对片区义务教育段学校"减负"工作进行监督,也可配合督学责任区开展工作。同年9月,市教育行政部门还向社会公布了《义务教育学校规范办学行为12条规定》,并明确对屡次违规或拒不改正的学校,将对相关负责人实行问责,以切实落实"减负"责任制。

(四)国内部分地区"减负"实践与探索

中小学生承受过重、过偏学业负担在全国各地具有普遍性,并引起政府和社会的广泛关注,为此各地也在努力探索缓解中小学生过重、过偏学业负担的有效途径。如山东潍坊市从2012年下半年开始,将中小学课程表公布在相关网站上,一方面为教师、学生和家长查询课程开设情况提供方便,另一方面也随时接受社会监督,禁止学校随意增减课程和课时。此外,潍坊市还对中考进行重大改革,建立起以"多次考试、等级表达、综合评价、诚信推荐、多元录取、社会参与"为原则的考试制度,避免了"分分必争、分分计较"。在上海,正在构建以关注学生健康成长为核心价值追求的"绿色指标"体系,定期对义务教育进行"健康体检"。"绿色指标"体系包括学业负担、教师教学方式、师生关系、学习动力、品德行为、身心健康、跨年度进步等指标。"绿色指标"体系变一维评价为多维评价、单一评价为综合评价、结果证明为过程改变。南京市教育局下发了《关于禁止中小学在职教师从事有偿家教的规定》,明确教师参加有偿家教,情节严重的将被解除聘用关系。[1] 大连市发放了4.8万册关于"减负"的政策文件汇编,以使每个教师、学生和家长都熟知政策变化。为加强监督检查,确保"减负"取得实效,大连市确定了包括10所省示范性普通高中及民办高中、20所义务教育阶段学校和10个非学历教育培训机构在内的重点监督学校和教育机构。同时,暂停审批民办非学历文化补习类教育机构。大连市甘井子学区还建立了学情调查制度,定期对全区小学生的学习负担、体验感受、学习环境等方面进行学情监测,并向学校反馈相关情况,特别关注那些减负情况不理想的学校,与之共同研

---

① 缪志聪:《南京教师有偿家教将被解除聘用关系》,《中国教育报》2013年1月11日,第2版。

究原因和对策。① 湖州市吴兴区推出课外作业一表式控制模式：作业由各学科组提出，年级组长在一张表上汇总、教务处审核，最后由班主任协调。一表式控制使学校课外作业由"不设限"变成二三十分钟为限，并形成"倒逼"机制：逼作业设计提高质量，更逼教师变革课堂教学方式，把课堂 45 分钟用到极致。② 各地的"减负"实践与探索，可以为我们提供有益的借鉴与启示。

二、"减负"推进中的困难和问题

（一）一些学校功利导向，"减负"工作消极应对

当今社会，对学校、教师的主流评价仍然以升学率、学业考试成绩作为主要依据，升学率、学业考试成绩成为教育质量的代名词，并直接影响学校的社会声誉、影响教师的社会地位与发展。为此，不少学校新生尚未报到，就开始布置名为衔接教育的暑期作业，启动所谓衔接课程。"衔接"依次往下传递，很自然就出现了幼儿园的小学化教育。一些学校领导，面对教育的理想与功利，过于偏向功利。对于布置的"减负"工作，说一套、做一套，学校的新学期报告或年度工作总结，总要强调本校的升学考试、学科竞赛"新成就"，很少总结"减负"新进展。在这种功利的推动下，集体补课，特别是假期补课时有发生，甚至还出现过以社会实践的名义到校外集体补课的情况。学校在课程安排上，副课类课程（即与升学考试关系不大的课程）要为主课类课程让道，由此必然造成智育类课程过多，德育类、体艺类和实践类过少；认知类课程过重，实践操作类课程过少等课业分布的不均衡状况。③ 在这种校园环境下，各学科争相攀比，出现主课挤副课、课内挤课外、白天挤夜晚、平时挤假日，甚至由讲课延

① 刘立凯、刘玉：《大连"减负增效"还孩子快乐童年》，《中国教育报》2012 年 7 月 28日，第 1 版。

② 邵玩玩：《"时间抢夺战"变"课改比拼赛"》，《中国教育报》2013 年 1 月 10 日，第1 版。

③ 褚远辉、尹绍清：《从学生课业要素及负担的不均衡性看"减负"》，《现代教育管理》2009 年第 9 期，第 21 页。

伸到作业、由课本延伸到教参、由教师延伸到家教。① 一些教师知识老化、观念陈旧、方法落后,造成学生学习效率低下,只好"课内损失课外补",向学生大量布置课外作业。也有一些教师缺乏自律,身在课堂、心在家教,热心从事有偿家教,布置作业课内一套,课外还有一套,教师之间心知肚明,甚至相互推荐学生上家教。还有一些教师,教育学生简单化,师生关系紧张对立,导致学生对该教师的课有反感情绪,造成恶性循环和心理压力。

(二)传统文化和独生子女现状,促使家长不断加压

课题组在调查过程中发现,无论是学校还是教育行政管理部门,几乎都异口同声认为"减负"的阻力很大程度上来自家长。实际上,家长的心态也是矛盾的,一方面,他们也觉得现在的孩子太苦了,非常赞成全社会开展减负;另一方面又极不情愿率先给自己的孩子减负,生怕就此会耽误孩子的学业和前程,甚至对政府、学校和教师的减负工作还颇有微词。② 家长对减负的态度主要受到传统文化——"望子成龙"和特殊人口现状——独生子女的影响。

为了"成龙",一般家庭的首选就是接受良好的教育。此外,独生子女又是全家的全部寄托,所以很多家长为了孩子能上重点小学、重点中学、重点大学不惜一切代价,甚至延伸到幼儿园和胎教。为了上好的大学,清洁工不惜举债送子女上私立学校;子女在特殊学校就读的家长也期待孩子至少能上"三本"。在这种过高期望驱使下,一些家长对子女不断施压,不是买辅导资料,就是聘请家教,社会上举办的辅导班、补习班也都让孩子去上,想着"校内损失校外补"。不论孩子是否愿意,强行限制孩子的自由活动、文体活动、科技活动和公益活动,甚至睡眠时间,对孩子的身心健康造成很大的伤害。此外,这些额外的学习,不仅增加了学生的负担,也使学生对这种课外学习产生一种依赖,并产生"课内学不好可以课外补"的心理,既给学生带来时间上的浪费,降低了课堂学习的

① 邬志辉:《"减负"与"加负"——关于学生负担问题的深层次思考》,《现代中小学教育》1997 年第 6 期,第 3 页。

② 沈克非:《学生"减负"的难点及对策》,《盐城师范学院学报》(人文社科版)2001 年第 1 期,第 122 页。

效率,也在无形中给家长增加了教育成本。① 目前,尽管各地普遍实行保送生制度,但各校保送生推荐的主要依据依然是学业成绩。此外,即便是得到保送机会,但由于保送的学校与家长的期望有距离,更激发了家长送"好学生"参加各类辅导班和家教。

除了"望子成龙"等因素外,学校"减负"后由于"推迟上学"和"过早放学"也引起家长的反对,他们非常担心孩子放学在家或路上无人看管。最近,我省公布了异地高考政策,这一新政在受到外地家长欢迎的同时,也引发了本地家长的担忧。有家长坦言:"宁波普通高中资源本来就不能满足本地孩子的就学需要,现在外地孩子能留在宁波中考,是不是以后更多的宁波孩子不得不去读中职学校?"②普高和中职本应按学生的学习能力和兴趣爱好做出选择,而现实中却是按学生的学习成绩,特别是传统的文化课成绩作分流,从而直接导致学生不得不承受过重、过偏的学业压力。为此,我们担心,今后来自家长的压力可能更加沉重。

(三)教育行政管理部门存在畏难情绪,"减负"措施难以到位

教育行政管理部门的一些领导干部对"减负"工作存在畏难情绪和矛盾心态:一方面认为上级有要求、社会有呼声,理应积极推进减负工作;但另一方面,出于"减负"工作的难度和自身利益考虑,消极或被动对待减负工作,有时甚至阻碍学校的"减负"工作。如对各学校的会考进行排名和肯定,进一步刺激了学校对师生的教学压力。尽管出台了一些"减负"政策和措施,但基本上都是上级文件的简单转述,也缺乏工作力度。如对学校的课程安排、作息时间、课外文体活动、作业量等教学活动安排有公示要求,但公示仅限于校内宣传栏、教室等位置,难以接受社会和家长的更广泛监督;在职教师禁止到培训机构兼职,但培训机构的教师来源不透明,难以做出相应的处置;在职教师从事有偿家教现象较为普遍,但缺少相关政策作制约。目前,仅市教育行政管理部门登记注册的民办培训机构就有561家,一些文化补习的民办教育机构对应试教育

---

① 刘静:《转变家长不合理教育理念——学生减负新举措》,《北京理工大学学报》(社会科学版)2008年第1期,第118页。

② 陈敏:《"异地高考"政策出台外地家长开心本地家长担心》,《宁波日报》2013年1月14日,第4版。

推波助澜,而且由于缺乏有效监管,乱象不断。中考选拔是影响义务段学生学业压力的重要因素,但中考录取依然取决于文化课成绩,一考定胜负、一分定终身,综合素质评价流于形式。对学校的师资配置缺少有效监管和协调,一些学校的音、体、美、心理和实践类教师人数严重不足,如我市的一所学校仅有一位50多岁的女体育教师。学生体能明显下降,综合素质不高,由学习压力引发的心理问题较为普遍。此外,一些改革措施缺少"减负"影响考虑。如初高中衔接试点,选择的高中是市区最好的,且初中也是因原先属国有民办、市民有意见而分离出去的学校,这一做法不仅欠缺公平,使优质高中资源过于向一所初中倾斜,并有可能加剧对优质高中资源的竞争,加重其他初中学校的学习压力。各地的"减负"督查工作也不平衡,一些地方的监管流于形式,很少有动真格,即便有所查获,也是内部处理,不向社会公开,起不到应有的惩戒作用。

(四)社会参与不足,"减负"工作推进艰难

近年来,"减负"行动看似轰轰烈烈、热热闹闹,但从各方反馈情况来看,基本上都是教育系统内部在组织发动,缺少其他部门和社会力量共同参与,甚至很少得到社会的理解与支持,教育行政管理部门单打独斗,势单力薄。如到目前为止,尽管教育行政管理部门出台了很多"减负"文件和措施,但难见地方政府的相关文件和政策法规。在一些交叉性工作上,关系也有待进一步理顺。如对待校外培训机构,一旦出现违规情况,教育行政管理部门缺少处罚权,一些工商行政部门审批的"教育咨询有限公司"如果超范围办学,工商行政部门又无力监管。

学生学业负担不断加重,在很大程度上也来自不合理的劳动人事制度。在现行劳动人事制度下,重学历轻能力,重理论轻实践,重文凭轻贡献,尤其是职务晋升、职称评定、薪资调整等都与学历挂钩。更有甚者,一些用人单位的招聘,即便你是硕士、博士,还要查本科是否毕业于名牌大学。如果有高职院校毕业生想报考公务员,很多人会觉得不可思议。社会对学历要求的不断攀升,加重学生学业负担,同时也导致社会对学校、对教育工作评价的扭曲,也即以升学率、学业考试成绩作为优劣的主要依据。一些中小学校的领导反映,升学率高的校领导进政府好办事,升学率低的难进政府"大门"。

尽管教育行政部门注重"减负"的监督、举报和问责工作,但从实际情况看,发动面不够广泛,相关人员主要来自教育系统内部,工作也不够深入。此外,社会对加重学生学业负担的违规现象也比较麻木,很少有人参与举报或不知如何举报或该不该举报。齐抓共管尚未形成,"减负"工作推进艰难。

三、减轻过重、过偏学业负担的对策建议

(一)增强责任感和使命感,稳步推进"减负"工作

"减负"就是减轻学生过重、过偏学业负担,其目的是为了促进青少年健康成长。因此,各级政府,特别是教育行政部门要将"减负"视作是自己不可推卸的责任,是对人的全面发展,对经济社会可持续发展的一种贡献,也是教育内涵发展的必然要求。所以,面对"减负"工作中出现的困难和问题,我们不争论、不犹豫、不观望,积极、稳妥推进"减负"工作。特别对一些新出台的政策和措施,要充分考虑对"减负"工作的影响。如初高中衔接可鼓励一般性的高中学校或民办高中首先进行一对一衔接试点,对优质高中学校应探索一带多的方式,使更多的初中学生能升上优质高中,也有利于减轻学生的竞争压力。当然,"减负"也要结合本地实际和职责权限。中考和高考是引起沉重学业负担的主要因素,但中考的权限掌握在省级以下教育行政部门,而且从各高中学校反馈的情况来看,综合素质好的学生在高中段以及今后的人生道路上更有发展潜力。因此,"减负"的重心首先应放在义务段教育。同时考虑到社会各方对"减负"工作有一个认识和接受的过程,所以"减负"应从小学,特别是低年级学生起步。我市所推行的"弹性上学制"就很好,建议应逐步推向其他年级段,甚至初中低年级。此外,还可以考虑取消小学会考,以消除各校之间的排名压力等。

(二)加快中考改革,促使学生关注综合素质提升

作为成长时期的青少年,承受一定的学业负担是必要的,但不能过重、过偏,要有利于学生的全面发展、健康成长。中考可以发挥指挥棒作用,应加快改变过于偏重传统文化课的中考模式,降低传统文体科目在

中考中的权重,适当增加音、体、美及实践类科目的比例。音、体、美和实践类科目测试可以是开放式的,不要完全围绕课本转,可以是作品设计、作品欣赏和评论等。体育的目的应是增强学生体能和健康水平,体育项目不宜作二选一或多选一,可以按强项70%,弱项30%作计分,并允许多次考试。强项、弱项应由学生自己选择,借助测试,使学生在强、弱项都有收获。此外,还可适当增加保送生比例,使校际之间竞争转为校内竞争。同时,保送生选拔要突出综合素质,教育行政部门要制定原则性指导意见,各校应根据原则性意见制定本校推荐办法,并经批准后向社会公布。这样,不仅可以减轻学校领导压力,减轻学生过重、过偏学业负担,还可以促使学生重视综合素质提升。

(三)正确理解"轻负高质",努力营造教师善教、学生乐学的新氛围

"减负"的主阵地在学校,要引导学校、教师从自身做起,积极寻找"减负"新途径、新方法。目前,一些学校正在探索"轻负高质",但"高质"并不等同于高分。教学的对象是人,作为培养人的教学活动,其根本目的是促进人的健康成长,任何拔苗助长都可能适得其反。所以,教师不仅要潜心钻研本科目的教学规律和学生认知规律,而且还应充分重视建立良好的师生关系,善于提升学生的自信心。要倡导教师与学生打成一片,特别是课外活动期间,应让教师成为学生的活动伙伴,成为学生的贴心"哥们""姐们"。在课堂上,教师要善于发现学生的闪光点,特别要关注学困生,给他们更多的表现机会。要积极创造条件开展小班化教育,以增加教师对学生的关照度,尽可能将学生的学习问题在校内、课内得以解决。此外,还可以从幼、小衔接,小、初衔接抓起。要倡导小学向幼儿园,初中向小学衔接。目前可先从幼、小衔接抓起,可规定凡从事小学一年级教学的教师都应安排一定的时间进幼儿园体验和了解幼儿园大班学生的特点和需求,使学生升学后能够顺利适应新学校,接受并喜欢新的学习方式,增强学习兴趣。

"轻负"除了减轻学生的学习心理压力外,还应加大课外作业监控,研究作业的针对性和有效性。湖州市吴兴区的作业监控模式值得借鉴,同时还应倡导各校根据自己的实际,建立校本作业,以切实减轻学生在作业上的负担。此外,还可以试行"一考多卷,学生自由选择"的考试模

式,使所有参加考试的学生都有可能成为成功者。教育评价改革对"减负"具有举足轻重的影响,除了引入发展性评价、多元智能评价和激励性评价,促进教师评价、学生评价改革外,更应关注学校评价改革。学校评价改革要特别关注学生学业负担、学习动力、品德行为、身心健康和跨年度进步以及教师教学方式、师生关系等内容,以全方位推进"减负"工作,逐步形成教师善教、学生乐学的新氛围。

（四）加大"减负"宣传教育工作,放开普高和中职升学比例的强制性限制

学校要充分认识家长在"减负"中的重要地位,加强与家长的联系与沟通,发挥家长的积极作用。可以通过家长会、家访等多种途径,宣传"减负"工作的重要性,使家长认识到过重、过偏学业负担给子女带来的危害。特别是额外的家教,不仅影响学生的身心健康,而且使学生产生依赖心理,认为"课内不学可以课外补",降低了课堂学习效率。此外,还可以借助一些不顾自身实际承受过重负担而造成严重后果的事例进行教育,使家长认识到子女的健康成长是第一位的,并对"减负"工作予以理解和支持。

除了做好宣传教育工作外,还应充分考虑传统文化和独生子女现状的影响,换位思考,积极创造条件满足家长为其子女上好学的合理诉求。特别要下大力气发展高中段教育,提升高中学校办学水平,鼓励社会力量参与高中段办学,促进高中段教育事业的快速发展。随着高等教育的发展,家长普遍反映,现在读大学并非难事,相比之下还是难进普通高中。所以,无论从家长愿望考虑,还是宁波市经济社会发展对人才需求考虑,都应逐步放开普通高中和中职学校1:1比例分流的强制性限制。要积极探索和建立中职学校与普通高中之间互认学分、互转学籍、学历互通的新机制。同时,还应通过各种途径为中职毕业生打通升学通道,提升发展空间,使家长不为子女上高中还是中职学校而发愁,并自觉配合做好"减负"工作。

（五）加强"减负"督查和惩处力度,确保"减负"工作有效落实

要积极发挥各级教育督导在"减负"督查中的特殊作用,各级教育督导委员会应由分管教育的政府领导担任主任,并与相关的纪律监察部门建立对口联系。"减负"督查仅仅依靠少数外部人员是不够的,还可以吸

纳一些直接利益相关者,如音、体、美、实践类等副课教师、家长和学生代表,以获取第一手材料。对于各校的课程安排等涉及学生学业负担的信息,仅仅在校内公布是不够的,还应在相关的网站上予以公布。一方面可以为教师、学生和家长查阅提供方便,另一方面还可接受社会广泛监督,禁止学校随意增减课程和课时等。

为确保"减负"取得实效,还可以选择一些学校和培训机构作为重点监督学校和教育机构。要严格控制培训机构针对在校生升学考试举办的文化补习项目,要审核和公布在培训机构任职的所有教师的相关信息。严禁公办在职教师在培训机构兼职、兼课,凡有弄虚作假的,应予以取缔。要加强对教师的师德和自律教育,促使教师认真做好本职工作。要明确界定各种有偿家教行为,禁止中小学在职教师从事有偿家教,对违反规定的要做出严肃处理,严重的应解除聘用关系。对于发现和查明的各种违规行为要按照相关规定予以严肃处理,并将结果在相关的媒体或网站公布,以起到更为广泛的教育作用。

(六)齐抓共管、综合治理,努力形成"减负"工作新局面

"减负"是一项复杂的系统工程,仅仅依靠教育子系统是不够的,各级政府应从人才培养和经济社会可持续发展的眼光看待"减负"工作。要进一步完善与"减负"相关的政策法规,对一些涉及面广的政策法规应以地方政府的名义加以颁发,并通过各种途径广泛宣传,使其家喻户晓。要进一步理顺各类培训机构的管理职责,规范培训机构的行为界限,要经常联合教育、工商等管理部门对违规的培训机构进行联合执法,坚决斩断不法培训机构伸向学校教育的利益触角,让学校教育与培训机构各负其责,形成育人合力。用人单位要适岗用人,而不是盲目拔高。政府、事业单位在用人制度改革上要起模范带头作用。要加大公务员从基层选拔的力度,规避学历至上,规避高分低能。学校要加强职业预备教育,可以尝试在初中阶段开展职业生涯教育,开设与职业发展相关的系列选修课。媒体要加强对"轻负高质"学校、教师的宣传报道,对深受过重、过偏学业负担危害的事件作深入剖析和曝光,同时还应加强对"三百六十行,行行出状元"的报道。通过多方努力,逐步形成政府引导、学校为主、家长支持、社会参与的"减负"工作新局面。

索　引

后　　记

　　社会转型使整个社会的政治、经济、文化、教育等领域都处于一种新旧更替的状态,各种矛盾、冲突随之相继产生,而这些领域的矛盾和冲突最终都会在学校教育过程中有所反映,因此,社会转型期基础教育变革与发展问题是无法回避的,且需要高度关注与认真研究。关于社会转型期基础教育变革与发展的研究在我国仍属较新的研究领域,许多方面正在探索之中。本研究试图在广泛涉猎和研读中外相关文献的基础上,从基础教育各要素出发,去探索社会转型期基础教育的变革与发展规律,并结合宁波市实际进行实证分析和实际探讨,以期推进我国社会转型期基础教育变革的良性发展。

　　本研究由邵光华负责整体框架设计和统稿工作,课题组成员分工合作完成:第一章,社会转型及其对教育的影响研究(邵光华、纪雪聪);第二章,社会转型期基础教育学校变革与发展研究(徐建平);第三章,社会转型期基础教育课程变革与发展研究(吴小鸥);第四章,社会转型期基础教育教学变革与发展研究(张光陆);第五章,社会转型期基础教育德育变革与发展研究(梁明月);第六章,社会转型期基础教育教师教育变革与发展研究(于潇);第七章,社会转型期基础教育学生权利研究(仲建维);第八章,社会转型期基础教育学生评价改革与学业负担研究(胡建勇)。在统稿和校对方面,纪雪聪、周勇做了大量工作。

　　本研究从一开始就确立了理论和实证分析相结合的主要研究方法。

在思考社会转型带给基础教育哪些变化和影响、探索变革路径的同时，具体聚焦到给区域（宁波市）基础教育所带来的影响是什么、政府和学校如何应对这些局面等实际问题等，这些都是非常有意义的研究课题。研究进行了大量实地调研，获得的数据及资料散见于各章，对研究观点和方法论形成有至关重要的影响。由于社会转型本身的特点使得其影响的具体指标量化非常困难，加之我国基础教育改革比较复杂，决定了社会转型期我国基础教育变革与发展研究任重而道远，本研究还需在实践中不断摸索、总结和积累经验，不断修正和完善。

通过本研究，课题组成员不仅增进了研究者对社会转型背景下基础教育变革与发展的认识，增加了研究者参与基础教育改革的热情，提高了研究者对基础教育改革的关注度，同时，也增强了团队的合作精神，促进了团队的成长。

在研究过程中，得到了宁波市社科院黄志明院长、林崇建副院长、俞建文处长以及宁波市教育局高教处王旭峰处长、宁波市教科所沈海驯所长、宁波市教育学院周建达教授等相关领导和专家的指导与帮助；宁波大学社科处郑曙光处长、陈亚芬副处长以及应姗姗老师对课题研究给予了诸多关怀和指导；宁波大学教师教育学院有关领导和老师为本课题研究也给予了各方面的大力支持，刘剑虹书记对完成本课题研究给予了很多鼓励，在此表示衷心的感谢！同时感谢上海教育科学研究院的有关专家在研究过程中所给予的诸多指导。在编辑出版过程中，得到了浙江大学出版社吴伟伟老师及其同事们的支持和帮助，在此表示诚挚的谢意！

本成果尽管得到了多方专家的指导，但由于作者水平所限，许多地方可能还存在不足，还望读者批评指教。

邵光华

2014 年 2 月 12 日于宁波大学